KB049304

논리학의 첫걸음

논리학의 첫걸음

서정선 지음

서광사

논리학의 첫걸음

서정선 지음

펴낸이—김신혁, 이숙
펴낸곳—도서출판 서광사
출판등록일—1977. 6. 30.
출판등록번호—제406-2006-000010호

(10881) 경기도 파주시 회동길 77-12 (문발동)
대표전화 · (031)955-4331 / 팩시밀리 · (031)955-4336
E-mail · phil6161@chol.com
http://www.seokwangsa.co.kr / http://www.seokwangsa.kr

제1판 제1쇄 펴낸날 · 2002년 4월 10일
제1판 제7쇄 펴낸날 · 2019년 9월 10일

ISBN 978-89-306-2409-1 93170

지은이의 말

이 책은 논리학을 처음 배우는 분들을 위한 입문서이다. 지은이는 논리학의 기초적인 내용들을 가급적이면 간단하고 체계적으로 정리하고 또 쉬운 말로 풀어서 소개하고자 했다. 논리학에 대해 아무런 기본지식도 가지고 있지 않은 독자들 가운데는 논리학이라는 학문자체에 대한 관심을 가지는 분들도 있고 또 논리학을 배움으로써 논리적인 사고를 좀더 잘하려는 데에 관심을 지니는 분들도 있을 것이다. 이 책은 이 두 유형의 독자들의 관심을 감안하여 논리학이라는 학문분야에서 전개된 이론적 내용들에 대한 기본지식을 전달하는 데 있어서 뿐만 아니라 논리적인 분석능력을 증진시키는 데에도 관심을 기울였다.

2000년도 더 넘은 옛날에 살았던 고대 그리스 철학자인 아리스토텔레스(Aristoteles, B.C. 384-322)에 의해서 체계화된 후 최근에 이르기까지 학문의 한 분야로 자리를 굳건히 지켜온 논리학에 변화가 없을 리 없었다. 그러한 변화는 논리학에 많은 발전을 가져다 주었으며, 그에 못지않게 방대한 내용을 낳았다. 지은이는 이 책에서 그 많은 양에 접근하기 위해서 필수적으로 알아야 할 것들의 초보적인 내용을 다루고자 했다. 또 그렇게 함으로써 이 책 한 권을 충실하게 학습한 분들이 논리학에 대해 어느 정도 친밀감과 자신감을 품을 수 있도록 하고자 했다.

논리를 탐구대상으로 하는 학문인 논리학은 다른 학문분야들과 마찬가지로 근본적인 취지는 나름의 방식으로 진리 추구와 관련을 맺고 있다고 할 수 있다. 논리체계는 논리적인 진리를 마련해준다. 또한 논리는 논리적인 진리 외의 진리 — 즉 사실적인 진리나 가치적인 진리 등 — 를 추구하는 일과도 관련을 지니고 있다. 진리의 내용을 담은 주장을 전개해가는 데 있어서 논리력이 필수적인 요소들 중 하나라는 것은 부인할 수 없다. 논리학의 주된 관심의 대상이 되는 것이면서 동시에 논리학의 가장 중요한 핵심어에 해당되는 것으로 "논증"(argument)이라는 용어를 들 수 있다. 논증은 진리추구의 과정에서 이성적인 면에서의 설득력을 부여해준다. 한 주장을 논리적으로 지지하는 데 있어서 논증은 중요한 도구가 되기 때문이다. 논리학의 중요한 연구과제들 중 하나는 논증에 대해서 논리적인 면에서의 타당성 여부를 판별한다거나 타당함을 논리적으로 증명하는 일과 관련되어 있다. 이책의 1장의 2절과 3절은 논리학을 정의하고 논증을 설명하는 데에 할애되었다.

통상적으로 일상언어가 먼저 존재하고 그 다음에 일상언어의 의미를 반영하는 논리학의 언어가 만들어진다. 논리학의 언어는 일상언어를 소재로 하여 만들어지는 것이 통례이다. 일상언어의 모든 면모를 논리학의 언어로 정확하게 포착하여 형식화하기는 대단히 어렵고 그런 일은 단지 이상에 불과할지 모른다. 지금까지 논리학은 일상언어의 일부분만을 반영할 수밖에 없었고 논리학자들은 겸허한 자세로 자신들의 탐구가 단지 일상언어의 면모에 조금이나마 가까이 접근해 가려는 꾸준하고 점진적인 모색과 관련된 것이라는 것을 기꺼이 인정해왔다. 논리학의 역사는 그런 모색이 어떻게 이루어지고 있는가를 잘 보여주고 있다.

철학의 한 분야로서의 논리학을 주로 논증에 대해서 연구하는 학문이라고 정의하는 것은 무난하다. 논증에 대한 연구의 범위를 논증의 타당성 여부를 판별하기 위한 형식적인 기준을 마련하는 것과 논증의 타당성을 형식적으로 증명하는 것 그리고 이와 관련된 내용들을 다루는 것에만 국한하지 않고 더 확장해서 타당성이 결여되어 있는 논증들이 범한 오류들을 비형식적인 방법으로 지적해내는 것과 논증을 논리적으로 분석하는 요령까지로 삼을 수 있다. 이러한 연구들에 대한 학습은 논리학이라는 학문에 대한 이해를 하는 데 있어서는 물론이고 다른 지적인 탐구생활이나 일상생활에서 논리적인 분석력을 발휘하는 데에 큰 도움이 된다. 비록 논리학은 논리적으로 사고하는 기술을 가르치는 것을 주된 그리고 직접적인 목적으로 삼고 있지는 않지만 논리학의 내용들은 논리력을 연마하는 데에 큰 몫을 하고 있다는 것을 부인할 수는 없다.

이 책의 3장~6장은 고대의 아리스토텔레스의 논리학에서부터 현대의 명제논리와 술어논리까지를 기초적이고 초보적인 내용들에 국한시켜서 골고루 다루고 있다. 이 네 개의 장들은 형식적인 논리체계에로 독자들을 안내할 것이다. 한편 1장의 4절은 비록 짧은 양이기는 하지만 논증을 논리적으로 분석하는 요령을 담고 있으며, 2장은 일상생활에서 흔히 범하기 쉬운 오류들을 형식적인 체계에 의존하지 않는 방식으로 가려내는 연습의 장을 마련하고 있다. 각 장의 내용 중에는 좀더 많은 연습을 통해 익혀두어야 할 것들이 있다. 그런 것들을 위해 예제들과 풀이들을 본문에 제시했다. 각 장의 끝부분에는 연습문제들을 마련했고, 책의 마지막 부분에는 연습문제풀이를 제시했다. 해답이 주어졌고 문제의 양도 많지 않기 때문에 문제를 푸는 일에 심리적인 부담을 느끼지 않을 것이다. 책의 내용들을 되도록이면 일목요연하게 전달하기 위한 효과를 내기 위해서 강조될 만한 부분들을 사각테를 둘러 표시했다. 통틀어 252개의 사각테들이 이 책에 등장한다.

지은이는 이 책이 읽는 분들을 인간들의 지성사의 한 산물인 논리학이라는 학문 속으로 올바로 안내할 수 있기를 바란다. 이 책이 나오기까지 여러 모로 애써 주신 서광사 여러분께 감사의 마음 전한다.

2001년 가을에

지은이 서정선 올림

차례

지은이의 말/5

제1장 여는 글/13

1.1. 논리학을 공부하는 이유/13

1.2. 논리학 정의하기/16

1.3. 논증의 특징/20

1.4. 논증을 분석하는 요령/46

1.5. 이 책의 테두리/56

연습문제/75

제2장 비형식적 오류 피하기/77

연습문제/118

제3장 삼단논증과 아리스토텔레스 논리학/121

3.1. 삼단논증, 정언명제, 명제의 표준형식/121

3.2. 대당관계/132

3.3. 명제변형법/141

3.4. 명제환원으로 진리값 구하기/148

3.5. 삼단논증의 타당성 여부 판별하기/156

3.6. 고대의 아리스토텔레스와 현대의 부울/174

연습문제/194

제4장 명제논리학/197
4.1. 여는 글/197
4.2. 기호로 바꾸기/206
4.3. 구문론, 의미론/225
4.4. 진리표로 합성명제의 진리값 구하기/230
4.5. 논증의 타당성 여부 판별하기:
진리표, 약식진리표, 진리나무/240
4.6. 연역적 증명/260
4.6.1. 연역규칙들/260
4.6.2. 직접증명, 간접증명, 조건증명/271
연습문제/283

제5장 단항술어논리학/287
5.1. 단항술어와 논리학/287
5.2. 단칭명제, 양화명제, 정언명제/291
5.3. 기호로 바꾸기/293
5.4. 구문론, 의미론/317
5.5. 대당관계, 양화동치규칙/328
5.6. 논증의 타당성 여부 판별하기/332
5.6.1. 예화규칙, 예화요령/332
5.6.2. 진리표, 약식진리표, 진리나무/339
5.7. 연역적 증명/350

5.7.1. 양화규칙/350
5.7.2. 직접증명, 간접증명, 조건증명/351
연습문제/358

제6장 다항술어논리학/361
6.1. 다항술어와 논리학/361
6.2. 기호로 바꾸기/366
6.3. 구문론, 의미론/372
6.4. 관계의 성질들/374
6.5. 진리나무로 관계논증의 타당성 여부 판별하기/386
6.6. 연역적 증명/391
연습문제/395

연습문제풀이/397
찾아보기/427

제1장 여는 글

1.1. 논리학을 공부하는 이유

철학의 한 분야이자 기원전까지 거슬러올라가는 기나긴 역사를 지니는 논리학이라는 과목의 입문과정을 가르칠 때 흔히 맨 처음에 소개하는 것은 논리학에 대해 일반적으로 내리는 정의이다. 논리학에 대한 일반적인 정의를 내리기 이전에 지은이는 논리학을 처음 배우는 분들께 다음과 같은 물음을 묻고 싶다. “논리학을 왜 공부하려 하십니까?” 이 물음은 “논리학은 공부해서 뭣하나요?”라는 회의감이 섞여 있는 질문을 하는 사람들의 질문의 화살을 질문자 스스로에게 돌려 묻는 것이기도 하다. 논리학을 공부하는 이유는 개인의 사정에 따라 다를 수 있겠지만 많은 사람들이 제시한 이유들에는 논리학에 대해서 나름대로 거는 기대들이 반영되어 있다. 그 기대들 중에는 논리학의 주된 과제 내지는 주된 목표에 부합되는 것들도 있고 그렇지 않은 것들도 있다. 처음 제기한 물음에 대해서 논리학의 목표에 부합될 수 있는 답변을 만들어보기로 하자.

독자들 가운데에는 논리학의 내용에 대한 지식을 가지기 위해서 논리학을 공부하려는 분들이 있을 것이다. 이런 분들이 논리학에 대해서 거는 기대는 결코 빗나간 것일 수 없다. 한편 논리학이 논리적으로 사고하기 위한 효과적인 방법 내지 논리적인 전개방식의 요령을 가져다주리라는 기대를 하는 분들도 있을 것이다. 이런 분들은 반드시 논리학을 배워야만 논리적이 되는 것은 아니며, 논리학은 대부분의 인간들이 논리적인 직관력을 갖추고 있다는 것을 전제로 해서 성립된 학문이라는 것을 인정한다. 동시에 그들은 논리학이 논리적인 직관력을 좀더 잘 발휘하는 데 기여한다고 생각한다. 이런 분들의 기대는 논리학의 주된 과제 내지 목적에 완전하게 일치되는 것은 아니지만 논리학의 부차적인 과제나 논리학 학습의 부수적인 영향에는 부합되기 때문에 결코 잘못된 것은 아니다.

여러 논리학책들의 차례나 다음 절에서 마련된 논리학에 대한 정의를 통해서 알 수 있듯이 논리학의 주된 목적 내지 과제가 단순히 논리적인 사고의 훈련 내지 논리적인 사고의 기술을 가르치기 위한 것이라고는 볼 수 없다. 논리학책들 중에는 논리적인 사고를 키우기 위한 기술 내지 요령에 대해서 부분적으로나마 지면을 할애하는 책도 있으며 아예 다루고 있지 않은 책도 있다는 것은 이 점을 지지해준다. 한편 어떠한 논리학서이건 간에 논리학을 인간의 논리적인 사고와 모종의 관계에 있는 것으로 본다. 논리학의 주된 과제들 가운데 하나는 인간이 내린 논리적인 전개가 제대로 된 것인지의 여부를 판별하기 위한 기준을 마련하는 것인데 이

것은 결국 인간의 논리적인 사고와 관련을 가지기 때문이다. 논리적인 전개를 판별하는 훈련은 논리적인 사고를 잘 발휘할 수 있는 한 탄탄한 토대를 마련해준다. 이것을 다음의 사각테로 강조하고 넘어가자.

1. 논리학 학습은 논리전개에 대한 감별력을 키우는 데 한 탄탄한 토대를 마련해준다.

이 책은 앞에서 제시된 두 유형의 독자들의 기대를 모두 고려하고자 했다.

논리학은 일반적으로 일상언어를 기반으로 논리학의 형식체계를 구축한다. 일상언어의 의미를 완전하게 반영하는 형식체계를 만든다는 것은 어쩌면 인간의 낙관성이 낳은 하나의 이상에 불과할지도 모른다. 논리학의 역사는 일상언어의 의미를 비록 불완전하지만 좀더 충실하게 반영하고자 한 흔적을 보여준다.

문제해결에 논리력이 대단한 기여를 한다. 그러나 때로는 논리만으로는 해결되지 않는 복잡한 문제들도 있다는 것을 인정해야 한다. 인간에게 주어진 본성들 중에는 논리성뿐만 아니라 정서(emotion)도 있다. 이 둘 중 어느 것 하나도 무시되어서는 안 된다. 때로는 논리성을 발휘하는 것이 현명할 수 있고, 또 때로는 정서에 귀를 기울이는 편이 현명할 수도 있다는 것을 간과해서는 안 된다. 문제를 해결한다든가 결정을 내려야 할 때 논리가 만병통치약은 아니지만 너무나도 중요한 한 요인이 된다는 것을 잊지 말자.

본 절에서 "논리학의 주된 과제 내지 목적"이라는 단어를 자주 사용했다. 이 단어가 가리키는 구체적인 내용은 무엇일까? 이 물음은 논리학에 대한 정의를 요구하고 있다.

1.2. 논리학 정의하기

논리학에 대한 정의를 좀더 개선된 정의를 모색해가는 단계적 과정을 거쳐 내려보기로 한다. 다음의 평이한 잠정적 정의에서 출발해보자.

잠정적 정의 1: 논리학은 논리에 대해 연구하는 학문이다.

위의 정의에 나오는 "논리"란 단어의 의미는 무엇일까? 이 물음에 답하기 위한 한 방법으로 일상생활에서 "논리적"(logical)이라는 단어가 사용되는 방식을 살펴보자. "논리적"이라는 단어는 일반적으로 다음의 의미를 지닌다.

2. "논리적"이라는 단어의 일상적인 의미는 일관성(consistency)이 있다거나 지지와 도출의 관계가 있다는 것을 가리키기 위해 사용된다.

일관성이 있다는 것은 조리가 있다는 말과 마찬가지로 모순(contradiction)이 없다는 것을 가리킨다. 모순이 없다는 것은 어떤 것 A를 긍정하는 것과 A를 부정하는 것이 병존하는 일이 발생하지 않는다는 것을 의미한다. 어떠한 것을 긍정하면서 동시에 부정한다는 것은 곧 어떤 것이 참인 동시에 거짓이라는 것을 의미한다. 이른바 정상인이라고 불리는 대부분의 사람들은 어떤 것이 참인 동시에 거짓이라는 것은 모순이며 따라서 논리적이지 않다는

것을 (논리적인) 직관능력에 의존해서 증명할 필요가 없는 자명한 것으로 받아들인다.

한편 A와 B 사이에 지지와 도출의 관계가 있다는 것은 A가 B를 논리적으로 근거지어주며, B가 A로부터 논리적으로(또는 연역적으로) 도출된다는 것을 의미한다. A가 B를 논리적으로 근거지어준다는 것은 B가 A로부터 연역적으로 도출된다는 것과 동일한 의미를 지닌다. 또한 B가 A로부터 연역적으로 도출된다는 것은 A가 참이라고 가정할 때 B도 반드시 참이라는 것을 의미한다.

잠정적 정의 1에는 논리를 지니는 대상에 대한 지적이 나타나 있지 않다. 논리를 지니는 것에 대한 평이한 후보로 사고를 들 수 있다. 잠정적 정의 1을 버리고 다음의 정의 2를 임시로 제시하자.

잠정적 정의 2: 논리학은 논리적인 사고에 대해 연구하는 학문이다.

위의 정의에 나오는 "논리적 사고"의 후보가 될 수 있는 것은 구체적으로 무엇에 해당될까? "사고"라는 단어가 가리키는 영역은 대단히 광범위하다. "공상", "기억", "추리(inference)", "추측" 등이 그 영역권 안에 들어온다. 그것들 중 "추리"가 "논리적인 사고"라는 단어를 대신할 자격을 지니는 것처럼 보인다. 이제 세 번째 정의로 나가자.

잠정적 정의 3: 논리학은 추리에 대해서 연구하는 학문이다.

이 정의는 명확성을 결여하고 있다. "추리"라는 단어가 가리키는 영역을 분명하게 정해주고 있지 않기 때문에 논리학에 대한 오해의 소지를 지닌다. 이 단어는 추리해나가는 심리적인 과정을 가리키는 것으로 해석될 수 있는 한편 지지와 도출의 관계에 있는 사고 단위들의 합을 가리키는 것으로도 해석될 수 있다. 만약 전자의 해석을 받아들인다면 논리학과 심리학 간의 경계가 무너지게 된다. 심리학은 심리적인 과정의 경험적 현상에 대해 연구하는 것을 주요 연구대상으로 삼기 때문이다. 논리학은 심리학과 달리 경험적인 연구를 하는 학문이 아니다. 논리학은 논리학의 문장들이 실제로 경험세계의 사실들에 관한 내용을 담고 있는지의 여부 즉 실제로 참인지 아니면 거짓인지의 여부를 문제 삼지 않는다. 다시 말해서 논리학은 사실에 관한 학이 아니다. 논리학은 추리의 과정을 구성하는 사고의 단위들 간에 지지와 도출의 관계가 있는지의 여부, 즉 논리적인 관계가 있는지의 여부를 문제 삼는다는 점에서 형식의 학이라고 할 수 있다. 이것은 "추리"라는 단어에 대해서 후자의 해석을 주는 다른 단어로 대치해야 오해를 막을 수 있다는 것을 의미한다. 대치어로 "논증"(argument)을 들 수 있다. 이제 네 번째의 정의로 나갈 수 있다.

잠정적 정의 4: 논리학은 논증에 대해서 연구하는 학문이다.

이 정의에 있는 두 개의 단어들인 "논증"과 "연구"는 설명을 필요로 한다. "논증"이라는 단어는 논리학의 주요 핵심어이므로 다음 절에서 본격적으로 다루기로 하고, 여기서는 논리학에 대한 최종적인 정의를 내리기 위해 필요한 최소한의 것만 다음의 사각테로 지적하고 넘어가기로 한다.

3. ㄱ) 논증에서 지지의 역할을 하는 사고단위(또는 문장)와 도출되어 나온 사고단위(또는 문장)를 각각 논리학의 용어로 "전제"(premise)와 결론(conclusion)이라 부른다.

ㄴ) 전제와 결론 간에 지지와 도출의 관계가 성립된 논증은 "타당한 논증"(valid argument)이라 부르고 그렇지 않은 논증은 "부당한 논증"(invalid argument)이라 부른다.

논증에 대한 연구가 어떤 방식으로 이루어지는지에 대해 간략하게나마 언급함으로써 정의 4를 좀더 구체화하여 최종적인 정의를 내리기로 한다. 다음의 사각테 4는 논리학에 대해 마지막으로 내린 정의인 동시에 논리학의 주된 목적 내지 과제를 대략적이나마 담고 있다.

4. 논리학은 주로 논증에 대해서 다룬다. 논리학은 하나의 논증이 형식적인 면에서 볼 때 타당한지의 여부를 판별하기 위한 기준을 마련하는 일, 부당한 논증이 범하는 오류를 지적하는 일, 타당한 논증에 대해서 타당성을 증명하는 일, 그리고 그런 일들에 파생되는 제반 문제들에 대한 연구를 체계적으로 행하는 학문이다.[1)]

1) 이 정의는 연역논리에 국한된 것이라 할 수 있다. 연역논리는 연역논증에 대해서 다루는 논리이다. 이 책을 비롯한 대부분의 논리학 입문서들은 연역논리를 다룬다. 한편 귀납논리는 귀납논증에 대해서 다루는 논리이다. 연역논리는 귀납논리에 비해 훨씬 완숙된 체계를 지니기 때문에 일반적으로 논리학은 연역논리학에 국한된다. 연역논증과 귀납논증에 대한 설명은 다음 절(1장 3절)에 나온다.

1.3. 논증의 특징

1. 전제와 결론의 합

논증은 단순히 사고의 단위의 집합 또는 사고의 단위가 표현된 문장들의 집합에 불과한 것이 아니다. 논증을 구성하고 있는 문장들은 전제와 결론이다. 논증에서 전제는 결론을 지지하는(또는 근거지어주는) 역할을 하며, 결론은 전제를 근거로 하여 도출(또는 긍정)된다. "전제"와 "결론"이라는 단어는 마치 "어두움"과 "밝음"의 관계 또는 "크다"와 "작다"의 관계처럼 하나가 다른 하나를 수반하는 관계에 있으며, 각각 독자적으로 존재하지는 않는다. 즉 "전제"라는 단어 없이 "결론"이라는 단어가 있을 수 없으며, 또한 "결론"이라는 단어 없이 "전제"라는 단어가 있을 수 없다. "전제"와 "결론"은 서로의 존재를 전제로 하는 단어들이다.

하나의 논증에서 전제는 하나 이상이 있을 수 있지만 결론은 반드시 하나만 존재한다. 논증의 가장 단순한 형태는 다음의 예와 같이 하나의 전제와 하나의 결론으로 구성된 이단논증(2단논증)이다.

> 모든 인간들은 언젠가는 죽게 마련이다.
> 그러므로 일부의 인간들은 언젠가는 죽는다.

다음의 예와 같이 전제가 두 개이고 결론이 하나인 논증은 세 개의 단계들로 구성되어 있다는 점에서 "삼단논증"(syllogism)이라 불린다.

모든 인간들은 언젠가는 죽게 마련이다.

철희는 인간이다.

고로 철희는 언젠가는 죽는다.

논증을 구성하는 것들로 전제와 결론 외에 전제지시어와 결론 지시어가 있다. 이것들은 전제와 결론을 연결해주는 역할을 하며, 전제와 결론의 위치를 나타내준다. 전제지시어 뒤에 나오는 것은 전제이고 결론지시어 뒤에 나오는 것은 결론이다. 전제지시어에 해당되는 표현들로 "왜냐하면 … 때문이다", "그 이유는", "그 근거는" 등을 들 수 있다. 결론지시어에 해당되는 표현들은 "그러므로", "따라서", "고로" 등을 들 수 있다. 이 두 개의 지시어들은 "논리적 지시어"라 불린다. 논리적 지시어 없이도 전제와 결론을 매끄럽게 연결할 수 있는 경우에는 생략하는 편이 더 자연스럽다.

전제와 결론의 위치는 고정되어 있지 않다. 결론은 앞의 두 예들처럼 끝에 나올 수 있고, 또 다음의 예처럼 전제지시어를 사용하여 처음에 나올 수 있다.

나는 대학교를 졸업할 수 없다.

왜냐하면 나는 학점을 이수하지 못했고, 학점을 이수하지 못한 사람은 대학교를 졸업할 수 없기 때문이다.

또 다음의 예처럼 전제지시어와 결론지시어를 둘 다 사용하여 전제들 사이에 결론을 넣을 수도 있다.

학점을 이수하지 못한 사람은 대학교를 졸업할 수 없다.

그러므로 나는 대학교를 졸업할 수 없다.

왜냐하면 나는 학점을 이수하지 못했기 때문이다.

논리적 지시어만 가지고는 전제와 결론을 가려낼 수 없다. 위의 예들에서는 "왜냐하면 … 때문이다"의 … 에 나오는 것이 전제이고 그 앞에 나오는 것이 결론이 된다. 그러나 다음의 예에서처럼 "왜냐하면 … 때문이다"의 전과 … 에 나온 것들이 결과와 원인의 관계에 있는 경우도 있다.

내가 바라보고 있는 호수에 파문이 일었다.

왜냐하면 철숙이가 호수에 돌을 던졌기 때문이다.

여기서 "왜냐하면 … 때문이다"는 전제지시어가 아니라 원인지시어가 된다. 원인지시어로 연결된 문장들은 논리적인 관계에 있지 않고 인과적 관계에 있다. 따라서 이 예는 논리적인 논증이 아니라 인과적 설명(causal explanation)이 된다. 한 단어가 전제지시어인지 결론지시어인지 아니면 원인지시어인지를 가려내기 위해서는 주어진 맥락 안에서 글의 내용을 파악하는 것이 필요하다. 전제와 결론 간의 논리적인 관계는 도출과 지지의 관계이다. 논리적인 관계는 전제가 만약 참이라면 반드시 결론도 참이 될 수밖에 없으며 전제가 참인 경우에 결론이 참이 되지 않는 것이 가능한 경우는 상상할 수조차 없다는 것을 의미한다. 반면에 인과적인 관계는 원인이 참이지만 결과가 거짓이 되는 것이 가능한 경우를 상상할 수 있는 관계이다. 철숙이가 호수에 돌을 던졌지만 현실의 경우와는 달리 호수에 파문이 일지 않는 것이 가능한 경우를 상상할 수 있다. 위의 내용들을 토대로 해서 논증의 첫번째 특징을 사각테 안에 정리하자.

5. 논증은 전제와 결론 그리고 논리적 지시어로 구성되어 있다.

사각테 5에 있는 "전제"와 결론"이라는 단어들에 대한 설명을 사각테 3의 내용을 확장한 사각테 3′ 안에 넣자.

3′. ㄱ) 전제와 결론은 도출과 지지의 관계에 있다.

ㄴ) 하나의 논증에서 전제는 하나 이상이고 결론은 오직 하나이다.

ㄷ) 전제지시어와 결론지시어는 전제와 결론의 위치를 나타내준다.

ㄹ) 결론은 전제보다 나중에 나올 수도 있고 전제보다 먼저 나올 수도 있고 또 전제들 사이에 나올 수도 있다.

ㅁ) 전제와 결론의 관계는 논리적인 관계이고, 인과관계와 구분된다.

2. 명제들의 합

6. 전제와 결론은 참 또는 거짓 둘 중 하나의 진리값을 지닌다.

논리학에서는 대개 진리값(truth value)으로 참(truth)과 거짓(falsity)을 든다. 진리값을 지니는 대상은 "진리담지자"(truth bearer)라고 불린다. 만약 하나의 진리담지자가 참이면서 동시에

거짓이 된다면 모순(contradiction)이 발생한다. 모순은 어떤 주장을 긍정하는 동시에 부정할 때 발생하는 것이다. 논리학에서 모순은 인간의 논리적인 사고로는 받아들일 수 없는 것으로서 제거되어야 하는 것이 된다. 그래서 진리담지자는 참 또는 거짓 둘 중에서 하나의 진리값을 지닌다.

7. 전제와 결론은 진리담지자들로 구성되어 있다.

위의 사각테는 진리담지자에 해당되는 것은 무엇일까라는 물음을 낳는다. 어느 것을 진리담지자로 정할 것인가라는 물음은 철학에서 오랫동안 제기되어왔다. 이 물음은 철학에서 많은 논의를 낳은 물음들 중 하나이며 아직까지 분명하고 하나로 수렴된 지배적인 견해가 마련되지 않은 채 혼돈스러움을 남기고 있다. 진리담지자에 대해서 1950년대에서 최근에 이르기까지 많은 논의가 있어왔지만 어떠한 지배적인 합의에 도달하기는커녕 많은 문제점들을 야기했다. 이 문제는 여러분을 철학적 논의의 한 심연으로 이끌고 갈 것이다. 어쩌면 그런 철학적 문제는 해결될 성질의 것이 아닌지도 모른다는 회의마저 들 것이다. 이 책에서는 진리담지자의 문제에 대해서 개론적인 수준에서 가볍게 다루기로 한다.[2)]

앞의 물음에 답하기 위해서 "문장"과 "명제"라는 용어들에 대해 구분해가면서 정의를 내리고 또 각각에 대해서 진리담지자로 결정될 때 지니게 되는 난점들도 지적하기로 한다. 우선 문장이 진리담지자의 자격이 있는지에 대해서 검토해보자. 문장은 여러 단어들로 구성되어 있다. 문장의 문법상의 유형들로는 서술문, 명령문,

2) 진리담지자의 문제는 논리학에서보다는 논리철학이나 언어철학에서 비중있게 다루어지고 있다.

의문문, 감탄문, 그리고 의문문이 있다. 진리담지자의 후보가 될 만한 것은 서술문들 중에서도 참 아니면 거짓으로 객관적으로 평가될 수 있는 문장들이다. 그런 문장들은 객관적인 내용(또는 객관적인 의미)을 지니는 것들이다. 가령 "경복궁은 서울에 있다"와 같이 객관적으로 존재하는 사실[3)]의 내용을 담고 있는 문장은 참 아니면 거짓이 된다. 반면에 "안락사를 행하는 것은 그르다"와 같이 윤리적인 평가를 담고 있는 문장이나 "석굴암은 아름답다"와 같은 미적 평가를 담은 문장은 일반적으로 참 아니면 거짓으로 객관적으로 평가될 수 없는 것으로 받아들여진다. 일반적으로 이 문장들은 주관성이 개입된 것들이고, 객관적으로 존재하는 사실의 내용을 전달해주지 않는 것으로 간주된다. 이 문장들은 표면상으로는 서술문의 형태를 지니지만 의미상으로 볼 때 "안락사를 행하지 말라!"라는 명령문과 "석굴암은 얼마나 아름다운가!"라는 감탄문으로 받아들여질 수 있다.

이제부터 "문장"을 서술문장에 국한해서 사용하기로 하자. "문장"은 일반적으로 문장유형(sentence type)을 가리킨다. 문장유형은 문장토큰(sentence token)과 구분된다.

> **8.** 문장토큰은 특정 시간과 공간을 점유하는 물리적 대상이다. 즉 문장토큰은 글로 씌어진 흔적을 지니거나 소리로 나타난 흔적을 지닌다. 반면에 문장유형은 물리적인 대상이 아니며 동일한 하나의 문장유형은 여러 개의 문장토큰으로 형체화될 수 있다.

3) 과연 인간의 주관에 의존하지 않고 객관적으로 존재하는 사실이 있는가라는 존재론적인 물음은 또 하나의 철학적인 심연을 낳는다.

다음의 예를 보자.

비가 온다.
비가 온다.

위의 예에는 두 개의 문장토큰들이 나온다. 이 예에는 동일한 하나의 문장유형(또는 문장)이 종이 위에 인쇄된 두 개의 동일한 형태들—즉 마침표와 마침표 안의 동일한 일련의 문자들과 그 문자들 간의 동일한 빈칸들로 나열된 형태로—의 문장토큰들로 예화되어 있다(instantiated).

문장토큰은 의미를 지니지 않는 물리적인 흔적에 불과할 뿐이므로 진리담지자가 될 수 없다. 그리고 (서술)문장유형은 의미를 지니기는 하지만 진리담지자로 규정할 때 문제점을 지닌다. 그 문제점은 명제(proposition)라는 개념의 필요성을 지적하면서 드러나게 될 것이다. 철학자들 중에는 명제를 진리담지자로 받아들이는 사람들이 많다. 그들의 선택을 받아들이는 것이 초보적인 수준에서는 무난해보이며 이 책에서도 그렇게 하기로 한다.

다음의 예를 통해 명제라는 개념이 요구된다는 것이 보여질 수 있다.

비가 온다.
비가 온다.
Il fleut.
Es regnet.
It is raining.

이 예에 나오는 문장들(또는 문장유형들)의 종류의 수는 네 가지이다. 그 중 첫 번째 것과 두 번째 것은 동일한 문장으로서 한국어 문장이다. 나머지 것들은 각각 불어문장, 독어문장, 그리고 영어문장이다. 이 네 개의 문장들은 어떤 동일한 것을 표현하고 있다. 그 동일성은 의미(meaning)에 있어서의 동일성을 가리킨다. "의미에 있어서의 동일성"이라는 표현 대신 사용될 수 있는 것들로 "주장된 것(what is asserted)에 있어서의 동일성", "주장적인 의미(assertive meaning)에 있어서의 동일성", "주장적인 내용(assertive content)에 있어서의 동일성", 또는 "내용에 있어서의 동일성"을 들 수 있다. 의미에 있어서 동일한 문장들을 하나로 묶어주는 철학용어가 필요한데, 그것이 바로 "명제"라는 용어이다.

명제는 문장들의 의미를 가리킨다. 위의 예에 나오는 네 가지의 문장들은 모두 동일한 의미를 지니므로 위의 예에서 명제는 하나이다. 예에 나온 문장들은 동일한 명제를 나타내고 있다. 명제는 참 또는 거짓 중 하나의 진리값을 지닌다. 진리값이 참인지 아니면 거짓인지를 결정하게 해주는 요인은 문장으로 표현되어진 명제—즉 문장의 의미—가 어떤 것인가에 달려 있다. 이것은 진리담지자를 명제로 정하게 하는 결정적인 한 요인이 된다.

위의 내용을 토대로 명제에 대해 다음의 규정을 하기로 하자.

9. ㄱ) 명제란 문장을 통해서 주장된 내용 내지 의미이다.
ㄴ) 명제는 참 또는 거짓 중 하나의 진리값을 지닌다.

다음의 대화의 예는 9의 ㄱ)을 지지해준다.

김씨: 서울의 공기는 대단히 오염되어 있다.

이씨: 그건 참입니다.

이씨의 말에서 “참”이라는 진리값은 김씨가 전달하고자 한 내용에 동의하기 때문에 주어진 것이다.

사각테 9에서 문장과 명제 간의 관계를 다음과 같이 읽을 수 있다. 명제를 표현하고 있는 문장들은 의미를 지니고 있는 것들이다. 또 동일한 의미를 지니는 서로 다른 문장들은 동일한 명제를 표현하는 것들이다. 이 내용을 다음의 사각테에 정리하고 넘어가자.

10. ㄱ) 문장들 중에서 의미있는 것들만이 의미의 담지자가 된다.
ㄴ) 명제는 진리담지자이다.
ㄷ) 의미있는 문장들만이 명제를 표현할 수 있다.

논증에서 지지와 도출의 관계에 있는 것들—즉 논리적인 관계에 있는 것들—은 문장의 내용들 즉 명제들이며, 그것들은 진리값을 지닌다. 이제 다음을 주장할 수 있다.

11. ㄱ) 논증에서 서로 논리적인 관계를 맺는 것들은 명제들이다.
ㄴ) 논증은 명제들로 구성되어 있다.

이 책에서는 명제를 진리담지자로 정하기로 한다. 대부분의 논리학책들처럼 이 책에서도 때로는 “문장”이라는 단어에 대해서도 진리값을 부여하면서 “어떠어떠한 문장은 참이다”라든가 “어떠어떠한 문장은 거짓이다”라는 표현들이 등장한다. 이 표현들을 “어떠어떠한 문장으로 표현된 내용(또는 명제)은 참이다"든가 "어떠어떠한 문장으로 표현된 내용은 거짓이다"라는 것과 동일한 의미를 지니는 것으로 간주하기로 하자.

3. "타당", "부당", "건전"이라는 평가어

12. "참"과 "거짓"은 명제에 대한 평가어들이다.

13. 논증에 대한 평가어들로 "타당한"(valid), "부당한"(invalid), "건전한"(sound), "불건전한"(unsound) 등이 있다.

사각테 13에 나온 평가어들은 논증의 유형들 중 하나인 연역논증(deduction)에 국한되어 적용된다. 논증의 또 다른 유형으로 뒤에서 소개될 귀납논증(induction)을 들 수 있다. 귀납논증에 대한 평가어들로 "더 나은"(better), "더 나쁜"(worse) 등을 들 수 있다. 일반적으로 논리학책들은 연역논리학을 주로 다루며, "논증"이라는 단어를 많은 경우에 연역논증에 국한하는 좁은 의미로 사용한다.

14. 논증이 타당한지 아니면 부당한지를 결정하는 것은 논증의 형식 내지 구조이다.

1장 2절에서 밝힌 바처럼 논리학은 형식의 학이다. 논증의 타당성 여부는 논증을 구성하는 명제들이 실제로 참인지 아니면 거짓인지와는 무관하다. 한 논증을 구성하는 전제와 결론이 모두 참이라 하더라도 그 논증이 부당한 경우도 있다. 그리고 한 논증을 구성하는 명제들이 모두 거짓이더라도 그 논증이 타당한 경우도 있을 수 있다. 논리학에서 논증의 타당성 여부는 오로지 논증의 형식(argument form)에 의해서 결정된다. 논증의 타당성은 곧 논증의 형식에 있어서의 타당성을 의미한다.

논증과 논증형식은 다음과 같이 구분된다.

15. 논증은 전제와 결론이 명제들로 되어 있다. 따라서 전제와 결론은 구체적인 내용을 지니며 진리값도 지닌다. 반면에 논증형식은 전제와 결론이 명제를 대신하는 기호나 명제의 일부분을 대신하는 기호들—가령 명사들(terms)을 대신하는 기호들—로 구성되어 있다.
따라서 논증형식의 전제와 결론은 구체적인 내용이 결여되어 있으며 진리값도 지니지 않는다. 논증형식의 기호들에 구체적인 대상을 가리키는 단어나 구체적인 내용을 지니는 명제 등을 대입하면 논증이 만들어진다.

다음 두 개의 논증은 동일한 논증형식을 지니기 때문에 둘 다 타당하든가 아니면 둘 다 부당하든가 둘 중 하나이다.

> 모든 인간은 동물이다. 모든 동물은 식물이다. 그러므로 모든 인간은 식물이다.
>
> 모든 이기주의자는 상상력이 부족하다. 상상력이 부족한 사람은 타인에 대한 이해가 부족하다. 고로 이기주의자는 타인에 대한 이해가 부족하다.

위의 논증들의 형식을 명사들을 대신하는 기호들 S와 P와 M을 사용해 다음과 같이 만들 수 있다.

모든 S는 M이다.
모든 M은 P이다.
고로 모든 S는 P이다.

이 논증형식은 직관에 비추어 볼 때 타당하다. 이 논증형식의 S, P, M에다 어떤 개념을 대입하더라도 앞의 두 개의 논증들과 동일한 형식을 지니는 논증이 만들어지며, 그렇게 만들어진 논증들은 타당한 것이 된다.

또 다음의 논증의 예를 보자.

그 학생은 여학생이거나 남학생이다.
그 학생은 여학생이 아니다.
고로 그 학생은 남학생이다.

명제를 대신하는 기호 p, q, r과 선접연결사를 나타내는 기호 ∨, 부정기호 ~, 결론지시어를 나타내는 기호 ∴를 사용하여 위의 논증을 형식화하면 다음의 논증형식이 만들어진다.

$p \vee q$
$\sim p$
$\therefore q$

이 논증형식은 직관에 비추어 볼 때 도출과 지지의 논리적인 관계가 성립하므로 타당하다. 따라서 이 논증형식을 지니는 어떤 논증도 타당한 것이 된다. 이제 다음의 사각테를 만들 수 있다.

16. 한 논증은 형식이 타당할 때 그리고 오직 그때에만 타당하다.

위의 사각테에 "일 때 그리고 오직 그때에만"[if and only if(약어로 iff)]이라는 구절이 나온다. 이 구절은 필요조건(necessary condition)이자 동시에 충분조건(sufficient condition)—즉 필요충분조건(necessary and sufficient condition)—의 관계가 성립한다는 것을 나타내기 위해 사용된 말이다. "필요조건"과 "충분조건" 그리고 "필요충분조건"이라는 용어들의 의미를 정리하고 넘어가자.

17. ㄱ) A가 B의 필요조건이라는 것은 다음을 의미한다: B의 모든 경우들이 A의 경우이다라는 것, 또는 A가 되지 않는 것은 B가 될 수 없다는 것, 또는 A인 경우에만 B가 된다는 것(only if A, then B).
이 의미를 만족시키는 A의 한 예로 "동물이라는 것"을, B의 예로 "사람이라는 것"을 들 수 있다.
ㄴ) A가 B의 충분조건이라는 것은 다음을 의미한다: A일 때마다 B라는 것(whenever A then B).
A의 예로 "사람이라는 것"을, B의 예로 "동물이라는 것"을 들 수 있다.
ㄷ) A가 B의 필요충분조건이라는 것은 다음을 의미한다: A와 B가 동치관계—즉 항상 서로 동일한 진리값을 지니는 관계[4]—에

있다는 것, 또는 B일 때마다 A이고 B이기만 하면 A라는 것(A iff B), 또는 A일 때마다 B이고 또 A이기만 하면 B이다는 것(B if A and B only if A).
A의 예로 "인간이라는 것"을, B의 예로 "인간이 아닌 것이 아니라는 것"을 들 수 있다.

사각테 16에서 다음을 읽을 수 있다.

18. 하나의 논증은 전제가 참이면 결론도 반드시 참일 때 그리고 오직 그때에만 타당하다.

18에서 "반드시 참"이라는 말은 참이 아닌 경우는 상상할 수 없다는 것을 의미한다. 명제들 간의 이러한 관계, 즉 한 명제가 참이면 다른 한 명제도 반드시 참이 되는 관계를 가리키는 논리학의 용어로 "함축"(implication)이 있다. 이 용어는 다음과 같이 정의된다.

19. 명제 A가 다른 명제 B를 함축한다는 것은 A가 참이면 B도 반드시 참이 되는 관계가 성립한다는 것을 의미한다.[5)]

"함축"이라는 논리학의 용어와 관련하여 알아두어야 할 또 하나의 논리학 용어로 "논리적 귀결"(logical consequence)이 있다.

---

4) A와 B가 동치관계에 있다는 것은 둘 다 참이든가 아니면 둘 다 거짓이 되는 관계에 있다는 것을 의미한다.

5) 논리학에서의 "함축"이라는 용어는 일상생활에서 사용되는 "함축"이라는 말과 동일하지 않다. "함축"의 일상적인 의미 중에는 논리학에서의 "함축"이 지니는 의미 외에도"넌지시 비추다"나 "암시하다" 또는 "시사하다" 등이 있기 때문이다.

20. 명제 A가 명제 B를 함축할 때 B는 A의 "논리적 귀결"이라 불린다.

사각테들 18과 19로부터 다음의 사각테를 만들 수 있다.

21. 타당한 논증은 전제가 결론을 함축할 때 오직 그때에만 타당하다.

다음의 두 개의 논증들을 보자.

(1) 모든 인간은 유기체이다.
모든 유기체는 생물이다.
고로 모든 인간은 생물이다.

(2) 모든 인간은 식물이다.
모든 식물은 광물이다.
고로 모든 인간은 광물이다.

이 논증들은 논리적인 (형식) 면에서 볼 때 타당하다. 사실에 비추어 볼 때 논증 1은 전제와 결론이 모두 참인 반면에 논증 2는 전제와 결론이 모두 거짓이다. 타당한 논증들 가운데서 전제와 결론이 참인 것들은 논리적인 (형식) 면에서뿐만 아니라 내용적인 면에서도 바람직하다. 이런 논증을 논리학에서 "건전한 논증" (sound argument)이라 부른다.

22. 건전한 논증은 타당하면서 동시에 전제와 결론이 모두 참이 되는 논증이다.

건전한 논증과 타당한 논증 간의 관계를 다음과 같이 정리할 수 있다.

> **23.** 건전한 논증들은 모두 타당하지만 타당한 논증들이라고 해서 다 건전한 것은 아니다—즉 타당하면서 동시에 건전한 논증도 있고 타당하면서 동시에 건전하지 않은 논증도 있다.

형식의 학으로서의 논리학은 논증의 타당성 여부에 관심을 가지지만 논증의 건전성 여부에는 관심을 두지 않는다. 그러나 논리학외의 대부분의 영역들에서는 건전한 논증에 관심을 가진다. 건전한 논증을 제시하려면 논증의 논리적인 형식 면을 고려해야 할 뿐만 아니라 논증을 구성하는 명제들이 올바른 내용을 주는 것인지의 여부도 밝혀야 한다.

4. 연역과 귀납

지금까지 이 책에서 다루어왔으며 또 앞으로도 다룰 논증들은 연역논증들(deductions)이다. 논증의 유형들로 연역논증 외에 귀납논증(induction)이 있다. 근세 영국철학자 베이컨(Fransis Bacon, 1561-1626)이 귀납논증의 중요성을 강조했을 당시에 논리학은 곧 고대의 아리스토텔레스에 의해 체계화된 연역논리학을 의미한다고 할 정도로 연역논증에 대한 연구가 논리학의 핵심을 이루었다. 귀납논증은 영국철학자 밀(J.S. Mill, 1806-1873)을 선두로 하여 오늘날에 이르기까지 꾸준히 연구되어 오고 있다.

연역논증과 귀납논증은 둘 다 전제(들)와 결론으로 구성되어 있다는 점에서는 공통점을 지니지만 전제와 결론 사이에 서로 다른 관계가 성립된다는 점에서 차이점을 지닌다. 차이점을 다음의 사각테들(24-28)로 정리하기로 한다.

> **24. 차이점 1**
> · 연역논증: 전제들이 참인 경우에 결론도 반드시 참이 된다.
> · 귀납논증: 전제들이 참일 때 결론이 참이 될 가능성이 크지만 결론이 거짓이 될 가능성을 완전히 배제할 수는 없다.

24에서의 "결론도 반드시 참이 된다"는 "결론이 필연적으로 참(necessarily true)이 된다" 또는 "결론이 거짓이 되는 경우를 상상할 수 없다"와 동일한 의미를 지닌다. 한편 "결론이 참일 가능성이 크지만 결론이 거짓이 될 가능성을 완전히 배제할 수는 없다"는 "결론이 개연적으로 참이다(probably true)"와 동일한 의미를 지닌다.

24로부터 다음의 차이점을 도출할 수 있다.

> **25. 차이점 2**
> · 연역논증: 전제들이 참이라고 주장하면서 동시에 결론이 거짓이라고 주장하면 모순(또는 자가당착)[6]에 빠진다.
> · 귀납논증: 전제들이 참이면서 동시에 결론이 거짓이 된다고 주장하더라도 모순에 빠지지 않는다.

> **26. 차이점 3**
> · 연역논증: 전제들이 결론을 지지하기 위한 절대적인 근거를

6) 논리학에서 모순은 배제되어야 하는 것이 된다.

마련한다.

· 귀납논증: 전제들이 결론을 지지하기 위한 상당한 근거를 마련한다. 즉 전제들이 결론을 지지하기 위한 근거의 강도가 높아짐에 따라 결론이 참이 될 개연성(probability)[7)]이 높아진다.

이 차이점은 연역논증과 귀납논증이 서로 다른 평가어를 요구한다는 것을 보여준다.

27. · 연역논증에 대한 평가어: "타당한"(valid), "부당한"(invalid), "옳은"(correct), "그른"(incorrect) 등

· 귀납 논증에 대한 평가어: "더 좋은"(better), "더 나쁜"(worse), "더 강한"(more strong), "더 약한"(more weak) 등

귀납논증의 경우 전제들이 참일 때 결론이 거짓이 될 확률이 거의 없으면, 즉 결론이 참이 될 가능성이 아주 높으면, 전제들이 결론을 지지하는 정도가 높게 되어 더 좋거나 더 강한 논증이 된다.

위의 차이점들로부터 다음의 차이점을 도출할 수 있다.

28. 차이점 4

· 연역논증: 전제들의 내용 안에 결론의 내용이 포함되어 있다—즉 결론은 전제의 내용에는 없는 정보를 담고 있지 않다.

· 귀납논증: 전제들의 내용 안에 결론의 내용이 포함되어 있지 않다 — 즉 결론은 전제의 내용 안에 없는 정보를 담고 있다.

위의 차이점들은 타당한 연역논증과 더 좋은 귀납논증의 차이점이 된다.

---

7) "개연성"(probability)은 가능성의 정도 또는 확실성의 정도를 의미한다.

다음의 연역논증의 예를 보자.

(1) 나는 생각한다.
생각하는 모든 것들은 존재한다.
고로 나는 존재한다.

위의 논증은 타당하다. 전제들이 참이 되는 경우에 결론도 반드시 참이 된다. 그리고 전제들의 내용 안에 결론의 내용이 이미 들어 있다. 또 전제를 긍정하고 결론을 부정하면 모순에 빠진다.

한편 다음의 귀납논증을 보자.

(2) 인간 1은 200세 미만이다.
인간 2는 200세 미만이다.
⋮
인간 10억은 200세 미만이다.
고로 모든 인간은 200세 미만이다.

이 예에서 전제들이 모두 참이라 하더라도 결론이 참이라는 보장은 할 수 없다. 전제의 내용 안에 결론의 내용이 들어 있지 않다. 또 전제를 긍정하고 결론을 부정한다고 하더라도 모순에 빠지지 않는다. 아직 관찰되지 않은 미래에도 200세가 넘는 인간이 없으리라는 보장은 할 수 없다. 200세가 넘게 산 인간이 적어도 한 명이라도 발견되면 결론을 거짓으로 만드는 반례(counter example)가 생기게 된다. 인간들의 수명을 조사해나가는 동안에도 인간들은 계속해서 탄생되기 때문에 모든 인간들을 다 관찰한다는 것은 불가능하다. 따라서 결론이 거짓이 될 가능성을 배제할 수 없게 된다. 200세 미만을 사는 인간들을 많이 발견하면 할수록 결론이 참이 될 가능성의 정도가 커질 뿐이지만 그때에도 결론이 참이라는 확신은 할 수 없게 된다. 그래서 귀납의 결론에 "아마도(probably) …일 것이다"라는 표현이 생략되어 있는 것으로 해석할 수 있다. 위의 예에서의 결론을 "아마도 모든 인간들은 200세 미만일 것이다"를 의미하는 것으로 간주할 수 있다.

혹자는 연역논증을 전체명제들(universal proposition, 또는 보편명제들)에서 부분명제(particular proposition, 또는 특칭명제, 또는 개별명제)가 도출되는 것으로 정의하고, 귀납논증을 부분명제들에서 전체명제가 도출되는 것으로 정의한다. 그러나 이것은 잘못된 정의이다. 그런 정의는 연역논증들 중 일부와 귀납논증들 중 일부에 대해서만 적용되며, 연역논증들 전반과 귀납논증들 전반에 대해서는 적용되지 않기 때문이다. 여기서 "전체명제"는 주어가 가리키는 모든 대상들에 대해서 어떠어떠하다는 주장을 하는 명제를 의미한다.

한 예로 "생각하는 모든 것들은 존재한다"를 들 수 있다. 또 "부분명제"는 주어가 가리키는 대상들 중 하나 이상이면서 전체는 아닌 대상들에 대해서 어떠어떠하다는 주장을 하는 명제를 의미한다. "몇 명의 사람들은 존재한다"를 부분명제의 예로 들 수 있다. (타당한) 연역논증의 예들 중에는 다음의 논증들 (3)과 (4)와 같이 전제와 결론 모두가 전체명제들인 것도 있고 전제와 결론이 하나의 특정대상에 대해서 어떠어떠하다는 주장을 담고 있는 명제들 또는 그런 명제들로 합성된 것들도 있다.

(3) 모든 인간은 동물이다.
모든 동물은 언젠가는 죽는다.
그러므로 모든 인간은 언젠가는 죽는다.

(4) 만일 철희가 감기에 걸리면 철희는 비타민 C를 복용한다.
철희는 감기에 걸렸다.
고로 철희는 비타민 C를 복용한다.

또한 (더 좋은) 귀납논증의 예들 중에는 다음과 같이 전제와 결론이 모두 전체명제인 것들도 있고, 전제와 결론 모두가 하나의 특정대상에 대해서 어떠어떠하다는 주장을 담고 있는 명제인 것도 있다.

(5) 모든 사람은 동물이며 심장을 지니고 있다.
모든 박쥐는 동물이며 심장을 지니고 있다.
모든 뱀은 동물이며 심장을 지니고 있다.
고로 모든 동물은 심장을 지니고 있다.

(6) 인간 1은 폐쇄적이고 독선적이다.
인간 2는 폐쇄적이고 독선적이다.
⋮
인간 1,000,000,000은 폐쇄적이고 독선적이다.
인간 1,000,000,001은 폐쇄적이다.
따라서 인간 1,000,000,001은 독선적이다.

5. 귀납적 일반화와 귀납적 유추

귀납논증의 유형들로 일반화(generalization)와 유추(analogy)를 들 수 있다. 앞의 논증들 중 (2)와 (5)는 귀납적 일반화들이고 (6)은 귀납적 유추이다. (2)와 (5)는 일반화에 의존한 귀납논증이다. (2)는 여태까지 관찰된 몇 명의 인간들 각각이 200세를 넘게 살지 못했다는 정보를 전제로 하고 이 정보를 인간들 모두에 대해서 일반화하여 모든 인간들은 200세 미만이라는 결론을 도출한 논증이다. 귀납적 일반화에 대해 다음과 같이 정의할 수 있다.

29. 귀납적 일반화란 특정집합에 속한 관찰된 몇몇 대상들이 어떤 속성을 지녔다는 것을 전제로 하여 그 집합에 속한 모든 대상들도 그 속성을 지녔다는 결론을 도출한 논증이다.

귀납적 일반화의 경우에 더 좋은 논증을 만들기 위해서는 관찰된 사례들을 전제에 제시할 때 고려할 사항들이 있다. 그 사항들은 귀납적 일반화를 더 좋게 하기 위한 기준이 된다.

30. 귀납적 일반화를 더 좋게 만들기 위한 기준 ㄱ) 관찰된 사례들의 수가 많아야 한다. ㄴ) 사례들을 관찰할 때 대표할 만한 것을 표본으로 삼아야 한다.

귀납적 일반화를 만들 경우에 관찰된 사례들의 수가 적으면 적을수록 전제에서 결론에로 더욱 성급하게 비약한 논증이 된다. 따라서 ㄱ)이 성립된다. 귀납적 일반화를 만들 때 특정부류의 대상들을 관찰하는 데 치우치지 말고 여러 부류의 대상들을 관찰해야

한다. 만약 한국인들이 평균적으로 얼마나 자주 해외여행을 하는가를 알기 위해서 고급음식점들에 가는 사람들만을 조사대상으로 삼는다면 이는 잘못된 것이다. 그런 사람들을 표준적인 한국인으로 삼을 수는 없기 때문이다. 고급음식점들을 찾는 사람들은 부유한 사람들일 가능성이 많고 또 그런 사람들이 해외여행을 많이 할 가능성이 있다는 것을 간과해서는 안 된다. 이것은 ㄴ)이 성립된다는 것을 보여준다.

귀납논증의 다른 한 유형으로 유추를 들 수 있는데, 이것은 일상생활에서 어떠한 주장을 지지하기 위한 논거를 제시할 때 자주 사용된다.

31. 유추는 두 개의 대상들(또는 동일한 그룹의 대상들과 다른 하나의 대상)이 여러 면에서 같다는 전제와 그 두 개의 대상들 중 하나가 어떠한 속성을 지니고 있다는 전제로부터 다른 하나의 대상 역시 아마도 그 속성을 지녔을 것이라는 결론이 도출된 논증이다.

31은 유추의 전제들이 모두 참이라 하더라도 결론은 개연성(probability)만 지니고 있다는 내용을 담고 있다. 유추를 통하여 두 개의 대상들 사이에 단지 닮은 점이 있다는 내용을 도출할 수 있기 때문이다. 31을 참고로 하여 유추논증을 기호를 사용하여 구조화할 수 있다.

대상들을 대신하는 기호들인 대상기호들 a, b, c, d,…와 속성을 대신하는 기호들인 속성기호들 P, Q, R, S,…를 사용하여 유추논증의 구조를 다음과 같이 보여줄 수 있다.

대상들 a, b, c, d는 각각 속성들 P, Q, R, S를 지니고 있다.
대상 e도 속성들 P, Q, R, S를 지니고 있다.
a, b, c, d는 각각 속성 T를 지니고 있다.
그러므로 어쩌면 e 역시 속성 T를 지닐 것이다.

유추논증의 예로 앞에서 든 논증 (6) 외에 다음 세 개의 논증들을 더 들어보자.

(7) 행성 M은 지구와 마찬가지로 자전하며 태양의 빛을 받고 주변에 달이 있고 먼지를 지니며 또 중력의 지배를 받는다. 지구에는 생물체가 산다. 그러므로 행성 M에도 어쩌면 생물체가 살 것이다.

(8) 나는 전에 음악가 B의 작품들 대다수를 감상했는데 그것들은 모두 과장적인 요소가 없었고 정교함과 투명함 그리고 예리함을 지니는 것들이었다. 그러므로 이번에 접하게 될 그의 또 다른 작품 역시 그러리라 기대된다.

(9) 내가 전에 산 가방들은 모두 동일제품이었으며, 그것들은 모두 사용하기 편했다. 이번에 산 가방도 동일제품이다. 그러므로 이 가방 역시 사용하기 편할 것이다.

(7)은 두 개의 대상들 간의 유사성을 보여주고 있고, (8)과 (9)는 동일한 그룹의 대상들과 한 대상 간의 유사성을 보여주고 있다. 이 논증들의 결론들에는 "…일 것이다"나 "…이리라 기대된다"와 같이 개연성을 나타내는 표현들이 들어 있다. 유추는 연역과 달리, 타당이나 부당이라는 평가어를 지니지 않는다. 또한 유추는 연역과 달리, 전제들이 참이라 하더라도 결론이 거짓이 될 가능성

은 배제되지 않는다. 유추는 귀납의 일종이기 때문에 "더 강하다"(또는 "더 좋다")거나 "더 약하다"(또는 "더 나쁘다")라는 평가어를 지닌다. 유추에 대한 평가는 결론이 참이 될 수 있는 개연성의 정도(degree of probability)에 의존해 있다. 더 강한 유추논증이 되기 위한 기준들로 일반적으로 다음의 다섯 항목을 들 수 있다.

32. 더 강한 유추의 기준들

ㄱ) 관찰된 사례들의 수가 많아야 한다.
ㄴ) 관찰된 대상들이 많은 면에서 유사해야 한다.
ㄷ) 사례들에 대한 관찰이 다양한 상황에서 이루어진 것이어야 한다.
ㄹ) 전제들에서 제시된 유사성들이 결론의 내용과 관련된 것이어야 한다.
ㅁ) 관찰된 대상들 사이에서 결론을 거짓으로 만들 만한 결정적인 이질적 차이가 존재하지 않아야 한다.

논증 (8)에서 음악가 B의 작품들 중 많은 수의 것들이 감상(또는 관찰)되면 결론이 참이 될 개연성이 커진다.[8] 이것은 32의 ㄱ)이 성립된다는 것을 보여준다. 논증 (7)에서 화성과 지구가 많은 면에서 유사해야 결론이 참이 될 가능성이 높아진다. 이것은 ㄴ)의 기준을 낳는다. 한편 논증 (9)의 경우, 전에 구매한 가방들이

8) 유추에서 관찰된 사례들의 수와 결론의 개연성의 정도가 반드시 정비례하는 건 아니다. 가령 꽤 기능이 높은 수준에 달하는 컴퓨터의 경우에는 동일한 종의 한 대 내지 두 대의 컴퓨터가 기능면에서 높은 수준에 달한다는 것만 관찰하고도 종일한 종의 다른 한 컴퓨터 역시 그러리라는 결론을 내릴 수 있다.

고급백화점에 납품된 것들뿐이고, 이번에 구매한 가방은 저가품들을 파는 시장에 납품된 것이라면, 이번에 산 가방은 전에 산 가방들과 다른 품질일 가능성을 배제할 수 없다. 그러므로 ㄷ)에서 주장된 바처럼 관찰된 사례들이 다양한 상황하에서 이루어져야 한다. 가령 가방구매가 백화점, 저가품을 취급하는 시장, 일반시장, 슈퍼, 작은 가게, 학교매점 등에서 고루 행해진 것일수록 동일한 제품의 모든 가방들에 대한 평가가 제대로 이루어질 수 있다. 동일한 공장에서 생산된 가방들이 판매 장소에 따라 질에 있어서 차등화가 이루어지도록 판매될 가능성을 고려해야 한다. ㄹ)의 기준이 성립된다는 것을 보여주기 위해서 다음 두 개의 논증들을 비교하기로 한다.

> (10) 김씨, 이씨, 박씨는 체질에 있어서 결정적인 차이점들이 발견되지 않았으며, 모두 동일한 병원균에 감염되었다. 김씨와 이씨는 M이란 약을 복용한 후 증세가 나아졌다. 고로 박씨도 M이라는 약을 복용하면 증세가 호전될 것이다.
>
> (11) 김씨, 이씨, 박씨는 체질에 있어서 결정적인 차이점이 없었다. 그들은 모두 서울에 살고, 남성들이며, 건축물감상을 좋아한다. 김씨와 이씨는 M이란 약을 복용한 후 병이 호전되었다. 고로 박씨도 그 약을 복용하면 병이 호전될 것이다.

(11)이, (10)과 달리, 약한 유추논증이 되는 이유는 김씨와 이씨와 박씨가 지니는 유사점들이 결론의 내용과 관련되어 있지 않기 때문이다. 마지막으로, ㅁ)의 기준이 성립되는 근거로 다음을 들 수 있다. 만약 논증 (8)의 경우에 음악가 B의 작품들 중에서 내가 전

에 감상했던 것들 모두가 그가 아주 심각한 정신질환을 앓기 이전의 것들이고 앞으로 접하게 될 그의 작품은 아주 심각한 정신질환을 앓았을 때에 만든 것이라면 유추는 무너지게 된다. 한 음악가가 아주 심각한 정신병을 겪고 있는가의 여부는 그의 작품의 질과 관련을 가지기 때문이다.

1.4. 논증을 분석하는 요령

논증은 명제들을 논리적으로 엮기 위한 하나의 틀이 된다. 논증을 통해 지지하고자 하는 주장은 결론을 구성하고 지지하는 내용은 전제를 구성한다. 논증에 대해 분석하기 위해서는 적어도 다음의 네 가지 물음들을 묻고 답하도록 하자.

33. ㄱ) 논증을 통해 옹호하고자 하는 주장이 무엇인가? 그 주장은 결론에서 분명하게 제시되고 있는가?
ㄴ) 옹호하려는 주장을 위해 마련된 근거들은 무엇인가? 그것들은 전제들에서 제시되고 있는가?
ㄷ) 전제들은 참인가? 전제들이 참이라는 것을 입증할 만한 근거가 있는가?
ㄹ) 전제들이 결론의 내용을 지지해주는가?

위의 물음들에 대해 긍정적인 답변이 마련된 경우에 주어진 논증은 타당한 논증일 뿐만 아니라 건전한 논증이 된다.

논증의 논리적인 구조 내지 뼈대 또는 흐름은 전제들과 결론이 배열된 구조이다. 전제들과 결론이 배열된 구조들 중에는 단순한 것도 있지만 복잡한 것도 있다. 그 구조를 알기 위해서는 글의 맥락을 잘 이해해야 한다. 논증에서 전제나 결론이 생략된 경우에는 생략된 부분을 채워넣어야 한다. 한 논증 안에서 여러 개의 전제들이 또 다른 전제들에 대해서 결론이 되는 경우도 있다. 또 전제들에서 각기 다른 두 개의 결론들이 도출된 경우도 있다. 복잡한 구조로 된 논증의 경우에는 전제들과 결론의 배열도를 만들면 논리의 흐름이 어떻게 전개되고 있는가에 대해 명확하게 파악할 수 있다. 주어진 논증이 논리적으로 타당한지의 여부를 밝히기 이전에 논증의 배열도를 만드는 것이 필요하다.

논증의 배열도를 만드는 여러 방식들이 있을 수 있으며, 여러분도 각자 나름대로 편리한 방식으로 만들 수 있을 것이다. 논증의 배열도를 만들기 위한 한 방식을 다음과 같이 소개하기로 한다.

34. 논증에서 전제와 결론이 배열된 구조를 보여주는 도식을 다음의 절차를 거쳐 만들 수 있다.

1) 논증을 구성하는 문장들의 앞에다 괄호번호들을 순서대로 붙인다. 동일한 내용을 지니는 문장들에는 동일한 괄호번호를 부여한다. 생략된 문장들이 있는지를 글의 맥락을 고려하여 가려낸다. 생략된 문장이 있을 때에는 그 문장을 삽입기호 "〉"를 붙여 논증에다 삽입하고 괄호번호를 부여한다.
2) 글의 맥락을 파악하여 전제들과 결론들을 가려낸다. 결론의 괄호번호에는 또 하나의 괄호를 붙여서 이중괄호번호를 만든다.
3) 전제들이 지니는 괄호번호들을 세로로 배열하고 그 아래에 결론의 이중괄호번호를 배열한다. 결론의 이중괄호번호 앞에는 결론지시어를 나타내는 기호 "∴"를 붙인다. 그리고 배열된 생략

된 문장의 번호 앞에는 삽입기호 "〉"를 붙인다.
4) 여러 개의 논증들로 구성된 논증의 경우에는 구성논증들의 배열도들을 가로로 열거하고, 최종결론에는 경우에 따라서 여러 겹의 괄호들을 두른다. 최종결론을 지지하는 전제들 중에 또 다른 결론으로 부터 도출된 결론이 있을 때는 그 또 다른 결론에 이중괄호번호를 매기고 그 결론에서 도출된 결론에는 삼중괄호번호를 매기며 최종결론에는 사중괄호번호를 매긴다. 이와 같이 하여 최종결론의 번호에는 경우에 따라서 여러 겹의 괄호번호들이 부여될 수 있게 된다.

다음 논증의 배열도를 만들어보자.

생물체들은 모두 변하며 나도 생물체란 말입니다.

위의 논증에는 "나는 변한다"라는 결론이 생략되어 있다. 다음과 같이 삽입기호와 일련의 괄호번호들을 매긴다.

(1) 생물체들은 모두 변한다.
(2) 나는 생물체이다.
고로 〉(3) 나는 변한다.

전제들과 결론을 가려낸 다음 결론지시어를 나타내는 기호∴를 사용해 다음의 배열도를 만든다.

(1)

(2)

∴〉((3))

다음 논증은 동네에 대형 송전탑을 세우려는 전력회사측에 대해 반대하면서 주민들이 제시한 논증들 중 하나이다. 이 논증이 설득력을 지니는가의 여부는 여기서 문제 삼지 말기로 하고 논증의 배열도만을 만들어보기로 하자.

송전탑이 방출하는 전자파가 인체에 유해하다는 과학적 가설이 있다는 것을 인정해야만 한다. 과학적 가설들은 참일 가능성을 지닌다. 그러므로 송전탑이 방출한 전자파가 인체에 유해하다는 주장이 참일 가능성을 배제할 수 없다.

배열도를 만들기 위해서 우선 위의 논증의 문장들에 대해 다음과 같이 순서대로 괄호번호들을 매긴다.

(1) 송전탑이 방출하는 전자파가 인체에 유해하다는 과학적 가설이 있다는 것을 인정해야만 한다. (2) 과학적 가설들은 참일 가능성을 지닌다. 그러므로 (3) 송전탑이 방출한 전자파가 인체에 유해하다는 주장이 참일 가능성을 배제할 수 없다.

그 다음에는 전제들과 결론을 가려낸 다음 결론지시어를 나타내는 기호를 사용해 다음의 배열도를 만든다.

(1)

(2)
∴((3))

다음은 레오나르도 다 빈치(Leonardo da Vinci, 1452-1519)의 예술관 중 일부를 담고 있는 논증이다. 다음 논증의 배열도를 만들어보자.

> 그저 상상만으로 자연과 인간 사이의 통역자가 되려 하는 예술가들을 신뢰할 수 없다. 첫째, 훌륭한 예술품을 만들어내기 위해서는 사물에 대한 과학적 인식을 깊게 해야만 한다. 둘째, 그림의 수법을 훈련하는 과정에서 수학이 필요하다.

우선 이 논증의 문장들에다 순서대로 괄호번호를 매긴다.

> (1) 그저 상상만으로 자연과 인간 사이의 통역자가 되려 하는 예술가들을 신뢰할 수 없다. 첫째, (2) 훌륭한 예술품을 만들어내기 위해서는 사물에 대한 과학적 인식을 깊게 해야만 한다. 둘째, (3) 그림의 수법을 훈련하는 과정에서 수학이 필요하다.

이 논증의 (최종)결론은 (1)이며, 전제들은 서로 의존하지 않고 각각 독자적으로 결론은 지지하고 있다. 따라서 다음의 배열도가 만들어진다.

(2)	(3)
∴((1))	∴((1))

다음은 길거리에서의 흡연행위를 반대하기 위해 제시한 논증이다. 다음 논증의 배열도를 만들어보자.

> 길거리에서의 흡연행위는 규제되어야 한다. 길거리에서의 흡연은 니코틴을 생성해낸다. 니코틴이 인체에 유해하다는 것은 두말할 필요도 없다. 길거리에서의 흡연행위는 담뱃재를 만든다. 담뱃재는 공기를 오염시킨다. 공기오염은 인체에 해를 준다.

위의 논증에는 "사람의 몸을 유해하게 하는 행위는 규제되어야 한다"라는 문장이 생략되어 있다. 다음과 같이 위의 논증의 문장들에다 괄호번호들을 매기고 생략된 문장에는 삽입기호와 괄호번호를 매긴다.

> (1) 길거리에서의 흡연행위는 규제되어야 한다. (2) 길거리에서의 흡연은 니코틴을 생성해낸다. (3) 니코틴이 인체에 유해하다는 것은 두말할 필요도 없다. 〉(4) 사람의 몸을 유해하게 하는 행위는 규제되어야 한다. (5) 길거리에서의 흡연행위는 담뱃재를 만든다. (6) 담뱃재는 공기를 오염시킨다. (7) 공기오염은 인체에 해를 준다.

위의 논증은 두 개의 논증들로 구성되어 있으며 그 논증들의 (최종)결론은 (1)이 된다. 결론지시어를 나타내는 기호를 사용해 다음의 배열도를 만들 수 있다.

(2) (5)

(3) (6)

〉(4)　　　　　(7)
∴((1))　　　　〉(4)
　　　　　　　∴((1))

다음은 더욱 심각해지고 있는 서울의 공해를 해결하기 위해 제시한 한 논의이다. 다음 논증의 배열도를 만들어보자.

> 서울의 공해는 대단히 심각하다. 그러므로 공기오염의 주범인 자동차 배기가스를 규제해야 한다. 또 노상에서의 흡연행위도 규제해야 한다.

우선 위의 논증의 문장들에다 다음과 같이 순서대로 괄호번호들을 매긴다.

> (1) 서울의 공해는 대단히 심각하다. 그러므로 (2) 공기오염의 주범인 자동차 배기가스를 규제해야 한다. 또 (3) 노상에서의 흡연행위도 규제해야 한다.

위의 논증은 두 개의 논증들로 구성되어 있으며, 그 논증들의 전제들은 (1)이다. 그 두 개의 논증들은 동일한 전제들로부터 서로 다른 결론이 도출된 것들이다.

결론지시어기호를 사용해 다음의 배열도를 만들 수 있다.

(1)　　　　　(1)
∴((2))　　　∴((3))

다음은 사회정의론들 중에서 부에 대한 평등주의적 입장을 취하는 정의론을 주장한 미국철학자 롤스(J. Rawls, 1921-)의 논의 중 일부를 담고 있는 논증이다. 다음 논증의 배열도를 만들어보자.

개인의 부에 대한 국가의 간섭을 강화해야 한다. 각 개인이 자연적인 자산 즉 지적인 능력, 육체적인 힘, 성격, 외모, 유산 등을 소유하게 된 것은 우연적인 것이다. 또한 부는 사회적인 협동 없이는 얻어질 수 없다. 각 개인은 자신의 자연적인 자산을 통해 얻은 부를 자신의 소유물로 주장할 응분의 도덕적인 권리가 없다. 따라서 각 개인이 자연적인 자산을 활용하여 얻은 부는 사회공동의 자산으로 간주해야 한다. 그렇기 때문에 각 개인의 부는 자신의 처지 향상만을 위해 사용되어서는 안 되고 모든 사람들의 이익증대를 위해 사용되어야 한다. 이것은 개인의 부를 국가에서 재분배해야 한다는 것을 함축한다. 결국, 개인의 부에 대한 국가의 간섭이 강화되어야 한다는 결론을 받아들일 수밖에 없다.

이 논증의 문장들에다 다음과 같이 괄호번호들을 매긴다.

(1) 개인의 부에 대한 국가의 간섭을 강화해야 한다. (2) 각 개인이 자연적인 자산 즉 지적인 능력, 육체적인 힘, 성격, 외모, 유산 등을 소유하게 된 것은 우연적인 것이다. 또한 (3) 부는 사회적인 협동 없이는 얻어질 수 없다. (4) 각 개인은 자신의 자연적인 자산을 통해 얻은 부를 자신의 소유물로 주장할 응분의 도덕적인 권리가 없다. 따라서 (5) 각 개인이 자연적인 자산을 활용하여 얻은 부는 사회공동의 자산으로 간주해야 한다. 그렇기 때문에 (6) 각 개인의 부는 자신의

처지 향상만을 위해 사용되어서는 안 되고 모든 사람들의 이익증대를 위해 사용되어야 한다. 이것은 다음을 함축한다 즉 (7) 개인의 부를 국가에서 재분배해야 한다. 결국, 다음의 결론을 받아들일 수밖에 없다. 즉(1) 개인의 부에 대한 국가의 간섭이 강화되어야 한다.

이 논증의 (최종)결론은 (1)이다. (1)은 (7)로부터 도출된 것이며, (7)은 (6)으로부터 도출된 것이다. 또한 (6)은 (5)로부터 도출되었고, (5)는 (2)와 (3)과 (4)로부터 도출된 것이다. 결론지시어기호를 사용해 이 논증의 배열도를 다음과 같이 만들 수 있다.

(2)
(3)
(4)
∴((5))
∴(((6)))
∴((((7))))
∴(((((1)))))

오직 하나의 배열도만 성립되는 건 아니다. 위의 배열도 대신 다음의 네 개의 배열도들 중 아무 것이나 그려도 된다.

(2)	((5))	(((6)))	((((7))))
(3)	∴(((6)))	∴((((7))))	∴(((((1)))))
(4)			
∴((5))			

또는

(2)	((5))
(3)	∴(((6)))
(4)	∴((((7))))
∴((5))	∴ (((((1)))))

또는

(2)	(((6)))
(3)	∴((((7))))
(4)	∴(((((1)))))
∴((5))	
∴(((6)))	

또는

(2)	((((7))))
(3)	∴(((((1)))))
(4)	
∴((5))	
∴(((6)))	
∴((((7))))	

1.5. 이 책의 테두리

논리학은 기원전 4세기 경에 아리스토텔레스에 의해 체계화되었고 또 그 당시 학교에서 한 과목으로 채택되었다. 이것은 논리학이 대단히 오랜 역사를 지닌 학문이라는 것을 말해준다. 여러분은 1장 2절에서 논리학이 주된 과제 내지 목표로 삼고 있는 것이 무엇인가를 지적했던 것을 기억할 것이다. 논리학은 오랜 역사를 거치면서 그 목표 내지 과제를 향해 계속 확장과 수정을 통한 발전을 거듭하여 새로움을 더해 갔다.

지대한 역사를 지닌 논리학의 전체 내용들 가운데서 이 책은 초보적인 수준의 입문서가 갖추어야 할 기본적인 내용을 가능한 간략하게 줄여서 소개하고자 했다. 이 책을 읽는 여러분은 이렇게 물을 것이다. "대체 이 책이 다룰 내용은 어디까지인가?"라고. 이 물음에 답하기 위해서 논리학사적인 배경을 더듬어가면서 이 책에서 다룰 내용의 테두리를 긋기로 한다.

논리학사를 제대로 이해하려면 논리학에서 다루는 내용들에 대해 어느 정도는 알고 있어야 한다. 그래서 논리학에 첫발을 내딛기 시작한 학생들에게 논리학사를 얘기해 준다는 것은 무리일 수 있다. 그러나 논리학의 내용을 가르치기에 앞서 논리학사에 대해 대략적으로나마 설명해줌으로써 논리학의 전체 내용들 중에서 앞으로 배우게 될 내용들을 자리매김해주는 것은 마치 여행하기 전에 여행지에 대한 대략적인 지도나마 훑어보게 함으로써 여행지 전반에 대한 지식을 지니게 하는 것과 마찬가지로 앞으로 전개될 내용들에 대해 전체적인 시각을 갖도록 하는 데 도움이 될 것이다.

1장 2절에서 지적한 바와 같이 논리학은 일반적으로 형식논리학(formal logic)을 의미한다. "논리학"이라고 불리는 것들 중에는 형식의 논리학과 별도로 "내용의 논리학"이라 불리는 것도 있다. 내용의 논리학의 대표적인 한 예로 헤겔(G.W.F. Hegel, 1770-1831)이 제시한 변증법적 논리학(또는 변증법)을 들 수 있다. 이 논리학의 목적은 존재(또는 역사 또는 사실 또는 세계)가 변화하는 구조에 대한 내용을 법칙화하는 데 있다. 이 논리학에 대한 설명은 여기서 하지 않기로 한다. 이 책에서 다루는 논리학은 내용의 논리학이 아닌 형식의 논리학, 즉 명제들 간의 형식적인 논리적 관계만을 다루는 논리학에 국한된 것이다.

이 책은 여섯 개의 장으로 구성되어 있다. 1장 중 본 절은 이 책에서 다룰 내용들의 범위를 논리학사적인 배경 아래서 설정하고 있다. 1장의 나머지 절에서는 논리학에 대한 일반적이고 대략적인 정의를 소개한 다음, 그 정의에 나오는 개념이자 동시에 논리학에서 가장 핵심적인 개념들 중 하나인 논증에 대해서 설명하고 있다.

2장에서는 부당한 논증들이 범하는 논리적인 오류들 중 "비형식적 오류들"이라 불리는 것들에 대해 소개하고 있다. 논리적인 오류를 범하는 논증들은 모두 부당하며, 또 부당한 것들은 모두 논리적인 오류를 범한 것들이다. 논리학에서 오류들은 일반적으로 두 가지, 즉 형식적 오류와 비형식적 오류로 구분된다. 전자는 3장과 4장과 5장 그리고 6장에서 다루어질 것이다. 3장 5절과 6절에서는 몇몇 형식적인 오류의 명칭들이 소개될 것이다. 형식적 오류를 범한 논증들은 논리학에서 마련된 일정한 형식적인 규칙들 내지 기준들에 위배되는 것들이다. 반면에 그러한 형식적인 규칙들 내지 기준들로 부당함을 판별할 수는 없지만 직관적으로 볼 때 부당한 논증들은 비형식적인 오류를 범한 것들이 된다. 비형식적 오류를 범하는 (부당한) 논증들을 잘 가려내고 또 그 논증들이 어떤 점에서 오류를 범하고 있는지를 지적해내는 훈련은 일상생활에서건 전문적인 영역에서건 간에 논리적인 힘을 증진시키는 중요한 한 요인이 된다.

1. 삼단논증과 아리스토텔레스

3장에서는 삼단논증에 대한 아리스토텔레스의 이론을 소개하고 있다. 논리학의 역사에서 그 이론이 지니는 비중은 크다. 삼단논증이란 두 개의 전제들과 하나의 결론으로 구성된 논증이다. 아리스토텔레스에 의하면 삼단논증은 사람들이 여러 유형의 논증들 중 쉽게 예로 드는 유형의 논증이다. 논리학에 대한 아리스토텔레스의 여러 글들은 사후에 여러 학자들에 의해 연구방법 또는 사고방법이라는 의미를 지니는 《오르가논》(*Organon*)이라는 방대한 책으로 편찬되었다. 그 책은 개념, 명제와 판단, 삼단논증, 양상명제들(modal propositions)[9], 귀납, 정의(definition), 반박술을 위한 오류추리 등의 풍부한 내용을 담고 있다. 그 중 삼단논증은 비록 많은 분량이 할애되지는 않았지만 노른자위를 차지하고 있다고 볼 수 있다. 아리스토텔레스의 글들은 현대에 이르기까지 수정되고 삽입되고 삭제되고 또 내용들의 순서가 바뀌고 주석가들의 해석이 첨가되는 등 여러가지로 변형되어왔으므로 어디까지가 아리스토텔레스 자신이 직접 제시한 내용인지를 정확하게 가려내는 것은 불

9) 양상명제들이란 필연명제(necessary proposition), 우연명제(contingent proposition), 가능명제(possible proposition), 불가능명제(impossible proposition) 등을 일컫는다.

가능하다. 우리들에게 전해진 것은 단지 아리스토텔레스적인 논리학(Aristotelian logic)일 뿐이다. 그래서 "아리스토텔레스의 논리학"은 "아리스토텔레스적인 논리학"과 동일시될 수밖에 없다. 삼단논증에 대한 아리스토텔레스의 이론은 논리학사에서 하나의 큰 획을 긋고 있으며, 후세에 와서도 논리학 전반에 굳건한 밑바탕이 되고 있다.

이 책의 3장 1절에서부터 3장 4절까지는 아리스토텔레스의 논리학의 다음 내용들을 다루고 있다.

> 삼단논증들 중 아리스토텔레스가 다룬 유형은 정언삼단논증이라는 것, 삼단논증을 구성하는 명제들을 표준형식을 지닌 명제들로 번역하기, 표준형식의 명제들 간의 대당관계들 네 가지와 그 관계들에서 성립하는 진리값의 관계들, 그 명제들의 변형법 세 가지와 변형 전과 후의 명제들 간의 진리값의 관계들, 명제들 간의 진리값의 관계

(정언)삼단논증의 타당성 여부를 판별하기 위해서는 위의 내용들에 대한 지식 외에도 타당한 삼단논증이 따라야 할 네 가지의 규칙들을 알아야 한다. 3장 5절에서는 다음의 내용들을 다루고 있다.

> 타당한 삼단논증이 따라야 할 규칙들 네 가지에 대한 소개, 삼단논증의 타당성 여부를 판별하고 부당할 경우에는 어떤 오류를 범하고 있는가를 지적하기

3장 6절에서는 표준형식의 명제들에 대한 아리스토텔레스의 해

석에 대해서 대안적인 해석을 제시한 부울(G, Boole, 1815-1864)의 해석을 소개하고 있다. 부울의 해석은 집합론적인 개념들을 사용한 것이다. 아리스토텔레스의 해석과 부울의 해석 간의 차이가 삼단논증의 타당성 여부에 대한 판별에 어떤 차이를 가져오는지를 밝히고, 또 그 두 해석 간의 근본적인 차이점을 지적하고 있다.

삼단논증에 대한 아리스토텔레스의 이론은 그 적용범위를 명제들의 유형들 중 일부에만 제한하고 있다. 논리적 직관을 체계화하고 또 논리체계의 적용범위를 확대하려는 시도들이 고대의 아리스토텔레스 이후 현대에 이르기까지 이어져 오고 있다. 4장~6장에서 소개할 현대논리학인 명제논리학과 술어논리학은 아리스토텔레스의 논리학으로는 다룰 수 없는 명제유형들에도 적용되는 논리학이다.

2. 고대와 중세

아리스토텔레스의 사후에 고대에 있었던 스토아 학파(stoa school)[10]와 메가라 학파(Megara school)[11]의 논리학사적인 위치에 대한 언급을 빠뜨리고 넘어갈 수 없다. 이 두 학파에 속한 철학자들은 아리스토텔레스의 삼단논증이론으로는 다룰 수 없는 논리학의 여러 문제들을 다루었던 것으로 알려져 있다. 그들은 아리스토텔레스의 논리학에서는 다루어지지 않았고 현대논리학의 한 분야인 명제논리학(propositional logic)에서 다루어진 몇몇 기본적인

---

10) 스토아 학파는 제논(Zenon, B.C. 334-262)을 중심으로 한 학파이다.
11) 주요인물로 필론(Philon, B.C. 362-200), 에우클리데스(Euclides), 디오도로스 (Diodorus)를 들 수 있다.

내용들을 이미 그 옛날에 제시한 바 있다.[12] 명제논리는 4장에서 다루었다. 명제논리는 원자명제들(atomic propositions)—즉 여러 명제들로 합성되지 않는 가장 작은 단위의 명제들—을 가장 단순한 단위로 삼고 원자명제들을 대신하는 변항기호들을 도입하며 명제를 구성하고 있는 단위체를 들여오고 있지 않는 논리학이다.

그들이 다룬 것들 중 중요한 한 가지는 합성명제들(compound propositions)—즉 여러 개의 원자명제들과 그 명제들을 연결하는 기능을 지니는 연결사들로 합성된 명제들[13]—로 구성된 논증에 대한 것이었다. 아리스토텔레스의 삼단논증이론은 단순명제들(simple propositions)—즉 하나의 주어와 하나의 술어로 된 최소단위의 명제들—로 구성된 논증들에 국한된 것이었다. 그렇기 때문에 그들의 관심은 당시에 논리학의 영역을 넓혀가는 한 계기를 마련하고자 한 것으로 보여질 수 있다. 스토아 학파는 현대의 논리학의 한 분야인 명제논리학의 중요한 한 방법인 진리표(truth table)를 이미 사용했고 진리표로 조건명제(conditional proposition)의 특징을 지적한 바 있다. 조건명제는 합성명제의 유형들 중 하나로서 "만약 …이면 …이다"라는 형식을 띠는 명제이다. 이 형식에서 "…"이 두 번 나오는데 이것에 대입될 수 있는 것은 명제단위이다. 진리표방법은 4장 4절에서 다룬다. 진리표는 원자명제를 최소단위로 하는 명제논리학에서 합성명제들의 진리값을 구하는 데에 그리고 논증의 타당성 여부를 판별하는 데에 주로 사용되는 연산방법이다.

---

12) 그들의 논리학이론은 글로 남아 있지 않으므로 여러 저서들에서 그들의 이론인 것으로 소개된 글들을 참고로 할 수밖에 없다.

13) 원자명제와 합성명제에 대한 설명은 4장 2절을 참고하기 바란다.

스토아 학파의 철학자들은 그 당시 원자명제를 대신하는 원자명제변항장치로 빈칸이나 숫자 등도 사용했는데, 이 점은 현대의 기호논리학이 명제변항기호를 사용하는 것과 일치된다. 아리스토텔레스의 논리학에도 문자들이 사용되기는 했지만 그 문자들은 명제들을 대신하는 것이 아니라 술어표현들을 대신하는 것으로 사용되었다. 그들은 최근에 체계화가 시도된 양상논리학(modal logic)에 대해서도 관심을 기울였다. 양상논리학은 양상용어들인 "가능성"(possibility)과 "필연성"(necessity) 등과 관련된 공리들과 규칙들을 첨가하여 기본적인 논리학을 확장시킨 논리학이다.

한편 중세에는 논리학의 문제들에 대한 철학적인 탐구들이 없었던 것은 아니었으나 논리학사에서 기념할 만한 위치를 차지할 정도의 업적은 찾아지지 않는다. 중세의 스콜라 철학은 기독교의 옹호를 위해 아리스토텔레스의 삼단논증이론을 받아들였다. 1400년대 이후 17세기 무렵까지 수사적인 문체에 대한 관심이 커졌다. 논리학은 그런 관심과 결부되어 중요성을 지녔을 뿐이고 논리학이란 학문에 대한 비판적인 전개는 발견될 수 없었다. 이른바 "논리학의 침체기"라 불릴 만한 시기가 도래했던 것이다.

3. 근세의 라이프니츠

중세가 지나고 근세에 접어들면서 자연과학은 제모습을 확연하게 드러내기 시작했다. 자연과학에서 교훈을 얻으려는 철학자들이 있었다. 이런 시대적인 상황에 발맞추어 영국의 철학자 베이컨(Fransis Bacon, 1561-1626)은 저서 《신오르가눔》(*Novum organum*)에서 철학은 경험적인 지식을 얻는 방법에 주의를 기울여야 하며 그런 방법은 실험과 관찰을 통한 것이어야 한다고 역설했다. 그는 아리스토텔레스 이후의 논리학이 논증의 유형들 중 연역논증에만 관심을 기울인 경향을 대단히 못마땅하게 보았다. 베이컨은 귀납논증의 중요성을 강조하면서 귀납논증은 경험적인 지식을 얻는 데 중요한 하나의 기여를 한다고 주장했다. 후에 베이컨의 이러한 주장을 이어받은 영국의 철학자 밀(J.S. Mill, 1806-1873)은 저서 《논리학의 체계》(*System of logic*)에서 귀납논증에 대한 나름의 이론을 전개했다. 영국철학자들인 베이컨과 밀이 귀납논리학을 강조한 것 외에는 근세에 논리학에 대한 그럴 만한 업적은 찾아보기 어렵다. 그 당시까지 아리스토텔레스의 연역논리학은 별다른 큰 비판없이 거의 그대로 받아들여졌다. 심지어 독일 철학자 칸트(I. Kant, 1724-1804)가 논리학은 아리스토텔레스 이후 일보의 진전도 후퇴도 하지 않았다고 말했을 정도로 아리스토텔레스의 연역논리학은 줄기차게 자리를 차지하고 있었다.

19세기 말 이후 현재에 이르기까지 아리스토텔레스의 논리학의 제한성 내지 난점을 극복하면서 좀더 정교한 체계를 세우려는 시도들이 활발하게 일어났으며, 이 시도들은 논리학의 눈부신 발전을 가져왔다. 그러한 현대논리학의 성장은 근세의 독일철학자 라이프니츠(G.W. Leibniz, 1646-1716)가 새롭고 발전된 논리학이 목표 삼아야 할 것으로 제시했던 것과 일치하는 것이었다. 그는 비록 자신이 새로운 논리학의 목표로 제시한 것을 반영하는 논리학의 체계를 만들어서 제시하지는 않았지만, 그가 목표로 설정한 것은 마치 그가 수세기 후에 올 논리학의 발전을 예고라도 하고 있는 것처럼 보인다.

라이프니츠가 논리학이 지향해야 할 목표로 설정한 것은 다음과 같은 것들이었다. 목표들 중 하나는 누구나 동일한 의미를 지닌 것으로 해석할 수 있는 보편언어(universal language)가 될 수 있는 인공언어(artificial language)를 만드는 것이었다. 다른 하나는 논증을 만드는 과정을 수학적인 계산의 과정으로 환원하는 것이었다. 그는 일상적으로 사용되는 언어 — 즉 일상언어(ordinary language) 또는 자연언어(natural language) — 의 의미의 불분명성[14]을 지적하고, 이 불분분명성을 제거하기 위해서는 인공언어를 만들어 언어의 의미를 정확하게 전달해야 한다고 주장했다. 현대의 논리학이 기호들의 체계를 만들고 자연언어를 기호화한 작업은 그의 주장과 방향을 같이하고 있다. 기호로 바꾸는 작업을 통해 언어의 의미가 명료하게 되며 기호들에 대응되는 의미들에 객관성이 마련된다. 또한 라이프니츠는 언어를 보다 단순한 언어로 분석한 후 그 언어들을 결합하여 다른 언어를 정의할 수 있다고 보았다. 그는 논증을 만들어나가는 과정이 언어들 간의 분석과 결합의 관계를 통해서, 마치 수학에서처럼, 기계적으로 객관적인 절차를 거쳐 계산될 것을 바랐다. 그의 이러한 바람은 후세에 현대논리학에서 논증의 계산화작업(또는 논리적 계산 또는 수학적 작업)으로 이루어졌다.

4장과 5장과 6장에서 소개될 진리표방법, 약식진리표방법, 진리나무방법, 연역적 증명 등이 그 예가 된다.

---

14) 일상언어가 불분명하게 사용된 한 예로 애매한 표현(ambiguous expression)과 모호한 표현(vague expression)을 들 수 있다. 애매와 모호에 대해서는 제2장을 참고바란다.

4. 19세기의 부울

"기호논리학"(symbolic logic)이라고도 불리는 현대의 논리학의 기본골격은 20세기 초에 영국 철학자들인 러셀(B. Russell, 1872-1970)과 화이트헤드(A.N. Whitehead, 1861-1947)의 공저 《수학원리》(*Principia Mathematica*)에서 마련되었는데, 이것은 라이프니츠의 바람이 나름대로 실현된 것이라고 할 수 있다. 그 공저가 나온 시대와 라이프니츠가 살던 시대 사이에 속하는 19세기에 현대논리학의 전개에 큰 공헌을 한 학자들로 영국의 부울과 아일랜드의 드 모르간(Augusus de Morgan, 1806-1871), 독일의 프레게(Gottlob Frege, 1848-1925), 미국의 퍼스(C.S.Peirce, 1839-1914) 등을 들 수 있다. 이들의 작업은 논리학의 본격적인 발전을 알리는 신호탄이 되었다.

3장 6절에서는 부울의 작업들 중 일부를 소개하기로 한다. 부울은 아리스토텔레스의 논리학에서 제시된 표준형식의 명제들에 대하여 집합론에서 사용하는 개념들을 사용하여 나름의 해석을 내렸고, 이 해석에 입각하여 삼단논증의 타당성 여부를 판별하는 방법을 고안해냈다. 곧 이어서 부울의 해석에 입각해 삼단논증의 타당성 여부를 판별하기 위한 한 방법이 영국의 논리학자 벤(J. Venn, 1834-1923)에 의해 1881년에 저서 《기호논리학》(*Symbolic Logic*)에서 제시되었다. 그 방법은 다이어그램을 그리는 방법—즉 명사들(terms)이 가리키는 대상들의 집합들 간의 관계를 원들 간의 관계로 표현하는 방법—이었다. 벤다이어그램은 3장 6절에서 소개하기로 한다. 부울은 아리스토텔레스의 논리학의 많은 부분들을 이어받고 있다. 명제들을 주어명사와 술어명사로 분석한 점과 표준형식의 정언명제들에 분석을 국한시킨 점 등이 그러하다. 그러나 삼단논증의 타당성 여부를 판별하는 데 있어서 아리스토텔레스의 방법과 부울의 방법은 서로 다른 결과를 가져오는 경우가 있다. 이런 결과는 그들의 기본입장에 있어서 차이가 있다는 것을 보여준다. 이 차이에 대해서는 3장 6절에서 간략하게 다루기로 한다. 이 차이점은 아리스토텔레스의 고전논리와 현대논리 간의 중요한 차이를 보여주는 것으로서 논리학에서 많은 연구의 대상이 되어온 것이기도 하다.

5. 현대의 기호논리학

현대논리학은 아리스토텔레스의 논리학에 뿌리를 두고 있으면서도 아리스토텔레스의 논리학이 지니는 제한성을 극복하여 훨씬 다양한 형식의 논증들에 대해서 다루고 있다는 점에서 아리스토텔레스의 논리학보다 발전된 것이다. 이것은 4장 1절과 5장 1절 그리고 6장 1절에서 다룰 것이다. 현대논리학은 기호들(symbols)을 사용하고 또 수학처럼 객관적인 계산의 방법을 사용하는 점 때문에 "기호논리학" 또는 "계산적 논리학"이라 불린다.

기호논리학은 명제논리학(propositional logic)과 술어논리학(predicate logic)으로 분류된다. 둘 간의 큰 차이점 중 하나는 전자가 원자명제를 하나의 단위로 삼고 있는 반면 후자는 원자명제를 주어단위와 술어단위로 분석한다는 점이다. 4장 1절과 5장 1절에서 두 논리학 간의 차이점이 지적되고 있다. 하나의 논증에 대해서 어떤 논리를 적용해야 하는가를 결정할 수 있어야 한다. 원자명제들 사이의 관계에 따라서 논증의 타당성 여부가 결정되는 경우에는 명제논리학을 사용해야 한다. 반면에 원자명제들의 구성요소들 사이의 관계에 따라서 논증의 타당성 여부가 결정되는 경우에는 술어논리학을 사용해야 한다. 다음 두 개의 논증형식들을 비교해보자.

(12) 만약 A이면 B이다.
A이다.
그러므로 B이다.

(13) 모든 x는 y이다.
모든 y는 z이다.
그러므로 모든 x는 z이다.

(12)의 A와 B에 명제들을 대입하면 논증이 만들어진다. 반면에 논증 (13)의 x와 y와 z에는 명제들을 대입할 수 없다. (13)을 구성하는 명제들에 나오는 x와 y와 z에는 명사나 명사구를 대입할 수 있다. (12)는 명제논리에서 다루어지고 (13)은 술어논리에서 다루어진다.

명제논리에서 합성명제들의 진리값은 합성명제들을 구성하는 원자명제들의 진리값과 원자명제들을 연결해 주는 기능을 지니는 연결사들(connectives)에 의해서 결정된다. 합성명제의 진리값이 원자명제들의 진리값들에 의해서 결정되기 때문에 합성명제의 진리값은 원자명제들의 진리값들의 함수(function)가 된다. 합성명제의 진리값을 구하는 객관적이고 기계적인 절차는 4장 4절에서 제시한 진리표방법으로 마련된다. 진리표방법은 또한 4장 5절에서와 같이 명제논리에서 논증의 타당성 여부를 판별하기 위한 방법으로도 사용된다.

4장 2절과 5장 3절 그리고 6장 2절에서는 기호논리에서 사용되는 기호들이 소개되고 있다. 논증의 타당성 여부를 판별하기 위한 방법들로 진리표방법 외에 약식진리표방법과 진리나무방법이 있다. 이것들은 4장-6장에서 소개되고 있다. 4장 6절과 5장 7절 그리고 6장 6절에서는 타당한 논증들의 경우에 타당함을 증명하는 방법들을 다루고 있다.

술어논리학은 단항술어논리학과 다항술어논리학으로 분류된다. 다항술어논리학은 "관계논리학" 또는 "관계술어논리학"이라고도 불린다. 단항술어논리는 술어가 하나의 항에 적용되는 명제를 담고 있는 논증을 다룬다. 술어가 하나의 항에 적용되는 명제는 "단항술어명제"라 불린다. 단항술어명제들의 예로 "나는 학생이다"나 "모든 인간들은 생물이다" 또는 "어떤 사람들은 논리학자들이다" 등을 들 수 있다. "나는 학생이다"라는 명제에서 "학생이다"라는 술어는 "나"라는 주어가 가리키는 것에 적용되고 있다. 앞의 논증 형식 (13)은 단항술어논리로 다룰 수 있다. 그러나 다음의 논증은 단항술어논리로는 다룰 수 없다.

(14) 철희는 글쓰기를 좋아한다.

글쓰기를 좋아하는 모든 사람들은 여행을 좋아한다.

그러므로 철희는 여행을 좋아한다.

이 논증을 구성하는 명제들은 여러 항들 간의 관계들을 나타내는 술어인 "좋아한다"라는 관계술어 또는 다항술어를 지니고 있다. (다항)관계술어들로는 두 개의 항들 간의 관계를 나타내는 2항관계술어 외에 세 개의 항들 간의 관계를 나타내는 3항관계술어 그리고 네 개의 항들 간의 관계를 나타내는 4항관계술어 등이 있다. 2항관계술어들로 "좋아한다"나 "보다 나이가 많다" 또는 "의 아버지이다" 등을 들 수 있다. 3항관계술어들로는 "주다"나 "사이에 있다" 등을 들 수 있다. 관계술어를 포함하고 있는 명제들이 적어도 하나 들어 있는 논증을 "관계논증"이라 부른다. 관계논증은 다항술어논리—즉 관계논리—에서 다루어진다. 단항술어논리와 다항술어논리 사이의 구분은 5장 1절과 6장 1절에서 소개되고 있다. 다항술어논리체계는 단항술어논리체계에 몇몇 기호들과 정의들과 규칙들이 첨가된 것이다. 이 첨가된 것들과 단항술어논리에서 배운 진리나무방법과 연역증명법을 사용하여 관계논증들의 타당성 여부를 판별하고 타당한 경우에는 타당성 증명을 할 수 있다. 이 작업들은 6장에서 이루어지고 있다.

술어논리에 대한 위의 분류법에 의하면 술어논리에서 다루는 명제들은 관계명제들과 관계명제가 아닌 명제들로 구분된다. 술어논리에서 다루는 명제들에 대한 한 가지 분류법은 단칭명제들(singular propositions)과 양화명제들(quantified propositions) 간의 구분이다. 단칭명제란 특정한 하나의 개체를 지칭하는 주어가 어떠어떠한 속성을 지니고 있다는 주장을 하는 명제이다. 한 예로 "김씨는 한의사이다"를 들 수 있다. 이 명제는 김씨라는 특정한 한 개체를 가리키는 주어인 "김씨"가 한의사라는 속성을 지니고 있다는 것을 주장하고 있다. 한편 양화명제는 두 가지 종류로 구분된다. 하나는 불특정한 대상들 전부나 그 대상들 중 적어도 하나에 대해서 어떠어떠하다는 주장을 하는 명제이다. 다른 하나는 대상들의 수를 하나 또는 둘 또는 셋 등으로 세분화하여 그 대상들에 대해서 어떠어떠하다는 주장을 하는 명제이다. 전자의 예로 "모든 인간들은 언젠가 한번은 죽게 마련이다"나 "어떤 과학자들은 공무원이다" 등을 들 수 있다. 또 한 예로 "어떤 음악가들은 모든 젊은 이들에게 인기가 있다"를 들 수 있는데 이 명제는 관계명제이자 동시에 양화명제—즉 관계양화명제—이다. 후자의 예로는 "두 명의 과학자들이 철학회에 참석했다"를 들 수 있다.

양화명제가 적어도 하나 들어 있는 논증을 다루는 논리를 "양화논리"(quantified logic)라 부른다. 아리스토텔레스의 논리학은 수에 있어서 전체와 부분이라는 단순한 이분법에 국한되고 있지만 술어논리의 한 유형인 양화논리는 그런 구분 외에도 명제들을 수적인 면에서 세분화해준다는 점에서 보다 정교한 면을 지니고 있다. 단칭명제와 양화명제 간의 구분은 5장 2절에서 소개되고 있다.

이상에서의 내용들을 토대로 하여 술어논리에 대해 다음과 같이 두 가지 분류법을 적용시킬 수 있다.

35. ·술어논리의 구분 I

① 단항술어논리

단항술어논리에서 다루는 논증들의 두 개의 유형들

ㄱ) 단항술어—즉 하나의 항에 적용되는 술어—를 지니는 명제들인 동시에 단칭명제들인 것들로만 구성된 논증들

ㄴ) 단항양화명제가 적어도 하나 들어 있는 논증들

② 다항술어논리(=관계술어논리=관계논리)

다항술어논리에서 다루는 논증들의 두 개의 유형들

ㄱ) 다항관계술어를 포함하고 있는 명제들로 구성된 논증들

ㄴ) 관계양화명제가 적어도 하나 있는 명제들로 구성된 논증들

· 술어논리의 구분 2

① 비양화논리

단칭명제들로만 구성된 논증들을 다룬다.

② 양화논리(=양화술어논리)

ㄱ) 단항양화논리: 단항술어논리의 한 부분

ㄴ) 다항양화논리(=관계양화논리): 다항술어논리의 한 부분

위의 사각테에서 분류된 논리들은 5장과 6장에서 초보적인 수준에서 고루 다루어지고 있다. 이 두 개의 장들에서 나오는 연역적인 증명법과 진리나무를 이용해 논증의 타당성 여부를 판별하는 방법은 4장에서 배운 내용에 몇 가지의 내용들이 첨가된 것들이므로 4장을 배운 후에 쉽게 접근할 수 있는 것들이다.

6. 다루지 않은 내용

논리학 전반의 내용들 중 이 책이 다룰 내용의 테두리를 분명하게 긋기 위해서는 이 책이 다루지 않는 논리학의 영역에 대해서도 언급해야 한다.

형식의 학으로서의 논리학의 체계를 이루고 있는 요소들에 대해서 깊이있는 연구를 할 수 있다. 철학의 기본정신들 중 하나는 일반적으로 당연한 것으로 전제(presuppose)하는 것들에 대해서조차도 깊이를 가지고 철저한 분석을 하는 것이다. 그런 연구를 담당하는 영역은 "논리철학"(philosophy of logic)이라 불린다. 논

리철학은 논리학의 용어들의 의미나 논리학의 기능과 적용범위 또는 논리학의 특성과 한계 등에 대해서 깊이있게 다룬다.

이 책은 논리철학에 대해서 다루지 않고 있다. 이 책의 범위는 형식의 학으로서의 논리학의 기본적인 내용, 즉 기본적인 논리학(또는 표준논리학)으로 국한된다. 기본적인 논리학 중 기초적이고 초보적인 내용이 이 책이 담당하고 있는 몫이다. 기본적인 논리학의 영역 밖에 있는 논리학들, 즉 비기본적인 논리학들의 예들로 파생논리학(deviant logic)과 확장논리학(extended logic)을 들 수 있다. 이 논리학들은 현대가 낳은 기호논리학의 한 부분이다. 이 논리학들에 대한 설명은 이 책의 영역 밖으로 하고 여기서는 단지 피상적인 언급만 하고 넘어가기로 한다.

파생논리학은 기본적인 논리학으로는 타당성 여부가 제대로 판별될 수 없는 영역을 다루기 위한 논리학으로서 기본논리학의 공리나 규칙을 적용하는 데 있어서 제한을 한다. 이 논리학은 기본적인 논리학에서 파생되어 나온 것이기는 하지만 기본적인 논리학에서와 다른 공리들이나 규칙들을 지니기도 한다. 파생논리학에 속하는 논리학의 한 예로 양자의 세계에 적용되는 양자논리학(quantum logic)을 들 수 있다. 이 논리학은 통상적으로 받아들이는 법칙들과 다른 법칙들을 인정한다. 가령 양자역학에서는 "xy=yx"라는 교환법칙(commutative law)이 성립되지 않는 세계를 인정한다. 또 한 예로 다치논리학(many valued logic)을 들 수 있다. 기본적인 논리학은 참과 거짓이라는 두 개의 진리값을 받아들이는 2치 논리학(two valued logic)이다. 그러나 다치논리학에는 2치가 적용되지 않는 영역을 인정하고 3치의 진리값을 도입하는 논리학도 있다. 3치 이상의 진리값을 받아들이는 논리학을 "다치논리학"이라 부른다. 다치논리학의 체계들 중 하나로 루카지예비츠(Lukasiewicz)가 미래시제를 담은 명제들을 다루기 위해 "아마도"(may be)라는 진리값을 들여온 것을 들 수 있다.

반면에 확장논리학은 기본적인 논리학의 적용범위를 확장시키기 위해 새로운 논리적 용어들을 도입하고, 또 그 용어들을 다루기 위한 공리들과 규칙들을 도입한 논리학이다. 한 예로 양상논리학(modal logic)을 들 수 있다. 이 논리학은 "가능성"(possibility)이나 필연성(necessity)과 같은 양상용어들과 그에 따른 새로운 공리나 규칙들을 기본논리학에 첨가한 것이다. 또 한 예로 시제논리학(tense logic)을 들 수 있다. 이 논리학은 기본논리학에서는 다루지 않는 과거시제, 미래시제, 현재완료시제를 표현하는 용어들과 그에 따른 공리들이나 규칙들을 도입하는 논리학이다. 또 다른 한 예로 "안다"나 "믿는다" 등의 인식적인 용어들이 있는 명제들을 다루기 위한 인식논리학(epistemic logic)을 들 수 있다. 또 "해야만 한다"나 "해도 좋다"와 같은 용어들이 들어 있는 명제들을 다루기 위한 당위논리학(deontic logic)을 들 수 있다. 그 외에 고단계논리학(high-order logic)이 있다. 기본논리학의 술어논리학은 1단계논리학(first order logic)이다. 5장과 6장에서 다룰 술어논리학은 1단계논리학이다. 이 논리학에서는 양을 나타내는 표현인 "모든 x(들)에 있어서"와 "적어도 하나의 x가 있는데"에서의 변항 "x"에 대입될 수 있는 것들의 영역은 가령 이 사과나 이 연필 또는 최씨라는 대상들을 가리키는 단어들에 국한되어 있다. 반면에 2단계 이상의 고단계논리학에서는 "x"에 대입될 수 있는 것들의 영역 안에 가령 대상들의 속성들(properties)—가령 아름다움, 푸름, 차가움 등—또는 그런 속성들에 대한 속성들을 가리키는 단어들 또는 명제들이 들어올 수 있다.

이제 여러분은 이 책에서 다룰 형식논리학의 범위가 다음의 사각테에 들어 있는 분류 중 밑금친 것들에 국한되고 또 그것들을 기초적인 수준의 단계에서 다루게 될 것이라는 것을 알 수 있을 것이다.

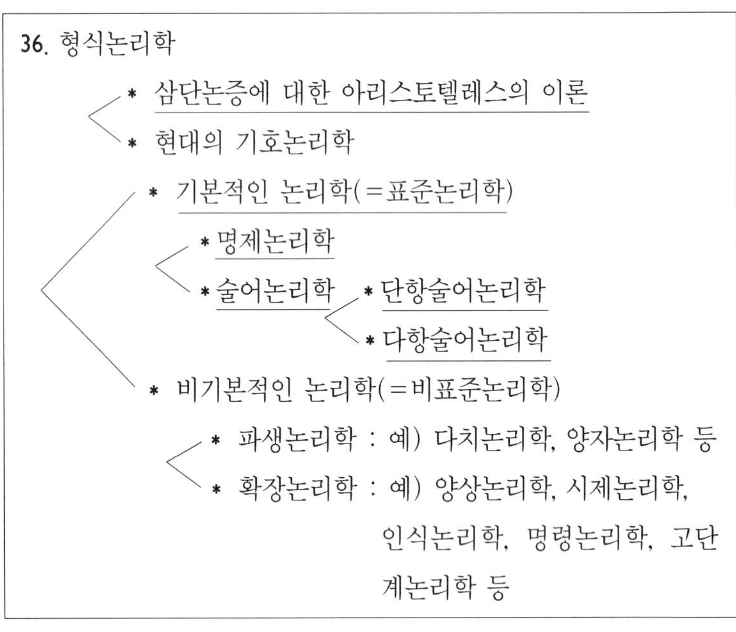

36. 형식논리학
* 삼단논증에 대한 아리스토텔레스의 이론
* 현대의 기호논리학
* 기본적인 논리학(=표준논리학)
* 명제논리학
* 술어논리학
* 단항술어논리학
* 다항술어논리학
* 비기본적인 논리학(=비표준논리학)
* 파생논리학 : 예) 다치논리학, 양자논리학 등
* 확장논리학 : 예) 양상논리학, 시제논리학, 인식논리학, 명령논리학, 고단계논리학 등

연습문제

1. 다음의 용어들에 대해 정의하시오.

(1) 논증 (2) 타당, 부당, 건전 (3) 문장토큰, 문장유형 (4) 명제 (5) 필요조건, 충분조건, 필요충분조건 (6) 함축 (7) 논리적 귀결 (8) 연역논증, 귀납논증 (9) 귀납적 유추

2. 다음 논증에 대해서 전제와 결론으로 구성된 논리적 배열도를 만드시오.

개인의 부에 대한 국가의 간섭이 약화되어야 한다. 인간은 태어나면서부터 생명, 건강, 재산, 사상 등에 대해서 침해당하지 않을 권리를 가진다. 그러므로 사회정의는 그런 권리를 침해하지 않고 최대한 보장하는 데에 있다. 국가는 그런 권리에 간섭하지 않아야 한다. 또 국가는 그런 권리가 침해되는 불의의 상태에서는 불의를 교정해줄 의무를 지닌다. 국가는 개인의 재산을 재분배해서는 안 된다. 왜냐하면 개인의 재산은 재분배될 수 없는 불가침적인 것이기 때문이다. 이상의 논의는 개인의 재산에 대한 국가의 간섭이 약화되어야 한다는 것을 보여주고 있다.

제2장 비형식적 오류 피하기

일상생활에서 "오류"(fallacy)라는 단어는 일반적으로 잘못된 믿음이나 거짓문장 또는 부당한 논증 등에 부여되는 평가어로 사용된다. 앞 장에서 강조한 바와 같이 논리학의 주된 관심은 어떤 믿음이나 문장이 사실에 비추어 볼 때 참인지의 여부를 가려내는 데 있는 것이 아니라 논증의 형식적인 구조에 향해 있다. 일반적으로 논리학에서 "오류"라는 단어는 부당한 논증에 부여된다. 논리학에서 부당한 논증들은 모두 논리적인 면에서 오류들을 범하고 있는 것들이다. 논리학에서 오류를 범한 대부분의 논증들은 논리적인 면에서 부당하다. 그러나 오류를 범한 논증들이라고 해서 모두 다 논리적인 면에서 부당한 것은 아니다. 논리적으로는 타당하지만 오류를 범하는 논증도 있기 때문이다. 선결문제요구의 오류가 한 예가 된다. 이 오류를 범한 논증은 논리적인 형식면에서는 타당하지만 논증이 목적하는 바를 달성하지 못한다. 논증은 어떤 주장을 지지하기 위한 근거가 되는 내용들을 전제로 하고 지지되는 내용을 결론으로 삼을 수 있을 때에 제 역할을 한다. 만약 하나의 논증에서 어떤 주장 A를 지지하기 위해서 제시한 전제들이 A와 동일한 내용들이라면 그 논증은 논증으로서의 역할을 하지 못하는 것이 된다. 선결문제요구의 오류를 범한 논증들은 지지하고자 하는 내용—즉 결론의 내용—을 전제로 삼는다. 따라서 그런 논증들은 논리적으로는 타당하지만 논증이 목적하는 바를 달성하는 데 실패하기 때문에 나쁜 논증이 된다. 선결문제요구의 오류에 대해서는 뒤에서 자세히 다루어질 것이다. 이제 다음의 두 개의 사각테들을 만들 수 있다.

37. 논리학에서 오류를 범한 논증들로 다음의 두 종류의 논증들을 들 수 있다. 하나는 부당한 논증들이다. 다른 하나는 타당하기는 하지만 논증으로서의 역할을 담당할 수 없는 논증들이다. 후자의 유형의 예로 선결문제요구의 오류를 범하는 논증을 들 수 있다.

38. 부당한 논증들은 모두 오류를 범한 것들이다.

부당한 논증들 중에는 부당함이 분명히 드러나서 현혹시키지 않는 것들도 있고 얼핏 볼 때 타당한 것으로 착각되기 쉬운 것들도 있다. 개개인의 논리적인 직관력에 따라 차이가 있기는 하다. 아리스토텔레스를 비롯한 많은 논리학자들은 그런 논증들 중 일부를 유형별로 분류해서 오류의 명칭을 부여하고 있다. 논리학에서 제시하는 오류들의 명칭들과 정의들 그리고 예들을 기억해두고 오류에 빠지지 않도록 주의하는 것은 논리적인 감각을 증진시키는 데에 도움이 될 것이다. 오류론에 대한 학습은 오류를 범하는 논증에 기만당하지 않게 할 뿐만 아니라 한 논증이 어떤 점에서 잘못된 것인지를 상대방에게 설득력을 가지고 설명할 수 있도록 하는 데 한 몫을 한다.

오류들은 일반적으로 두 가지의 유형들로 분류된다. 하나는 형식적인 오류(formal fallacy)이고, 다른 하나는 비형식적 오류(informal fallacy)이다.

39. · 형식적 오류: 논리학에서 마련된 형식화된 논리적 규칙들 내지 기준들을 어긴 논증들이 범한 오류
예) 전건부정의 오류, 후건긍정의 오류, 타당한 삼단논증이 되기 위한 규칙들을 어김으로써 생기는 오류들 등[1]

· 비형식적 오류: 논리학에서 마련된 형식화된 논리적인 규칙들 내지 기준들로는 밝힐 수 없지만 직관에 비추어 볼 때 분명히 논리적이지 않거나 제 역할을 못하는 논증들이 범하는 오류[2]
예) 힘에 호소하는 오류, 연민에 호소하는 오류, 군중에 호소하는 오류, 권위에 호소하는 오류, 인신공격의 오류, 정황적 오류, 피장파장의 오류, 무지에 근거한 오류, 우연의 오류, 성급한 일반화의 오류, 거짓원인의 오류, 선결문제요구의 오류, 복합 질문의 오류, 논점이탈의 오류, 흑백사고의 오류, 애매어의 오류, 애매문의 오류, 강조의 오류, 결합의 오류, 분해의 오류 등

1) 이 오류들에 대한 설명은 3장과 4장 그리고 5장에 나온다.
2) 논리적으로는 타당하지만 제 역할을 못하는 나쁜 논증의 예로 선결문제요구의 오류를 들 수 있다. 비형식적인 오류를 범한 논증들을 모두 부당한 논증들로 간주하고 선결문제요구의 오류를 비형식적인 오류들의 예외적인 경우로 보아도 된다.

만약 먼 훗날에 인간들의 논리적인 직관력이 형식화될 수 있는 때가 도래한다면 비형식적인 오류들도 형식적인 규칙들 내지 기준을 통해서 지적될 수 있는 것들이 되겠지만 아직은 그렇지 못하다.

3장~6장에서는 형식적인 오류를 범하는지의 여부를 판별하기 위한 방법들이 제시될 것이다. 본 장에서는 비형식적 오류들 중 일반적으로 잘 알려진 것들에 대해 다루기로 한다. 여기서 다룰 오류들은 자칫 논증의 역할을 제대로 하는 타당한 논증처럼 보이지만 실제로는 그렇지 못한 논증들이 범하는 것들로서 일상생활에서 쉽게 접할 수 있는 것들이다.

비형식적 오류들 중 몇 개를 설명할 때 "애매"(ambiguity)와 "모호"(vagueness)라는 용어들이 나올 것이다. 대부분의 국어사전에서는 이 두 단어를 동의어로 처리한다. 그러나 논리학에서 "애매"라는 용어는 "모호"라는 용어와 구분되어 사용된다. 이 용어들이 논리학에서 어떻게 서로 다르게 사용되는지에 대해 예비지식을 갖춘 후 진도를 나가기로 한다. 이 용어들은 언어적 표현들, 즉 단어나 구절 또는 문장에 적용되는 단어들이며 다음과 같이 정의된다.

40. · 애매한 표현은 두 가지 이상의 의미를 지닌 것으로 해석될 여지를 지니고 있기 때문에 정확히 어떤 의미로 사용된 것인지가 명확하게 결정되지 않는 불명확한 표현이다.

· 모호한 표현은 표현의 적용 범위가 명확하게 결정되지 않는 불명확한 표현이다.

애매한 단어의 예로 칠판에 씌어 있는 "사과"나 "눈" 등을 들수 있다. 칠판에 씌어 있는 "사과"는 "사과나무의 열매"를 의미하는 것으로 해석될 수 있을 뿐만 아니라 "잘못에 대해 용서를 빎"이라는 의미를 지니는 것으로 해석될 여지를 지니고 있으므로 애매하다. "눈"이란 단어 역시 사물을 보는 감각 기관을 의미하는 것으로 해석될 수 있을 뿐 아니라 섭씨 0도 이하에서 대기상층에 수증기가 응결하여 떨어지는 흰 결정체를 의미하는 것으로도 해석될 수 있기 때문에 애매하다. "김씨는 이씨보다 여행을 더 좋아한다"라는 문장도 애매하다. 김씨가 이씨와 여행 중에서 여행을 더 좋아한다는 의미를 지니는 것으로 이해될 수 있을 뿐만 아니라 김씨가 여행을 좋아하는 성향이 이씨가 여행을 좋아하는 성향보다 더 강하다는 의미를 지니는 것으로도 이해될 수 있기 때문이다. "철희는 누구나 다 좋아하는 학생이다"라는 문장도 애매하다. 이 문장이 모든 사람들이 철희를 좋아한다는 내용을 의미하는 것으로 해석될 수 있는지 아니면 철희가 모든 사람들을 좋아한다는 것으로 해석될 수 있는지를 분명하게 결정할 수 없다.

애매한 표현들과 마찬가지로 의미의 불명료성을 낳는 표현의 유형으로 모호한 표현을 들 수 있다. "나이든 남성"이라는 단어가 한 예가 된다. "나이든 남성"이라는 단어가 적용될 수 있는 대상들의 영역이 주어진 문맥 안에서 정확하게 규정되지 않는 경우에 모호가 발생한다. 정확히 몇 살 이상의 사람들에게 이 단어를 적용해야 할까? "똑똑하다", "높은 지위", "민주적", "좋아하다", "깨끗하다" 등의 단어들도 모호하다. 일상생활에서 사용되는 많은 단어들이 모호하다. 모호성이 내용을 전달하는 데 있어서 어려움을 주는 경우도 많지만 한 표현이 모호하더라도 문맥상 의미전달을 하는 데 아무 문제가 일어나지 않는 경우에는 모호한 표현이 문제를 일으키지 않는다.

애매하면서 동시에 모호한 표현들도 많다. 한 예로 "쉽게 쓴 글"을 들 수 있다. 이 표현을 통해 화자나 저자는 "읽는 이들이 읽기 쉽게 쓴 글"이라는 의미전달을 의도하는 것일까? 아니면 "힘들이지 않고 어려움 없이 쓴 글"이라는 의미를 전달하려는 것일까? 이 표현은 애매하다. 또한 이 표현은 어느 쪽으로 해석하든 간에 적용될 수 있는 영역이 정확하게 정해져 있지 않기 때문에 모호하기도 하다.

모호한 표현들이나 애매한 표현들이 의사소통에 실패하게 하는 요인이 되는 경우가 많다. 의사소통에 실패하지 않기 위해서는 논의에 나오는 핵심단어들에 대해서 분명한 정의를 내려야 한다. 가령 논의 중에 "나이든 사람"이라는 모호한 표현을 어떤 논의자는 60세 이상의 사람들로만 받아들이고 또 다른 논의자는 40세 이상의 사람들로만 받아들이기 때문에 논의가 어긋난다고 해보자. 이 경우에는 "나이든 사람"을 몇 세 이상의 사람으로 볼 것인가에 대해 분명하게 선을 그은 후에 논의를 해나가야 할 것이다. 애매한 표현의 사용이 의사소통의 실패를 초래한 유명한 한 예를 들어보자.[3] 그것은 "한 그루의 나무가 아무도 없는 숲속에서 쓰러질 때 소리가 날까?"라는 물음에 대해서 두 명의 학생들인 갑과 을이 논쟁을 하는 예이다. 갑은 소리가 나지 않는다고 주장하는 한편 을은 소리가 난다고 주장한다. 갑은 나무가 쓰러지는 소리를 들은 사람이 없다는 것을 이유로 든다. 반면에 을은 나무가 쓰러지게 되면 누군가가 숲속에서 나무가 쓰러지는 소리를 듣건 듣지 않건 간에 "음파"로 알려진 공기파장을 만들어낼 것이라는 것을 이유로

3) 루비, L., 《논리적으로 사고하는 기술》, 서정선 옮김(서광사, 1994), 41면 참고.

들어 소리가 난다고 주장한다. 이 논쟁에서 갑과 을은 "소리"라는 단어를 각기 다른 의미를 지니는 것으로 사용하고 있다. 갑은 "소리"를 공기파장에 의해서 야기된 어떠한 종류의 정신적 경험을 의미하는 것으로 사용하고 있기 때문에 "나무가 쓰러져도 아무도 없는 숲속에서는 소리를 만들지 않는다"라고 주장했다. 반면에 을은 "소리"를 공기파장에 의해 야기된 어떠한 종류의 정신적 경험의 물리적인 원인을 의미하는 것으로 사용하고 있기 때문에 "나무가 쓰러지면 아무도 없는 숲속에서도 소리를 만든다"라고 주장했다. 갑과 을의 논쟁은 "소리"라는 단어에 대해서 둘이 함께 명확한 정의를 내림으로써 공통된 이해를 가지지 않는 한 끝이 날 수 없게 된다. 그들이 공통된 이해를 가지기 위해 그들은 그 단어의 의미를 하나로 정해야 한다. 그래야만 그들은 불필요한 논쟁을 피할 수 있게 된다.

1. 힘에 호소하는 오류(fallacy of appeal to force)

41. 힘에 호소하는 오류란 (권력, 무력 등의) 힘이 있다는 이유를 들어 상대방에게 어떤 주장을 관철시키고자 할 때 범하는 오류이다.

어떤 주장을 하는 사람이 그 주장이 참이라는 것을 상대방에게 받아들이게 하기 위해 자신이 힘을 지니고 있다고 말하는 것은 협박이 될 수 있다. 협박은 상대방에게 공포나 불안을 불러일으키기 쉽다. 이러한 공포나 불안에서 벗어나기 위해 상대방은 논리적인 설득력이 없는 주장, 즉 논리적인 근거가 뒷받침해주지 않는 주장을 받아들이는 경우가 있다. 이 경우에 상대방이 받아들인 주장의 옳고 그름은 힘을 과시하는 말의 내용과는 논리적 연관성이 없는 별개의 것이다. 힘에 호소하는 논증의 한 예로 다음을 들 수 있다. "나의 주장에 반대하는 자들을 처형할 힘이 내게 있다. 그러니까 당신은 '지구는 돌지 않는다' 라는 나의 주장을 받아들여야 한다." 이 논증에서 결론은 "지구는 돌지 않는다"이고, 전제는 "나의 주장에 반대하는 자들을 처형할 힘이 내게 있다"이다. 이 논증에는 전제와 결론 사이에 논리적인 지지와 도출의 관계가 없다. 또 한 예로 다음의 논증을 들 수 있다. "우리 국가가 주장하는 바들은 모두 옳다. 우리 국가가 당신네 국가에게 언제라도 전쟁을 일으켜 이길 수 있는 막강한 군사력을 지니고 있지 않은가?" 어떤 주장을 지지하기 위해서 힘에 호소하는 것은 논리적으로 오류이다. 그럼에도 불구하고 일상생활에서 이 오류는 설득력을 지니는 경우가 많으며 또 받아들이는 것이 생존하는 데 유용한 경우도 많다. 이성적인 대화가 단절되고 무력이나 권력이 판치는 사회나 집단에서 이런 오류가 일종의 무기가 되는 경우가 허다하다.

2. 연민에 호소하는 오류(fallacy of appeal to pity)

42. 연민에 호소하는 오류란 어떤 주장을 상대방에게 참인 것으로 받아들여야 한다고 주장하는데 대한 근거로 상대방의 동정심을 자극할 만한 내용들을 제시할 때 범하는 오류이다.

상대방에게 자신의 주장을 관철시키기 위해서 상대방의 동정심을 자극하는 말을 하는 것이 성공을 가져다 주는 경우도 때로는 있지만 그것은 논리적인 면에서 볼 때 오류이다. 어떤 주장이 참인지의 여부는 그 주장이 받아들여졌을 때에 그 주장을 한 사람이 비참한 상황에서 구제되는지의 여부와 논리적인 면에서 볼 때 별개이다.

만약 한 학생이 논리학 담당 교수에게 찾아와서 다음과 같은 논증을 제시한다면 그의 논증은 연민에 호소한 오류를 범한 것이 된다. "선생님 제가 받은 학점 D를 B로 올려주셔야 합니다. 이번 학기에 제가 겪은 실연은 저를 불안한 심리상태로 몰고가서 학습에 전념하지 못하게 했습니다." D를 받았다는 사실이 실연의 아픔에 의해 부정될까? 그렇지 않다. 사실이란 부정되지 않고 무감하게 그 자체로 버티고 서 있는 것이다. 그 학생이 B로 학점을 올려야 한다는 주장을 지지하기 위해 제시한 내용이 담당교수의 연민감을 자극하여 재시험의 기회를 마련해줄지도 모른다. 그러나 그런 배려는 그 학생이 제시한 논증이 타당하기 때문에 취해진 것은 아니며 D를 받았던 사실은 부정되지 않는다. 만약 그 학생이 자신의 주장이 옳다는 것의 근거로 채점상의 잘못을 들었다면 그 학생이 든 논증은 논리적인 설득력을 지닐 수 있다. 또 만약 그 학생이 "B로 올려주셔야 합니다"라는 말 대신 "B로 올려 주시기를 애원합니다"라고 애걸한다면 그 학생은 논리적인 오류를 범하고 있지 않는 것이 된다.

또 한 예로 절도혐의로 피소된 부유한 한 청년이 재판에서 자신이 절도한 것을 입증할 만한 증거가 명명백백해지자 어린 시절의 불행한 사건이 자신의 심리에 끼친 영향들을 나열하여 재판관들의 동정심을 자극한다고 하자. 이 경우에 특별한 배려로 그 청년의 죄는 경감될지 모른다. 그러나 동정심을 자극한 청년의 말이 절도죄를 범하지 않았다는 것을 논리적으로 지지하지는 못한다. 만약 위의 청년이 자신의 절도죄에 대해 특별배려를 해달라고 빌기 위해서 재판관의 동정심을 자극하는 말을 한 경우라면 동정심에 호소하는 청년의 말은 논리적인 오류를 범하고 있는 것이 아니다.

연민에 호소하는 오류는 연민감이라는 일종의 감정에 호소하는 오류이다. 감정에 호소하는 오류들 중에는 연민감이 아닌 다른 감정에 호소하는 오류도 있을 수 있다. 예를 들어 만약 한 여성이 어떤 남성이 단지 인상이 좋은 미남이라서 마음에 든다는 이유만으로 그가 정직하다고 생각한다면, 그녀는 좋아하는 감정에 호소하는 오류를 범하고 있는 것이다. 한 남성이 인상좋고 아름다운 외모를 지녔다는 것과 그 남성이 정직하다는 것은 논리적으로는 아무 관련이 없다는 것을 일부 여성들은 종종 잊는다.

3. 군중에 호소하는 오류(fallacy of appeal to the majority)

43. 군중에 호소하는 오류란 군중들의 감정이나 취향 또는 의견을 따라 하나가 되려는 심리를 자극하여 어떤 주장을 지지하려고 할 때 범하는 오류이다.

어떤 주장이 참인지 아닌지는 군중들의 주장이나 감정 또는 취향에 의해서 결정되는 것이 아니라 객관적인 사실이나 증거에 의

해서 결정된다. 대다수 사람들이 받아들이는 어떤 것이 거짓으로 판명될 수 있는 가능성은 남아 있는 것이다. 다수인은 물론이고 모든 사람들이 어떤 잘못된 믿음을 지니는 경우가 있을 가능성은 있게 마련이다. 어떤 주장이 참이냐 아니냐는 대다수 사람들의 주장이나 감정 또는 취향이 어떤 것이냐와는 논리적으로 별개이다.

군중에 호소하는 오류는 광고나 선동 또는 선거유세에서 자주 발견된다. 한 예로 "이 통조림은 좋은 제품입니다. 많은 분들이 좋아하고 있기 때문이지요"라는 선전문을 예로 들어보자. 많은 사람들이 좋아한다고 해서 반드시 좋은 제품일까? 나중에 그 통조림의 유해성이 드러나지 않는다는 법은 없지 않은가? 또 "여러분은 저를 선택해주셔야 합니다. 여러 도의 많은 사람들이 저를 지지하고 있습니다"라는 정치연설가의 말 역시 같은 오류를 범하고 있다. 그의 말은 다수의 선택이 옳다는 잘못된 전제에 근거해 있다.

이런 유형의 군중에의 호소를 "마차논증"(band-wagon argument)이라고도 부른다. 과거에 미국 정치가들이 여러 장소들을 돌면서 선거유세를 할 때 마차를 이용했다는 데서 비롯된 이름이다.

4. 권위에 호소하는 오류(fallacy of appeal to authority)

> **44.** 권위에 호소하는 오류란 특정 분야에서 권위있는 사람의 주장이나 행동을 이유로 들어 어떤 주장을 지지할 때 범하는 오류이다.

특정분야에서 권위있는 사람이 한 주장이나 행동이 그 분야와 관련된 것이건 아니건 간에 반드시 참이 된다거나 옳은 것은 아니다. 그런 사람의 주장이나 행동을 참 또는 옳은 것으로 받아들이는 것이 바람직한 경우도 많다. 가령 물리학에서 권위를 지니는 학자들 모두가 받아들이는 이론을 일반인들이 증명하지 않은 채 참인 것으로 받아들이는 것은 문제되지 않을 수 있다. 이 경우에는 권위에 호소하는 것이 바람직하므로 오류를 범하지 않는 것으로 간주된다. 물론 이 경우에도 권위를 지니는 학자들의 이론은 어디까지나 참이 될 가능성이 높은 것으로 받아들여야 하며, 절대불변의 진리로 받아들여서는 안 된다. 이것은 과학의 기본적인 정신들 중 하나이다.

만약 어떤 물리학전공학자가 물리학 세미나에서 어떤 이론이 옳은 이유는 그 이론이 저명한 물리학 권위자의 이론이기 때문이라고 주장한다면 그는 권위에 호소한 오류를 범하고 있는 것이다.

오류가 되는 또 다른 유형의 예로 특정 분야에서 권위있는 사람의 주장이나 행동에 호소하여 그 분야와는 다른 분야에서 그 사람이 하는 주장이나 행동을 지지하는 것을 들 수 있다. 가령 어떤 학생이 광고에 나오는 권위있는 어떤 문학가가 어떤 음료수가 건강에 좋다고 한다고 해서 그의 주장을 받아들인다면 그는 오류를 범하고 있는 것이 된다. 또 한 학생이 존경해 마지않는 아인슈타인이 골초였으므로 담배를 많이 피우는 것이 좋다고 한다면 그는 오류를 범하고 있는 것이다.

5. 인신공격의 오류(fallcy of abusive argument)

45. 인신공격의 오류란 어떤 사람의 주장을 반박할 때 그 사람의 인격이나 성격을 문제 삼는 경우에 범하는 오류이다.

상대방의 주장에 대해 반박을 하려면 상대방의 주장의 내용이 옳지 않은 이유를 근거로 제시해야 한다. 그러나 인신공격은 반박의 화살을 주장의 내용에다 겨냥하고 있는 것이 아니라 주장하는 사람의 인격이나 성격에 겨냥하고 있다. 어떤 주장의 옳고 그름은 주장하는 사람의 인격이나 성격이 어떠한가와는 논리적으로 무관하다.

인신공격의 오류를 범한 논증의 예로 "박씨의 사상은 배울 가치가 없는 잘못된 것이다. 왜냐하면 그는 정신적으로 불안정한 면을 지니고 있기 때문이다"나 "이번 회의에서 이씨가 제기한 주장은 들을 가치도 없는 잘못된 것이다. 왜냐하면 그는 한때 뇌물을 받은 적이 있는 사람이기 때문이다" 등을 들 수 있다. 박씨가 불안정한 성격의 소유자였다 하더라도 그의 사상은 가치가 있을지도 모른다. 또 이씨가 한때 비리를 했다 하더라도 그가 회의에서 제기한 주장은 옳을지도 모른다. 인격이나 성격에 있어서의 결함을 지닌 사람들의 주장들이 때로는 진리인 경우가 있을 수도 있다.

인신공격의 오류를 범한 논증은 전제와 결론 사이에 논리적인 관계가 결여되어 있지만 때로는 유용한 것으로 받아들여지기도 한다는 것을 부정할 수는 없다. 예를 들어 심리적인 불안정성을 지니는 사람의 이론에는 어쩌면 그런 심리적 성향이 녹아 있어 현실을 직면하지 못할 가능성도 있고 또 도덕감이 결여된 이론가의 경제이론에는 이기심이 개입되어 자신에게 경제가 유리하도록 한 경우가 있을 가능성이 있다는 점도 무시될 수 없다. 그러나 다른 한편으로는 그렇지 않을 가능성도 있다는 것도 염두에 두어야 한다.

6. 정황적 오류(fallacy of circumstantial argument)

46. 정황적 오류는 어떤 사람이 처한 상황—신분, 처지, 직위 등—을 문제 삼거나 이유로 들어 그 사람의 주장을 반박하거나 또는 그 사람에게 어떤 주장을 관철시킬 때 범하는 오류이다.

어떤 사람의 주장의 옳고 그름은 그 주장을 하는 사람이 처한 상황과는 논리적으로 무관하다. 만약 논의 중에 중소기업대출금리 인하를 주장하는 한 중소기업인인 김씨를 향해 박씨가 "당신은 중소기업인이기 때문에 당연히 자신의 이익을 위해서 그런 주장을 하는 것이니까 당신의 주장은 들을 가치도 없소"라고 말하다면 이 공격은 정황적 논증의 오류를 범하고 있는 것이다. 박씨의 공격은 김씨가 중소기업인이라는 상황을 이용하고 있기 때문에 논리적으로 부당하다. 김씨의 주장을 제대로 공격하기 위해서는 처한 상황을 이용하지 말고 주장 자체가 부당하다는 것을 증명해야만 한다.

박씨의 논증은 또한 인신공격의 오류를 범하고 있다고도 볼 수 있다. 박씨는 김씨의 주장을 공격할 때 김씨의 주장은 이기심에서 비롯된 것이라는 것을 문제 삼고 있기 때문이다.

정황적 오류는 위의 예처럼 상대방의 주장을 공격할 때 사용될 뿐만 아니라 다음의 예와 같이 상대방에게 어떤 주장을 관철시키려고 할 때도 사용된다. 만약 회의 중에 아무 주장도 하지 않고 있는 공무원 최씨에 대해서 홍씨가 "내가 제시한 법안인 공무원들의 건강보조비 증가는 공무원 처지에 있는 당신에게도 득이 되는 것이므로 내가 올린 법안을 받아들여야 합니다"라고 말한다고 하자. 이때 홍씨가 제시한 것은 어떤 합당한 이유가 아니라 최씨의 신분에 유리하다는 내용이다.

7. 피장파장의 오류(fallacy of you also)

47. 피장파장의 오류는 자신의 주장이 비난받을 때에 상대방도 자신이 비난받고 있는 것과 마찬가지의 처지에 있다는 것을 지적함으로써 비난을 피하려고 할 때 범하는 오류이다.

한 예로 한 도둑이 도벽이 있는 아들에게 도둑질을 하는 것은 옳지 않다고 가르치자 그 아들이 아버지에게 "아버지나 도둑질하지 마세요"라고 대꾸한다고 하자. 이때 아들은 아버지가 한 비난을 아버지 역시 도둑질을 하니까 피장파장이라는 점을 들어서 피하려하고 있는 것이다. 그러나 피장파장이라고 해서 아들이 도둑질하는 행동이 정당화될 수 있는 것은 아니며 또 아버지의 교훈의 내용 자체가 그릇된 것도 아니다.

피장파장의 오류는 상대방이 처한 상황을 문제 삼고 있거나 이유로 둔다는 점에서 정황적 오류의 한 유형으로 볼 수도 있다. 또 위의 예에서 아들은 인신공격을 하고 있는 것으로도 볼 수 있다. 그는 아버지의 말과 행동이 일관되지 못하다는 것을 이유로 들어 아버지의 주장을 거부하고 있기 때문이다.

8. 무지에 근거한 오류(fallacy of argument from ignorance)

48. 무지에 근거한 오류란 어떤 주장이 거짓이라는 것이 증명되지 못했다는 점을 근거로 해서 그 주장이 참이라는 결론을 도출하거나 또는 어떤 주장이 참이라는 것이 증명되지 못했다는 점을 이유로 그 주장이 거짓이라는 결론을 도출할 때 생기는 오류이다.

어떤 명제가 참이라는 것을 증명하지 못하는 무지(ignorance)로부터 그 명제가 거짓이라는 결론이 나올 수 없고 또 어떤 명제가 거짓이라는 것을 증명하지 못하는 무지로부터 그 명제가 참이라는 결론이 도출되지도 않는다. 어떤 명제가 참이라는 것을 증명하지 못하거나 또는 어떤 명제가 거짓이라는 것을 증명하지 못하면 그 명제의 진리값을 정해지지 않은 채로 남겨두어야 하기 때문이다.

예를 들어 한 어린애가 친구에게 "유령이 없다는 것을 증명해 봐. 증명할 수 없지? 그러니까 유령은 존재해"라고 말한다면 그 애는 무지에 근거한 오류를 범하고 있다. 또 한 예로 한 전력업체가 초강력 송전탑을 K라는 동네에 설치하려고 하는데 전력업체를 상대로 동네주민들이 송전탑에서 유출되는 전자파는 인체에 유해하다는 이유를 들어 초강력 송전탑을 설치하는 것을 반대하는 건의를 한다고 하자. 이때 만약 전력업체가 "전자파가 인체에 해롭다는 주장이 참이라는 것이 아직 입증되지 않았습니다. 그러므로 초강력 송전탑을 설치해도 무방합니다"라고 주장하면서 맞선다면 전력업체는 무지에 근거한 오류를 범하고 있는 것이다. 전자파가 인체에 해롭다는 주장이 입증되지 않았다고 해서 전자파가 인체에 해롭지 않다는 주장이 참이 되는 것은 아니기 때문이다. 전자파가 인체에 해롭다는 주장이 아직 충분히 입증되지는 않았지만 전자파가 인체에 해를 줄 가능성은 여전히 남아 있다.

무지에 근거한 논증은 분명히 논리적인 면에서 오류를 범하고 있다. 그러나 무지에 근거한 논증이 생활에서 유용한 것으로 받아들여지는 때도 있다. 법정에서는 피고인의 유죄를 몇 차례 증명하지 못하면 피고인이 무죄라는 판정이 내려진다. 피고인이 유죄라는 것을 증명할 때까지 그를 계속해서 법정으로 불러들여야 한다면 만약 그가 무죄일 경우에는 그의 인생의 많은 날들이 소비될지도 모른다. 어쩌면 그가 무죄라는 것이 먼 훗날에 밝혀질지 모르고 또 그의 무죄가 죽을 때까지도 밝혀지지 않을 가능성도 있지 않은가? 이런 경우에 그의 인생은 엄청난 피해로 얼룩질 것이다. 이 피해를 대체 무엇이 보상해줄 수 있단 말인가? 이 경우에는 무지에 근거한 논증은 합리적인 해결책이 되어준다.

9. 우연의 오류(fallacy of accident)

49. 우연의 오류란 거의 대부분의 경우에 적용되는 일반적인 원리나 규칙을 우연적인 상황으로 인해 생긴 예외적인 특수한 경우에까지도 무차별적으로 적용시킬 때 생기는 오류이다.

일반적인 원리나 규칙의 적용범위는 거의 대부분의 경우들이다. 적용될 수 없는 예외적인 경우를 지니지 않는 일반적인 원리나 규칙은 없다. "인간은 이성적인 동물이다"는 거의 대부분의 인간들에 대해서 이성적이라고 주장하는 원리이다. 이 원리를 대부분의 인간들과는 다른 특수한 예외적인 처지에 놓인 중증정신질환자의 경우에 대해서까지 적용시킨 다음의 논증은 우연의 오류를 범하고 있다.

> 인간은 이성적인 동물이다. 중증정신질환자는 인간이다. 고로 중증정신질환자는 이성적인 동물이다.

이 논증은 얼핏 볼 때 겉으로 드러난 구조만으로는 타당한 것처럼 보인다. 그러나 첫 번째 전제인 "인간은 이성적인 동물이다"를 원래의 의미를 드러낸 형태로 번역하면 "중증정신질환자를 비롯한 예외적인 특수한 경우에 처한 인간들을 제외한 대부분의 인간들은 이성적인 동물이다"가 된다. 첫 번째의 전제는 이 번역문의 일부분을 생략한 문장이며, 따라서 위의 논증은 부당하다.

우연의 오류를 범한 다른 한 예로 "타인의 물건을 빼앗아서는 안 된다"라는 도덕규칙을 중증정신질환자에게도 적용시킨 다음의 논증을 들 수 있다.

> 타인의 물건을 빼앗아서는 안 된다. 중증정신질환자 K는 타인이다. 고로 K가 지닌 권총을 빼앗아서는 안 된다.

위의 논증이 부당한 것은 첫 번째 전제인 "타인의 물건을 빼앗아서는 안 된다"를 그 의미가 완전하게 드러나는 문장으로 번역하면 "미친 사람을 비롯해 예외적인 처지에 있는 사람들을 제외한 타인들의 물건을 빼앗아서는 안 된다"가 되기 때문이다.

앞의 두 개의 예들은 일반원리나 일반규칙이 적용되는 범위를 제한하는 조건 내지 단서가 생략되어 있으며, 그 조건 내지 단서는 예외적인 경우를 나타낸다는 것을 보여주고 있다.

10. 성급한 일반화의 오류(fallacy of hasty generalization)

> **50.** 성급한 일반화의 오류란 한 경우나 몇몇 경우들 또는 예외적인 특수한 경우에서 참인 것을 모든 경우들에도 참인 것으로 성급하게 일반화할 때 생기는 오류이다.

예를 들어 마약투여가 일부의 중병환자들에게 도움이 되는 특수한 경우를 일반화하여 누구나 마약을 살 수 있도록 해야 한다라는 결론을 끌어낸다면 이것은 예외적인 경우에 참인 것을 성급하게 일반화시킨 것이므로 오류를 범한 것이 된다. 또 한 명 또는 여러 명 또는 대다수의 한국인들이 과소비적인 것을 관찰한 후, 한국인들은 모두 다 과소비적이라고 주장한다면 이것은 관찰된 한국인들이 지닌 과소비적이라는 속성을 한국인들 모두가 지니는 것으로 일반화하는 오류를 범하고 있는 것이다.[4]

4) 만약 이 예에서 관찰된 한국인들이 충분히 많은 수의 사람들이라면 그런 일반화는 귀납적인 일반화로서 상당한 정도의 개연성(probability)을 지닐 것이다. 그리고 관찰된 한국인들이 적은 수의 사람들인 경우에는 그런 일반화는

11. 거짓원인의 오류(fallacy of false cause)

51. 거짓원인의 오류는 주어진 결과에 대해서 원인의 관계에 있지 않은 것을 원인으로 오인하는 오류이다.

거짓원인의 오류를 범한 논증 예의 유형들로 다음을 들 수 있다. 첫 번째 유형으로 한 사건이 다른 사건보다 시간적으로 먼저 발생했다는 사실만을 가지고서 먼저 발생한 사건이 나중에 발생한 사건의 원인이라는 결론을 도출하는 논증들을 들 수 있다. 예를 들어 만약 어떤 사람이 "내가 흰색 옷을 입고 외출할 때마다 비가 왔다. 고로 흰색 옷을 입고 외출하는 것은 비가 오게 한 것의 원인이다"라고 말한다면 그는 오류를 범하고 있다. 흰 옷을 입고 외출한다는 사건과 비가 온다는 사건이 시간적인 전후관계에 있기는 하지만 두 사건 사이에 인과적인 연결이 있다고 보기는 어려우며 우연의 일치라는 관계가 있다고 보아야 할 것이다.

거짓원인의 오류의 두 번째 유형의 예로 다음을 들 수 있다. "흡연을 하는 학생들은 공부를 못한다. 따라서 흡연이 학습에 지장을 주는 원인이 되는 것이 분명하다." 이 논증은 부당하다. 흡연 외의 다른 주된 요인들 때문에 성적이 나쁜 학생들이 스트레스를 풀기 위해서 흡연을 하는 경우도 있기 때문이다. 이 경우에 흡연이 공부를 못하게 하는 것의 원인이 된다고 볼 수 없다.

세 번째 유형의 예로 어떤 환자가 고열이 나고 피부병이 있을 때 고열이 피부병의 원인이라고 하는 경우를 들 수 있다. 고열과

개연성이 매우 낮은 것으로서 잘못된 귀납적 일반화가 될 것이다.

피부병 둘 다가 제3의 원인에 의해서 생긴 것일 가능성이 있기 때문에 이 예는 오류를 범한 것이다.

네 번째 유형의 예로 어떤 약을 복용한 사람들 중 일부가 위장장애에 걸렸다는 사실로부터 그 약이 위장장애를 생기게 한 원인이라는 결론을 도출하는 것을 들 수 있다. 이런 도출은 그 약을 복용하지 않은 사람들 중에도 위장장애에 걸린 사람들이 있을 가능성을 무시하고 있기 때문에 잘못된 것이다.

12. 선결문제요구의 오류(fallacy of begging the question)

52. 선결문제요구의 오류는 증명을 필요로 하는 내용을 이미 증명된 것으로 가정할 때 생기는 오류이다.
선결문제요구의 오류를 범한 논증들의 유형들로 다음을 들 수 있다.

ㄱ) 전제들과 결론이 동일한 표현인 것
ㄴ) 전제들과 결론이 표현은 다르지만 내용이 동일한 것
ㄷ) 전제들의 내용에 대해서 별도의 증명 내지 설명이 필요한 것

선결문제요구의 오류는 본 장에서 소개된 다른 비형식적 오류들과 구분되는 한 특징을 지니고 있다. 선결문제요구의 오류 외의 비형식적 오류들을 범한 논증들은 전제들과 결론 사이에 논리적인 연결이 보이지 않는 것들—즉 만약 전제들이 참이면 결론도 반드시 참이 되는 관계가 보이지 않는 것들—로서 형식적인 면에서도

부당한 것들이다. 반면에 선결문제요구의 오류를 범한 논증들은 형식적인 면에서는 타당한 논증이다. 형식적인 면에서 볼 때에는 타당함에도 불구하고 선결문제를 요구하는 논증이 오류를 범하는 이유는 논증이 목표로 하는 것인 증명을 달성하지 못한다는 데에 있다. 하나의 주장이 참이라는 것을 증명하기 위해서 제시된 논증은 전제들이 마련되고 그 전제들로부터 증명하고자 하는 주장이 결론으로 연역되어 나오는 논증이 된다. 그런데 만약 그 전제들의 내용이 결론의 내용—즉 참임을 증명하고자 하는 주장의 내용—과 같은 것이라면 그런 논증은 결론의 내용을 증명하는 데에 실패하게 된다. 그런 논증은 참이라는 것을 증명하고자 하는 주장을 이미 참인 것으로 증명된 것처럼 받아들이고 있기 때문에 증명에 실패한 것이 되므로 내용상으로 만족스럽지 못하다. 증명이라는 과제를 만족스럽게 이행하지 못한다는 이러한 점 때문에 논리학은 선결문제를 요구하는 논증을 오류를 범한 것으로 간주한다.

선결문제요구의 오류들 중에서 첫 번째 유형은 오류라는 것이 분명하게 밝혀진다. 그러나 두 번째 유형은 표현들의 내용을 잘 이해하고 있어야만 오류라는 것이 밝혀질 수 있는 것이다. 전제들과 결론이 겉으로 드러난 표현들에 있어서만 다를 뿐이고 사실상 내용은 같아서 전제들은 결론의 내용과 동일한 내용을 단지 반복하고 있는 것에 불과한 경우들이 있다는 것을 간과해서는 안 된다. 만약 갑이 "불경의 내용들은 모두 옳다"라고 말하자 을이 "왜?"라고 묻는다고 하자. 그때 갑이 "불경에 있는 모든 문장들은 진리의 말들이기 때문이다"라고 답한다면 갑은 선결문제요구의 오류(두 번째 유형)를 범하고 있는 것이 된다. 이 경우에 갑은 "불경에 적힌 모든 말들은 진리의 말이다. 고로 불경의 내용들은 모두 옳다"라는 논증을 제시하고 있는데 이 논증의 전제들과 결론은 동일한 내용을 담고 있다. 이 논증은 불경의 내용이 옳다는 것을 증명하지 못한 것이 된다.

선결문제요구의 오류를 범한 논증들의 첫 번째 유형과 두 번째 유형은 다음과 같은 순환고리의 형태들로 그려질 수 있다.

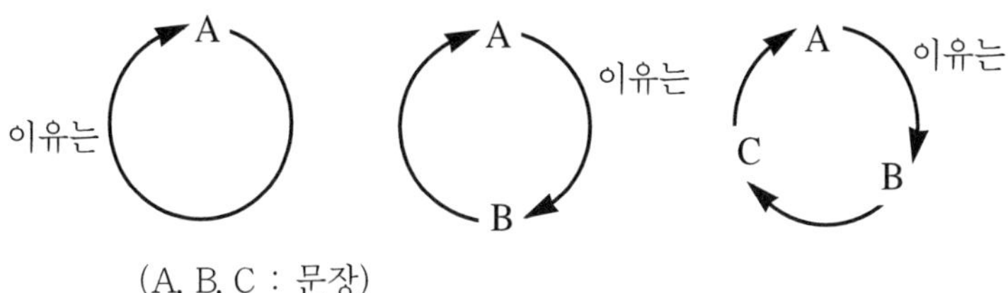

(A, B, C : 문장)

이런 원들의 형태들로 그려지는 논증들을 "순환논증"(circular argument)이라 부른다. 선결문제요구의 오류의 첫 번째 유형이나 두 번째 유형을 범한 논증들은 순환논증들이다.

선결문제요구의 오류의 모든 유형들이 다 순환적인 것들은 아니다. 세 번째 유형도 있기 때문이다. 가령 논의 중에 김씨가 박씨에게 "당신의 주장은 민족적 색채가 강하기 때문에 받아들일 수 없다"고 말한다고 하자. 또 김씨는 "민족적 색채"라는 말의 의미에 대해서 그리고 민족적 색채가 강한 주장을 왜 받아들일 수 없는가에 대해 아무런 언급도 하지 않는다고 하자. 이 경우에 김씨는 "당신의 주장은 민족적 색채가 강하다. 고로 당신의 주장은 받아들일 수 없다"라는 논증을 펴고 있으면서 "'민족적 색채'라는 표현의 의미가 무엇인가?"라는 물음과 "민족적 색채가 왜 나쁜가?"라는 물음에 대한 답변이 이미 주어진 것처럼 전제하고 있는 것이다.

선결문제요구의 오류를 범한 논증들은 해결되어야 할 문제들을 해결하지 않은 채 그대로 남겨두고 있으며 바로 이런 점 때문에 "미해결의 오류를 범한 논증들"이라고 불리기도 한다.

13. 복합질문의 오류(fallacy of complex question)

53. · 복합질문의 오류란 복합질문에 대해서 답변자가 여러 질문들이 복합되어 있다는 것을 가려내지 않고 부주의하게 "예"나 "아니오"로 답한 것을 전제로 해서 어떤 결론을 도출할 때 생기는 오류이다.
· 복합질문이란 "예"나 "아니오"로 답변할 수 있는 여러 개의 질문들 이 포함되어 있는 것으로서 그 여러 개의 질문들에 대해서 "예"라는 답변이 주어질 수 있는 경우에만 "예"나 "아니오" 둘 중 하나로 답변할 수 있는 질문이다.

복합질문의 예로 "당신은 요즘에는 남편을 때리지 않습니까?"라는 질문을 들 수 있다. 이 질문은 "예"나 "아니오" 둘 중 하나로 답변될 수 있는 경우도 있지만 그럴 수 없는 경우도 있다. 이 질문은 "당신은 남편이 있는가?"라는 질문과 "당신은 전에 남편을 때린 적이 있는가?"라는 질문에 대해서 "예"라는 답변이 주어진 경우에만 "예"나 "아니오" 둘 중 하나로 답변될 수 있다. 만약 미혼 여성이 이 복합질문에 "예"나 "아니오" 둘 중 어떤 답을 한다면 그 답은 결혼한 적이 있으며 남편이 현재 있고 또 남편을 때린 적이 있다는 것을 긍정하는 것으로 해석하는 오해를 발생시킨다.

복합질문의 또 하나의 예로 돈을 훔친 사람을 찾고 있는 한 형사가 심증이 가는 최씨에게 유도심문을 하기 위해서 묻는 질문을 들 수 있다. 그 형사가 "훔친 돈으로 요즘 가정형편이 나아졌소?"라는 물음을 물었을 때 그 질문은 "당신은 돈을 훔쳤소?"라는 질문에 대해서 "예"라는 긍정적인 답변이 내려졌다는 것을 전제로 했을 때만 "예" 또는 "아니오"라는 답변이 내려질 수 있게 된다. 형사가 최씨에게 "훔친 돈으로 요즘 가정형편이 나아졌소?"라고 물었을 때 돈을 훔친 적이 없는 최씨가 그 질문의 복합성을 파악하지 못하고 당황해서 부주의하게 "아니오"라고 답한다고 하자. 이때 만약 형사가 최씨의 이 답변을 전제로 삼아 "그러니까 당신이 바로 도둑이군!"이라는 결론을 내린다면 그는 결론을 잘못 도출하고 있으며 그의 논증은 오류를 범한 것이 된다. 최씨가 이런 억울한 상황을 피하려면 그는 형사의 질문에 대해서 "예"로도 "아니오"로도 답하지 말고 "나는 돈을 훔친 적도 없소. 그러므로 그런 질문에 대해서 답하라고 요구하는 것은 부적절합니다. 또 내가 그런 질문에 대해 "예"나 "아니오"라는 답변을 하는 것 역시 부적합합니다"라고 대답해야 할 것이다. 일상생활에서 복합질문에 의해 기만당하지 않고 자기방어를 하려면 주어진 질문을 분석할 수 있어야 한다.

14. 논점이탈의 오류(fallacy of irrelevant conclusion)

> **54.** 논점이탈의 오류란 어떤 결론을 지지하기 위해 제시된 전제들이 실제로는 그 결론이 아닌 다른 결론을 지지하는 것이 될 때 생기는 오류이다.

논점이탈을 한 논증은 논증을 통해 지지하려는 결론과는 다른 결론을 향하고 있다. 이씨는 최씨가 성희롱죄를 저질렀다는 것을 증명하려 한다고 하자. 그리고 이씨는 최씨가 성희롱죄를 범했다는 것을 지지하기 위한 증거들을 제시하는 대신에 성희롱이 미칠 수 있는 심리적인 악영향에 대해서 길게 늘어놓는다고 하자.

이 경우에 이씨가 늘어놓은 말은 성희롱의 심리적인 악영향을 지지하기 위한 근거들이 될 수 있는지는 몰라도 최씨가 성희롱죄가 있다는 결론을 지지하는 전제들은 될 수 없다. 어쩌면 이씨의 말은 몇몇 (논리력이 결여된) 청중들로 하여금 성희롱의 피해성에 대한 분노를 일으키게 하고 이런 분노의 감정은 청중들로 하여금 최씨에 대한 혐오를 불러일으키게 할지도 모른다.

그러나 그들이, 성희롱의 피해성이 심각하다는 것과 최씨가 성희롱죄를 범했는지의 여부와는 논리적으로 별개의 것이라는 것을 깨닫게 된다면 최씨의 유죄 여부가 판정되지 않은 상황에서 최씨를 향해 생긴 혐오감은 근거없는 것이라는 것을 깨닫게 될 것이다. 그들의 터무니없는 감정은 논점이탈의 오류를 범한 논증에 현혹된 데서 비롯된 것이다.

또 한 예로 어떤 사람이 담배수입안에 대해 지지한다고 주장하면서 그 근거로 상품수입의 필요성을 지지하는 말만 장황하게 늘어놓는다고 하자.

이때 그의 말은 상품수입의 필요성을 지지하기 위한 논증으로는 타당한 것일지는 몰라도 담배수입안을 지지하지는 못한다. 그는 담배수입안을 뒷받침하기 위한 논증을 펴려고 하고 있지만 실제로는 상품수입의 필요성만을 역설하고 있을 뿐이므로 논증이 향해야 할 논점을 벗어나고 있는 것이다. 상품수입의 필요성에 대해서 지지한다고 하더라도 담배가 신체에 끼치는 악영향을 고려하여 담배수입안에 대해서는 반대할 수 있는 가능성이 있다는 것을 간과해서는 안 된다.

15. 흑백사고의 오류(fallacy of black-and-white thinking)

> 55. ・흑백사고의 오류는 두 개 이상의 대안이 가능한 상황에서 단지 두 개의 대안들만이 가능하며 제3의 대안은 없다고 보고 논증을 제시할 때 생기는 오류이다.
> ・흑백사고는 서로 반대관계에 있는 두 개의 것들만이 있다고 가정하고 그것들 외의 제3자인 중간의 것이 있을 가능성을 간과한 사고이다. 그래서 흑백사고는 이것 아니면 저것이라는 극단적인 사고를 낳는다.

예를 들어 갑이 입고 있는 옷이 흰색이 아니라고 할 때 이것을 전제로 하여 갑이 입은 옷이 검은색이라는 결론을 내린다면 흑백사고의 오류를 범한 것이 된다. 이런 오류는 만약 어떤 것이 흰색이 아니라면 그것은 검은색이라는 가정을 한 데서 비롯된다. 이 가정은 흰색도 아니고 검은색도 아닌 제3의 여러색들 즉 회색, 짙은 청색, 상아색, 카키색 등이 있을 가능성을 간과하고 있다.

또, 갑이 을의 친구가 아니라고 할 때 이것을 전제 삼아 갑이 을의 적이라는 결론을 도출하는 것도 마찬가지의 오류를 범한 것이 된다. 갑이 을의 친구가 아니라고 해서 반드시 적이 되는 것은 아니다. 갑은 을에 대해서 무관심이라는 제3의 중립적인 태도를 취할 수 있는 것이다. 또 김씨가 추운 날씨를 싫어한다고 해서 그가 더운 날씨를 좋아한다는 결론을 도출하거나 박씨가 이타적이 아니라고 해서 그가 이기적이라는 결론을 도출하는 것도 마찬가지로 흑백사고의 오류를 범하고 있는 것이다. 이 오류를 범하는 사람들은 이것 아니면 저것만 있는 것이 아니라 제3의 가능성도 있다는 것을 잊고 있는 것이다. 이타적이라거나 이기적이라는 판정을 필요로하지 않는 제3의 상태, 춥지도 덥지도 않은 시원한 상태, 회색이나 짙은 푸른색과 같이 흑도 백도 아닌 상태, 서로 모르는 상태처럼 적도 친구도 아닌 상태 등이 있다는 것을 간과해서는 안 된다.

16. 애매어의 오류(fallacy of equivocation)

56. 애매어의 오류란 동일한 한 단어가 한 논증에서 맥락마다 서로 다른 의미를 지니는 것으로 사용될 때 생기는 오류이다. ("애매"의 의미는 사각테 40에서 주어졌음)

타당한 논증에서는 하나의 단어가 여러 맥락들에서 사용되었을 때 동일한 의미를 지니고 있어야 한다. 애매어의 오류를 범한 논증의 예들로 다음을 들 수 있다.

김씨의 성격은 직선적이다. 직선적인 모든 것들은 길이를 지닌다. 고로 김씨의 성격은 길이를 지닌다.

부패하기 쉬운 것들은 냉동보관해야 한다. 사회는 부패하기 쉽다. 고로 사회는 냉동보관해야 한다.

첫 번째 논증에서 "직선적"이라는 단어는 두 번 나오는데 한 경우에서는 "성격의 곧음"이라는 의미로 사용되고 있으며, 다른 경우에는 "물리적인 선의 곧음"이라는 의미로 사용되고 있다. "직선적"이라는 동일한 한 단어가 두 개의 전제들에서 이와 같이 서로 다른 의미들을 지닌 것으로 사용되고 있다는 것을 알게 된다면 그 두 개의 전제들로부터 "김씨는 길이를 지닌다"라는 결론이 도출될 수 없다는 것도 알게 된다. 위의 논증이 타당하려면 적어도 세 종류의 명사들이 나와야 한다. 위의 논증에서 겉으로 드러난 단어들의 종류들은 "김씨의 성격"과 "직선적인 것" 그리고 "길이를 지니는 것"이다. 그러나 두 번째 종류의 단어는 서로 다른 두 개의 의미들을 지닌 것들로 사용되고 있기 때문에 위의 논증은 사실상 네 종류의 단어들로 구성된 것이다. 3장에서 소개되겠지만 삼단논증—즉 두 개의 전제들과 하나의 결론으로 구성된 논증—에 나오는 명사들은 세 가지 종류들이어야 한다. 따라서 위의 논증은 타당한 삼단논증이 아니다. 이와 같이 네 개의 단어들로 구성된 삼단논증이 범한 오류를 "네 명사의 오류"(fallacy of four terms, 또는 "네 개념의 오류")라고 부르기도 한다. 네 명사의 오류는 애매어의 오류의 한 유형이다. 애매어의 오류를 범한 논증들 중에는 삼단논증 외의 논증유형들도 있기 때문이다. 그런 논증들의 예는 잠시 뒤에 나오게 될 것이다. 위의 두 번째 논증에서도 동일한 한 단어인 "부패하기 쉬운 것"이 두 개의 전제들에서 동일한 의미를 지니는 것으로 사용되고 있지 않다. 그 단어는 한 전제에서는 "식품의 질에 있어서의 변질"이라는 의미로 사용되고 있으며, 다른 전제에서는 "정신적인 타락"이라는 의미로 사용되고 있다. 그렇기 때문에 두 전제들에서 사용된 하나의 동일한 단어는 결론에서 "사회"라는 단어와 "냉장보관해야 하는 것"이라는 단어를 연결시켜주는 역할을 하지 못한다. 이 논증 역시 첫 번째 논증처럼 애매어의 오류뿐만 아니라 네 명사의 오류를 범하고 있다.

위에서 든 논증들은 모두 삼단논증들이다. 한편, 애매어의 오류를 범한 이단논증들로 다음 두 개의 논증들을 들 수 있다.

공룡은 생물이다. 고로 작은 공룡은 작은 생물이다.

김씨는 훌륭한 논리학자이다. 고로 김씨는 훌륭한 사람이다.

이 예들에서 사용된 "작은"과 "훌륭한"이라는 단어는 모두 상대적인 개념들이다. 작은 공룡과 작은 생물은 서로 다른 범주들에 속한다. 그래서 작은 공룡은 보다 큰 공룡들에 비해서는 상대적으로 작으며, 또 훌륭한 기술자는 훌륭하지 못한 기술자들과 대조적으로 훌륭하다.

공룡치고는 작은 것도 다른 생물들—가령 개미, 바퀴벌레, 토끼, 다람쥐, 참새 등—과 비교해보면 제법 큰 생물이 될 수 있다. 또 기술자로서는 훌륭하지만 사람으로서는 그렇지 못할 수 있다. 위의 논증들에서 "작은"이라는 단어는 "작은 공룡"이라는 단어에서는 "공룡치고는 작은"이라는 의미를 지니고 있다. 그리고 "훌륭한"이라는 단어는 "훌륭한 논리학자"라는 단어에서는 "논리학자로서의 뛰어난"이라는 의미를 지니고 있으며, "훌륭한 사람"에서는 "사람으로서의 훌륭한"이라는 의미로 사용되고 있다.

만약 위의 예들에서 "작은"이나 "훌륭한"이라는 단어 대신 어떠한 맥락에서도 하나로 규정된 의미를 지니는 단어인 "25년을 산"이라는 단어를 사용한다면 다음과 같은 타당한 논증들이 만들어진다.

공룡은 생물이다. 고로 25년을 산 공룡은 25년을 산 생물이다.

김씨는 25년 간을 산 논리학자이다. 고로 김씨는 25년 간을 산 사람이다.

애매어의 오류에 말려들지 않으려면 단지 겉으로 드러난 논증의 형식만을 고려해서 논증의 타당성 여부를 판별해서는 안되며 동일한 한 단어가 논증에서 지니는 여러 다른 의미들을 명확하게 분간하도록 주의해야 한다.

17. 애매문의 오류(fallacy of amphiboly)

57. 애매문의 오류는 한 논증의 전제나 결론에서 사용된 문장 자체나 구(phrase)가 문법적인 구조상 애매하게 사용될 때 생긴다.

한 문장을 구성하고 있는 단어들 하나하나는 애매하지 않더라도 문장 자체가 애매한 경우가 있다. 한 문장 자체가 문법적인 구조상 두 가지 이상의 의미를 지닌 것으로 해석될 수 있는 경우에 그 문장을 그 중 하나의 의미를 지닌 것으로만 해석하고 그 문장을 전제로 하여 어떤 결론을 도출한다고 해보자. 그때 그 결론은 애매한 전제와 필연적인 도출의 관계에 있다고 볼 수는 없다. 전제를 또 다른 의미를 지니는 것으로 해석할 때 그렇게 해석된 전제로부터 결론이 도출되지 않을 수 있기 때문이다. 또한 하나의 전제로부터 애매한 결론문장을 도출할 때 그 결론은 전제로부터 도출될 수 있는 것으로 해석될 수도 있지만 그렇지 않은 것으로도 해석될 여지가 있다. 그때 그 애매한 결론문장 자체가 전제로부터 도출된다고 볼 수 없다. 애매한 결론문장과 전제 사이에 필연적인 도출의 관계가 없다.

애매문의 오류를 범한 논증의 한 예로 다음을 들 수 있다.

> 김씨는 이씨보다 책을 더 좋아한다. 고로 김씨는 이씨와 책들 중에서 책을 더 좋아한다.

이 논증의 전제는 애매하다. 만약 이 논증의 전제가 결론과 같은 의미를 지니는 것으로 해석된다면 위의 논증은 타당하다. 그러나 전제문장이 "김씨가 책을 좋아하는 성향이 이씨가 책을 좋아하는 성향보다 더 강하다"로 해석된다면 결론은 도출되지 않는다. 위의 논증은 주어진 전제에서 다른 결론이 도출될 수 있는 가능성을 지니고 있다. 그렇기 때문에 위의 논증에서 결론은 논리적으로 도출된다고 볼 수 없게 된다. 애매문의 오류를 범한 논증의 또 한 예로 "나는 나의 아들과 딸에게 사과 두 개를 주었다. 고로 나의 아들은 나한테서 사과 두 개를 받았다"를 들 수 있다. 이 논증의 전제는 문법적인 구조상 "나는 나의 아들에게 사과 두 개를 주었고 딸에게도 사과 두 개를 주었다"라는 문장으로 해석될 수 있을 뿐만 아니라 내가 나의 아들과 딸에게 준 사과들의 합은 두 개이다"라는 문장으로도 해석될 수 있기 때문에 애매한 문장이다. 위의 논증은 후자의 해석을 간과하고 있으므로 부당하다.

한편 문장에 있는 구가 애매하기 때문에 생기는 오류의 한 예로 다음을 들 수 있다.

> 김씨는 물에 대한 공포감이 있다. 고로 김씨는 수영을 못 배우는 사람이다.

이 논증의 결론에 있는 "못 배우는 사람"이라는 구는 "배울 능력이 없는 사람"으로 해석될 수도 있고, 또 "배우지 못하도록 규제를 받고 있는 사람"으로도 해석될 수 있기 때문에 애매하다.

애매문의 오류는 때로는 점쟁이나 예언가에게 도피구를 마련해 주기도 한다. 논리학책들에 자주 등장하는 다음의 한 예를 들어보자. 한 왕국의 왕인 내가 이웃 왕국에게 전쟁을 걸기 전에 한 유명한 점쟁이를 찾아갔다고 하자. 그리고 점쟁이는 "당신의 나라가 이웃왕국과 전쟁을 한다면 당신네 나라는 강력한 한 왕국을 멸망시킬 것이다"라는 예언을 했다고 하자. 내가 "강력한 한 왕국"이란 구를 "이웃왕국"을 의미하는 것으로 해석하고 전쟁을 일으켰는데 그 결과 나의 왕국이 패배했고 나는 점쟁이에게 항의를 했다고 하자. 나의 항의를 점쟁이는 어떻게 피해갈 수 있을까? 점쟁이는 "'강력한 한 왕국'은 바로 당신의 왕국을 의미한 것이오"라고 말함으로써 도피구를 만들 것이다. 반면에 만약 전쟁을 건 결과 나의 왕국이 승리했다면 점쟁이는 이렇게 말할지 모른다. "강력한 이웃 왕국을 드디어 패배시켰군요"라고.

18. 강조의 오류(fallacy of accent)

58. 강조의 오류는 한 문장의 부분들—단어나 구들—에 대한 잘못된 강조 또는 부적합한 강조 내지 상대방을 현혹시키는 강조로부터 그 문장의 원래 의미에 포함되어 있지 않은 다른 의미를 지닌 문장을 결론으로 도출할 때 생긴다.

동일한 한 문장이더라도 그 문장의 어느 부분이 강조되는가에 따라서 서로 다른 해석들이 만들어지며, 그에 따라서 그 문장으로부터 여러 다른 내용들을 지니는 결론들을 도출할 수 있다. 한 문장에 대한 부적합한 강조는 원래 그 문장으로 전달하고자 하는 바와는 다른 내용을 전달한다.

예를 들어 성경에 있는 "너희는 이웃을 사랑하라"라는 표현을 만약 너희가 아닌 다른 사람들은 이웃을 사랑하지 않아도 된다는 내용을 지니는 것으로 해석한다면 이 해석은 "너희"를 강조한 데서 비롯되는데 그 강조는 잘못된 것이다. 또 위의 표현을 이웃이 아닌 다른 사람은 사랑하지 않아도 된다는 의미를 지닌 것으로 본다면, 이것은 "이웃"을 강조한 데서 비롯된 것이며, 이 강조는 부적합한 것으로서 잘못된 해석을 낳는다.

종종 광고나 기사 제목에는 관심을 끌기 위한 수단으로 사람들을 현혹시키는 부적합한 강조로 된 표현들이 있다. 그런 표현들은 전후맥락을 곰곰이 따져볼 때는 원래의 의미가 파악되는 경우도 있을 수 있으나 때로는 사람들로 하여금 착각을 일으켜 참이 아닌 결론을 도출하게 하는 경우도 있다. 한 예로 신문지상에 제목이 커다란 다음의 글자로 있다고 해보자. 그리고 그 밑의 기사란에 아주 작아 눈에 띄지 않을 정도의 글씨로 "10년 후의 전망"이란 글이 있다고 해보자.

민간인 북한 출입 전면 자유화

또 하나의 예로 어떤 상점 유리창에 "몽땅 세일"이라고 큰 글자로 쓴 광고가 붙어 있다고 해보자. 그리고 한 모퉁이에 눈에 잘 안 띄는 작은 글자로 "일부 품목 제외"라는 글씨가 붙어 있다고 해보자.

위의 큰 글자들은 소비자들을 현혹시킬 수 있다. 그 큰 글자들은 소비자의 주목을 끌기는 하지만 작은 글자를 포함하고 있는 글 전체의 원래의 의미를 전혀 다른 의미로 해석하게 한다. 이런 글자들은 독자나 소비자로 하여금 북한을 자유롭게 방문할 기회가 주어졌다는 결론을 도출하게 하거나 또는 모든 상품들이 할인되었다는 결론을 도출하게 하기 쉽다.

그러나 그 결론들의 내용은 글의 전체 맥락을 통해서 파악되는 의미와는 다른 의미를 지닌 것들이며 잘못 도출된 것들이다.

19. 결합의 오류(fallacy of composition)

59. 결합의 오류는 다음의 경우들에 발생한다.

1) 각각의 부분들(each part)이 개별적으로(distributively) 어떤 성질을 지니고 있다는 내용을 지닌 전제들로부터 그 부분들이 유기적인 관계로 결합된 전체(whole) 역시 그 성질을 지니고 있다는 내용의 결론을 도출하는 경우.
2) 각각의 원소들(each element)이 개별적으로 어떤 성질을 지니고 있다는 내용의 전제로부터 그 원소들을 결합한 집합(set, 또는 집단(collection) 전체도 역시 그 성질을 지니고 있다는 내용의 결론을 도출하는 경우

부분과 전체의 관계의 예: 어떤 기계의 부품들 제각각과 그 기계 전체와의 관계, 어떤 연주단의 단원들 개개인과 그 연주단 전체의 관계
원소와 집합의 관계의 예: 어떤 기계의 부품들 제각각과 그 부품들을 모아둔 전체집합과의 관계, 30평 미만의 집들 각각과 30평 미만의 집들의 집합 전체의 관계

각각의 부분들(each part)과 전체(whole)의 관계와 각각의 원소들(each element)과 집합(set)의 관계는 서로 다른 방식의 결합관계를 지닌다. 개개의 원소들을 모아 쌓아두면 집합이 된다. 반면에 각각의 부분들을 어떤 유기적인 관계로 엮으면 전체가 만들어진다. 각각의 부분들을 모종의 유기적인 관계로 엮어 만들어진 대상 전체는 각각의 부분들을 단순히 모아서 쌓아둔 것들—즉 각각의 부분들의 집합 내지 집단—과 전혀 다르다.

각각의 부분들과 전체와의 관계에서 발생하는 논리적 오류를 범한 논증의 예들로 다음을 들 수 있다.

> 기계 C의 부품들 제각각이 다 가볍다. 고로 기계 C 전체는 가볍다.

> 연극단 H의 단원들 하나하나가 다 훌륭하다. 고로 연극단 H는 훌륭하다.

기계 C를 구성하는 부품들 하나하나가 다 개별적으로(distributively) 가볍다고 해도 그것들의 수가 많은 경우에는 C는 무거울 수 있다. 또 연극단 H의 단원들 각각의 실력이 다 훌륭하다 해도 그들로 구성된 연극단 H가 훌륭하지 않은 경우도 있을 수 있다. 위의 논증들은 전제들과 결론 사이에 논리적으로 도출되는 관계를 보여주지 못하는 것들이므로 부당하다.

첫 번째 논증에서 "가볍다"라는 동일한 하나의 단어는 전제와 결론에서 각각 다른 두 개의 의미를 지닌 것으로 사용되고 있다. 전제에서 "가볍다"는 부분들 하나하나의 차원에서 개별적으로 볼 때에 가볍다라는 의미를 지니고 있으며, 결론에서의 "가볍다"는 기계 전체로 볼 때 가볍다는 의미를 지닌다. 첫 번째 논증이 범하는 오류와 같은 오류를 범하는 주된 이유는 "가볍다"라는 하나의 동일한 단어가 부분과 전체의 관계를 보여주는 논증에서 애매하게 사용되고 있다는 것을 파악하지 못하는 데서 비롯된다. 바로 이 점 때문에 결합의 오류는 애매어의 오류의 한 유형으로 볼 수 있다. 두 번째 논증이 범한 오류 역시 마찬가지인데 이것은 여러분이 스스로 설명해보기를 바란다.

한편 결합의 오류의 두 번째 유형으로 원소들 각각과 집합과의 관계에서 발생하는 오류를 범한 논증의 예로 다음을 들 수 있다.

소형차들는 대형차들보다 연료비가 적게 든다. 고로 모든 소형차들이 소비하는 연료비보다 모든 대형차들이 소비하는 연료비가 더 많다.

만약 소형차들의 수가 대형차들의 수보다 엄청나게 많은 경우에는 위의 논증은 부당하다. "보다 연료비가 적게 든다"가 개별적인 의미와 집합적인 의미로 사용되었을 때를 구분해야 한다. 위의 논증의 예가 오류를 범한 것은 "연료비가 적게 든다"라는 표현이 전제와 결론에서 서로 다른 의미로 사용되었기 때문이다.

결합의 오류는 다음과 같이 앞에서 다룬 성급한 일반화의 오류와 구분된다는 점을 잊지 말아야 한다.

성급한 일반화의 오류는 어떤 집합에 속하는 몇몇 요소들이 어떤 성질을 지니고 있다는 전제로부터 그 집합에 속하는 원소들 각각이 개별적으로 그 성질을 지니고 있다는 결론을 도출할 때 발생한다. 반면에 결합의 오류는 어떤 집합에 속하는 요소들 각각(또는 전체의 구성요소들 각각)이 개별적으로 어떤 성질을 지니고 있다는 전제로부터 그 집합 자체(또는 전체) 역시 그 성질을 지니고 있다는 결론을 도출하는 데서 비롯된다.

20. 분해의 오류(fallacy of division)

60. 분해의 오류는 다음의 경우들에 발생한다

1) 전체(whole)가 어떤 성질을 지니고 있다는 내용의 전제로부터 전체를 구성하고 있는 부분들(parts)도 개별적으로 그 성질을 지니고 있다는 내용의 결론을 도출하는 경우 2) 집합이 어떤 성질을 지니고 있다는 내용의 전제로부터 그 집합의 각각의 원소들 역시 개별적으로 그 성질을 지니고 있다는 결론을 도출하는 경우

위의 사각테에 나오는 "각각의 부분들"과 "전체" 그리고 "집합"과 "각각의 원소들"에 대해서는 결합의 오류에 대해 다룰 때 설명한 바 있다. 분해의 오류를 범한 논증이 향해 있는 방향은 결합의 오류를 범한 논증이 향해 있는 방향의 반대이다. 후자의 방향이 "각각의 부분들 → 전체" 또는 "각 원소들 → 집합"이라면 전자의 방향은 "전체 → 각각의 부분들" 또는 "집합 → 각각의 원소들"이다.

다음의 논증들은 분해의 오류를 범하고 있는 부당한 것들이다.

> 연극단 H는 일류급이다. 김씨는 그 연극단의 일원이다. 고로 김씨는 일류급이다.

> 기계 C 전체는 매우 비싸다. 고로 기계 C의 부품들도 개별적으로 매우 비싸다.

연극단 H 전체가 일류급이라는 내용으로부터 H의 단원들 각각이 다 개별적으로 일류급이라는 것이 논리적으로 도출되는 것은 아니다. 연극단 H의 단원들 각각 또는 일부가 설령 일류급이 아니라 하더라도 단원들이 조화를 잘 이루어서 일류급의 연극단이 만들어질 수 있는 가능성이 있을 수 있기 때문이다. 또, 기계 C 전체는 비싸지만 그 기계의 부품들 각각은 개별적으로는 비싸지 않을 가능성도 있다.

첫 번째 논증에서의 "일류급"이라는 단어는 전제에서는 전체(whole)에 적용되는 방식으로 사용되고 있는 반면 결론에서는 개별 구성요소들 각각에 적용되는 방식으로 사용되고 있기 때문에 애매하다. 첫 번째 논증은 "일류급"이라는 단어가 전체에 대해 적용되는 방식과 개별에 대해 적용되는 방식을 구분하지 않고 혼동하고 있다. 두 번째 논증에 대해서도 마찬가지의 설명이 가능한데 여러분이 대신 설명하길 바란다.

이번에는 다음의 두 개의 논증들에 대해서 살펴보자.

> 고양이는 흔하다. 푸푸는 고양이이다. 고로 푸푸는 흔하다.

> 잉카제국의 유물들이 점차 사라져가고 있다. 이 도자기는 잉카제국의 유물이다. 고로 이 도자기는 점차 사라져가고 있다.

이 논증들은 부당하다. 첫 번째 논증에서 "흔하다"라는 단어는 애매하게 사용되고 있다. 즉 전제에서는 고양이들의 집합이 지니는 성질을 나타내기 위해서 사용되고 있는 반면 결론에서는 그 집합의 원소가 지니는 성질을 나타내기 위해서 사용되고 있다. 고양이들의 집합 자체가 "흔하다"라는 성질을 지니고 있지만 고양이들 각각도 개별적으로 그 성질을 지니는 것은 아니다. 두 번째 논증에 대해서도 마찬가지의 설명을 할 수 있다.

분해의 오류도 결합의 오류와 마찬가지로 동일한 한 단어가 대상들에 개별적으로 적용되는 방식의 의미, 즉 대상들 각각에 대해서 적용되는 방식의 의미와 대상들 전체나 대상들의 집합에 적용되는 방식의 의미로 사용되는 데서 비롯되는 것이므로 애매어의 오류의 한 유형으로 볼 수 있다.

분해의 오류를 앞에서 배운 우연의 오류와 혼동해서는 안 된다. 이 오류들은 다음과 같이 구분된다는 것을 잊지 말도록 하자.

우연의 오류는 어떤 집합에 속한 대부분의 원소들이 어떤 성질을 지니고 있다는 전제로부터 그 집합에 속하는 원소들 각각이 개별적으로 그 성질을 지니고 있다는 결론을 도출할 때 발생한다. 반면에, 우연의 오류를 범한 논증의 전제와 달리, 분해의 오류를 범한 논증의 전제는 부분들로 이루어진 어떤 전체(whole) 또는 어떤 집합 자체가 어떤 성질을 지니고 있다는 것이다.

연습문제

1. 다음 용어들에 대해 정의하시오.

(1) 형식적 오류, 비형식적 오류 (2) 애매, 모호

2. 다음 문장들에서 애매함과 모호함을 지적하시오.

(1) 이것은 내 그림이다.

(2) 친구 방문이 요즘 많아졌다.

(3) 글을 어렵게 쓰도록 해라.

(4) 편지답장을 쓰는 데 시간을 들이지 마세요.

(5) 항상 신중하던 친구의 동생이 이 규칙을 처음으로 어겼다.

(6) 성격이 너무 다혈질인 사람과 성격이 너무 점액질인 사람은 좋은 만남을 가질 수 없다.

(7) 심장이 약한 아이들은 축구를 못 배운다.

3. 다음 글들이 범한 오류들을 지적하시오.

(1) 김씨는 자본주의 사회에 대해 불만이 많다. 그러므로 그는 공산주의 사회를 좋아하는 게 틀림없다.

(2) 우리반 아이들은 컴퓨터를 장시간 사용했지만 건강에 아무 지장도 없었다. 고로 컴퓨터의 전자파는 건강에 무해하다.

(3) 나는 니체의 사상은 배울만한 학문적 가치가 없다고 생각한다. 그는 한때 정신질환을 겪은 사람이 아닌가?

(4) 그 학생의 서술식 시험 답안은 탁월하다. 그의 답안에 있는 문장 하나하나가 탁월하기 때문이다.

(5) 저희 가축공장에서 사용한 호르몬 첨가제가 인체에 해롭다는 주

장이 입증되지 않았으므로 저희 공장에서 출하한 고기를 마음놓고 드셔도 됩니다.

(6) 민족자결주의는 옳다. 그 이유는 각 민족은 정치적 운명을 스스로 결정할 권리가 있으며, 다른 민족의 간섭을 받아서는 안되기 때문이다.

(7) 이 건물은 기능적인 미를 지니고 있으므로 이 건물의 재료들도 기능적인 면에서 아름답다.

(8) 강사들의 처우개선을 강조하는 당신의 입장에 귀기울일 이유가 없습니다. 강사인 당신이 그런 주장을 하는 건 당연할 테니까요.

(9) 음식을 가리지 말고 골고루 먹어야 한다고들 한다. 그렇다면 여기 있는 상한 두부도 먹어야 한다.

(10) 그의 행동은 사기이다. 사기는 깨지기 쉬우므로 그의 행동은 조심스럽게 다루어져야 한다.

(11) 서씨는 환경보호의 차원에서 가죽코트를 입지 말라고 주장한다. 그러나 나는 그의 주장을 받아들일 수 없다. 그도 가죽신발을 신고 있지 않은가?

(12) 실직자들이 술을 좋아하는 걸 보니 술을 좋아하게 되면 실직을 하게 되는가 보다.

(13) 비트겐슈타인의 철학에 대해서 당신은 반박하려고 하는데 당신의 반박은 들을 가치도 없습니다. 왜냐하면 그는 당신과는 비교도 되지 않는 천재적인 철학자이기 때문입니다.

(14) 이번에 제안된 신도시 계획은 옳습니다. 대부분의 사람들이 이번에 제안된 신도시 계획에 찬성하기 때문입니다.

(15) 우리 국가는 당신 국가의 안보에 막대한 영향력을 지니고 있습니다. 그런데도 왜 당신네 국가는 우리 국가가 제시한 무역안이 불합리하다고 주장하는지 도무지 알 수가 없군요.

제3장 삼단논증과 아리스토텔레스 논리학

3.1. 삼단논증, 정언명제, 명제의 표준형식

삼단논증(syllogism)은 연역논증의 한 형태이다. 연역논증의 특징은 1장 3절에서 제시했다. 연역논증으로 삼단논증 외에 한 개의 전제와 하나의 결론으로 구성된 이단논증, 세 개의 전제들과 하나의 결론으로 구성된 사단논증, 오단논증 등이 있다. 고대 그리스의 철학자 아리스토텔레스(Aristoteles, BC. 384-322)는 삼단논증을 일상인들이 빈번히 사용하는 논증으로 보았고, 논증에 대한 연구를 주로 삼단논증에 집중시켰다. 삼단논증의 특징에 대한 좀더 상세한 설명은 본장의 5절에서 하기로 한다.

삼단논증에 대한 논리학의 주된 관심은 타당한지 아니면 부당한지를 평가하는 방법을 마련하는 데 있다. 아리스토텔레스의 논리학은 삼단논증의 타당성 여부를 판별할 수 있는 객관적인 방법을 제시했는데 그 방법은 하나의 논증이 타당하기 위해서는 반드시 지켜야 하는 규칙들을 제시하는 것이었다. 그 규칙들은 "삼단논증의 규칙들"이라 불린다. 만약 하나의 논증이 이 규칙들 중 어느 것 하나라도 어기게 되면 그 논증은 부당하며, 어느 규칙에 위배되었느냐에 따라서 그 논증이 범한 오류의 이름이 결정된다. 그 오류들은 앞 장에서 다룬 비형식적 오류들과 구분되어 "형식적인 오류들"(formal fallacies)이라 불린다.[1)]

삼단논증의 규칙들을 논증의 타당성 여부를 판별하는 데 적용하기 전에 학습해야 할 것들이 있다. 그것들은 명제의 네 가지 표준형식들(standard forms), 명제의 네 가지 표준형식들 사이의 네 가지 대당관계들(oppositional relations), 명제의 변형법들 세 가지, 명제들의 환원방법이다. 명제의 표준형식들과 대당관계들과 명제의 변형법들을 학습하는 것은 명제환원을 하기 위해 배워야 할 예비단계에 해당된다. 그리고 명제의 표준형식들을 배우는 것은 대당관계와 명제변형법을 학습하기 위한 예비단계에 해당된다. 대당관계와 변형법 그리고 명제환원법은 삼단논증의 타당성 여부를 판별하기 위한 기초로 필요한 것일 뿐만 아니라 그 자체가 명제의 표준형식들 간의 진리값의 관계를 알아내기 위해서도—즉 하나의 명제의 진리값이 주어지면 다른 명제의 진리값은 무엇이 되는지를 알기 위해서도—필요하다. 결국, 삼단논증의 타당성 여부를 판별하기 위해서 첫 번째로 학습해야 할 것은 명제의 표준형식들이다.

아리스토텔레스의 논리학에서 제시된 삼단논증의 규칙들은 일정한 형식을 지닌 명제들로 구성된 논증에만 적용된다. 그래서 그 논리학은 모든 형태의 논증이나 모든 형태의 삼단논증에는 적용될

1) 형식적 오류와 비형식적 오류 사이의 구분에 대해서는 사각테 39를 참고바람.

수 없다는 점에서 제한성을 지닌다. 이 제한성은 논리학의 체계를 일단 단순한 것에서부터 출발하여 전개해 나가려는 데서 비롯된 것이라고 볼 수 있다. 이제 다음의 사각테를 만들 수 있다.

61. 아리스토텔레스의 논리학에서 삼단논증의 규칙들이 적용될 수 있는 논증은 그 논증을 구성하는 명제들이 표준형식을 지닌 것들뿐이다.

아리스토텔레스의 논리학에서 일상언어로 된 명제들로 구성된 논증이 있으면 일단 그 명제들을 표준형식의 명제들로 번역해야 한다. 명제들을 표준형식을 띤 명제들로 번역하지 않고서는 삼단논증의 규칙들이 적용될 수 없다.

1. 정언명제

62. 아리스토텔레스의 논리학에서 표준형식의 명제들은 "정언명제들"(categorical propositions)[2]이라 불린다.

63. ·정언명제는 주어개념이 가리키는 대상에 대하여 어떠한 단정 내지 주장을 한다.

2) 고대에 "정언적"(categorical)이란 말은 "범주"(category)라는 말과 관련되어 사용되었다. 아리스토텔레스는 존재하는 방식들을 10가지 범주들(개별자, 양, 성질, 관계, 장소, 시간, 위치, 상태, 능동, 수동)로 구분하고 그 범주들에 대응하는 술어들이 있다고 보았다. 술어들은 어떠한 단정 내지 주장(assertion)을 하는 기능을 지닌다.

· 정언명제를 구성하는 요소들로 양수사 — 즉 양을 나타내는 수식어 —, 주어명사(subject term), 술어명사(predicate term), 계사(copula)가 있다.

64. • 전제와 결론이 모두 정언명제들로 구성된 삼단논증은 "정언삼단논증"(categorical syllogism)이라 불린다.
· 삼단논증의 타당성 여부를 판별하기 위한 아리스토텔레스의 삼단논증의 규칙들은 정언삼단논증들에만 적용된다.

아리스토텔레스의 논리학에서 정언명제에 나오는 양수사로 "모든"(all, every, each)과 "어떤"(some)이 있다. 정언명제에서 "모든"은 주어명사가 적용되는(또는 주어명사가 가리키는) 대상들 각각을 다 가리키며, "어떤"은 주어명사가 적용되는 대상들 중 일부분 즉 적어도 하나이면서 전부는 아닌 것을 가리킨다. 한편 술어명사는 주어명사가 가리키는 대상들에 대해서 어떠어떠하다는 속성을 부여하는 명사이다. 주어명사나 술어명사가 될 수 있는 것들은 모두 명사적 표현들(substantive)이다. 한 문장에서 주어인 것들은 모두 주어명사들이다. 술어명사는 술어(predicate)와 구분된다. 가령 "모든 한국인들은 진보적이다"에서 "진보적이다"는 술어이다. 또 위의 문장을 원래의 의미를 그대로 지니는 "모든 한국인들은 진보적인 사람들이다"라는 문장으로 고치면 "진보적인 사람들"이라는 술어명사가 있게 된다. 아리스토텔레스의 논리학은 술어명사를 속성을 부여하는 명사 즉 속성명사(property term)로 보고 있는데,이 점은 현대의 술어논리학과 구분된다. 한편 계사는 "…은 …이다"(is)나 "…은 …아니다"(is not)를 가리킨다. 일반적으로 논리학에서 주어명사는 대문자 "S"라는 약자로, 술어명사는 대문자 "P"라는 약자로, 그리고 계사는 "－"로 표시된다. 정언명제의 한 예로 "모든 한국인들은 진보적인 사람들이다"(All Koreans are progressive persons)를 들 수 있다. 이 명제를 다음과 같이 기호를 사용하여 형식화할 수 있다.

모든 S － P.

2. 단순명제, 합성명제

65. 아리스토텔레스의 논리학에서 표준명제들은 단순명제들(simple propositions)이다.

"단순명제"라는 단어는 "합성명제"(compound proposition)라는 단어와 구분된다.

66. · 단순명제는 명제의 최소단위—즉 다른 명제를 포함하지 않는 명제—이다. 단순명제를 구성하는 주어와 술어는 각각 하나씩이다.
· 합성명제는 여러 개의 단순명제들이 명제연결사들(propositional connectives)로 연결된 명제이다.

"서울은 한국의 수도이다"는 단순명제인 반면 다음의 명제들은 합성명제들이다.

"나는 학생이며 나의 친구들은 회사원들이다." "만일 지금 눈이 온다면 나는 산책을 한다." "나는 여성이거나 남성이다."

위의 명제들 중 첫 번째는 "나는 학생이다"와 "나의 친구들은 회사원들이다"라는 단순명제들이 "그리고"라는 연결사로 연결된 것이다. 나머지 예들은 조건연결사(만약 …이면 …이다)와 선접연결사(또는)로 연결된 것이다. 단순명제들과 연접연결사로 합성된 명제는 "연접합성명제", 단순명제들과 선접연결사로 합성된 명제는 "선접합성명제", 그리고 단순명제들과 조건연결사로 합성된 명제는 "조건합성명제"라 불린다.

그 외에도 "쌍조건 합성명제"가 있는데 이 명제는 쌍조건 연결사인 "…일 때 그리고 오직 그때만"(if and only if)과 단순명제들이 합성된 것이다. 이 연결사들의 의미에 대해서는 4장에서 상세하게 설명될 것이다.

이상의 내용들을 토대로 다음 사각테를 만들 수 있다.

67. 아리스토텔레스 논리학에서 다음 등식이 성립된다.

표준형식을 지닌 명제들=표준형식의 명제들=정언명제들=단순정언명제들=표준형식의 정언명제들

3. 명제들의 표준형식들

명제들의 표준형식들에 해당되는 것들은 어떤 형식들이며, 또 그 형식들은 어떤 기준을 통해 만들어졌을까?

68. 명제들의 표준형식들의 네 가지 기본형
(S: 주어명사, P: 술어명사)
① 전체긍정명제형식(약호: A): 모든 S는 P이다(All S are P).
② 전체부정명제형식(약호: E): 모든 S는 P가 아니다(No S are P).
③ 부분긍정명제형식(약호: I): 어떤 S는 P이다(Some S are P).
④ 부분부정명제형식(약호: O): 어떤 S는 P가 아니다.[3](Some S are not P).

위의 사각테에 있는 전체긍정명제형식은 S인 것들은 모두 다 P이다라는 의미를 지닌다. 전체부정명제형식은 S인 것들은 모두 다 P가 아니다라는 의미를 지닌다. 그리고 부분긍정명제형식은 S인 것들 중 일부 즉 적어도 하나는 P이다라는 의미를 지닌다. 마지막으로 부분부정명제형식은 S인 것들 중 일부 즉—적어도 하나—는 P가 아니다라는 의미를 지닌다. A, E, I, O의 S와 P에 "학생"이나 "지성인"과 같이 내용이 있는 명사를 대입시키면 표준형식을 지니는 명제 즉 표준명제들이 된다. A, E, I, O는 S와 P에 특정한 내용을 지니는 명사가 대입되어 있지 않다. 그래서 그것들은 명제들이 아니라 명제들의 형식들이다. "A", "E", "I", "O"라는 약호들은 "긍정한다"를 의미하는 라틴어 "Affirmo"에서의 처음의 두 개의 모음들과 "부정한다"를 의미하는 라틴어 "Nego"에서의 처음 두 개의 모음들에서 따온 것들이다.

A, E, I, O 간의 구분은 양(quantity)에 있어서의 구분과 질(quality)에 있어서의 구분에 따른 것이다. 양은 전체(all)와 부분(some: 적어도 하나이면서 전부는 아닌 양)으로 이분되고, 질은

3) A, E, I, O에서 S와 P 뒤에 복수형접미어인 "들"을 붙여도 된다.

긍정과 부정으로 이분된다. 전체명제는 명제의 주어가 가리키는 대상들 하나하나다에 대해서 어떠어떠하다는 주장을 하는 명제이다. 부분명제는 명제의 주어가 가리키는 대상들 중 일부분에 대해서 어떠어떠하다는 주장을 하는 명제이다. 전체명제는 "모든"(all, every, each)이라는 양수사로 시작되고 부분명제는 "어떤"(some)이라는 양수사로 시작된다. 한편 전체 명제나 부분 명제는 주어명사가 가리키는 대상들에 대해서 어떠어떠하다는 것을 긍정하는 명제와 부정하는 명제로 나뉜다.

양과 질에 있어서의 구분은 다음의 도식이 보여주는 바와 같이 명제들 간에 네 가지 관계가 성립한다는 것을 보여준다.

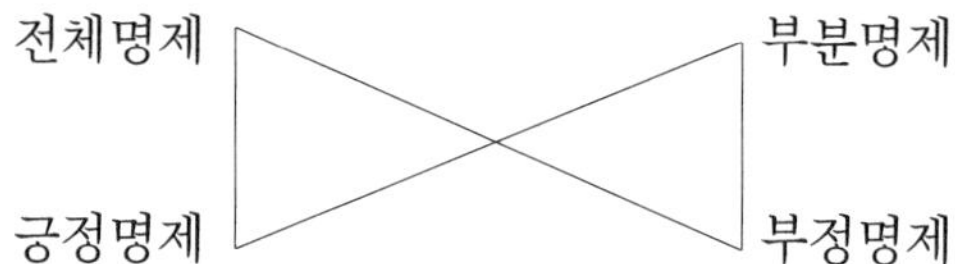

이 네 가지 관계들은 명제들의 네 가지, 즉 전체긍정명제, 전체부정명제, 부분긍정명제, 부분부정명제의 구분을 낳는다.

명제의 표준형식들에서 S와 P는 주연(distribution)되든가 아니면 부주연(undistribution)된다.

> **69.** 하나의 명제의 표준형식에서 S나 P가 주연되었다는 것은 그 명제형식이 S나 P가 적용되는 모든 각각의 대상들에 대해서 성립한다는 것을 의미한다.

A형식의 명제들—즉 A명제들—에서 주어명사는 주연되는 반면 술어명사는 부주연된다. A명제인 "모든 한국인(들)은 지성인

(들)이다"는 "한국인"이라는 명사가 적용되는 모든 대상들 하나하나에 대해서 지성인이라는 주장을 하고 있다. 그리고 이 명제는 "지성인"이라고 불리는 대상들 모두에 대한 어떠한 주장을 담고 있지 않다.

E명제들에서 주어명사와 술어명사는 모두 주연된다. 예를 들어 "모든 한국인(들)은 물질만능주의자(들)가 아니다"라는 E명제는 한국인들 모두, 즉 한국인들 하나하나에 대해서 물질만능주의자가 아니라는 주장을 하고 있다. 또한 이 명제에는 물질만능주의자들 모두는 한국인이 아니라는 내용이 들어 있다.

I명제에서 주어명사와 술어명사는 부주연된다. 예를 들어 "어떤 한국인들은 지성인이다"라는 명제는 한국인들 모두에 대해서가 아니라 한국인들 중 일부에 대해서만 지성인이라는 주장을 하고 있다. 또 이 명제에는 지성인들 모두가 아닌 일부는 한국인이라는 내용이 들어 있다.

O명제에서 주어명사는 부주연되는 한편 술어명사는 주연된다. 예를 들어 "어떤 한국인들은 배금주의자들이 아니다"는 모든 배금주의자들을 놓고 볼 때 그들 중 어느 누구도 일부분의 한국인들에 속하는 사람이 없다는 주장을 하고 있다.

위의 내용들을 다음의 도식으로 정리하고 넘어가자.

70. A: S(주연) – P(부주연)
E: S(주연) – P(주연)
I: S(부주연) – P(부주연)
O: S(부주연) – P(주연)

4. 표준형식의 명제로 번역하기

삼단논증의 규칙들을 적용하여 논증의 타당성 여부를 판별하거나 명제환원의 방법을 통하여 명제들의 진리값을 구하기 위해서는 우선 삼단논증을 구성하는 명제들을 표준형식의 명제들로 번역해야 한다. 일상적으로 사용되는 명제들 대부분은 표준형식을 지니지 않는 것들이다. 그런 명제들을 표준형식의 명제들로 번역할 때 그 명제들의 의미를 제대로 전달하도록 해야 한다.

(예제) 다음 명제들을 표준형식의 명제들로 번역해보자.

(1) 여름에는 덥다.

(2) 서울은 한국의 수도이다.

(3) 학생들만이 학생식당에서 점심을 먹을 수 있다.

(4) 박쥐는 포유동물이다.

(5) 참석자들 중에는 회사원들도 있다.

(6) 어떤 학생들은 A학점을 받지 않을 것이다.

(풀이)

(1): 모든 여름은 더운 계절이다.

☞요령: 술어명사가 드러나도록 번역해야 한다.

(2): 서울과 동일한 모든 것은 한국의 수도이다.

☞요령: 주어가 가리키는 대상들의 집합이 하나의 원소를 지니는 단집합(unit set)인 명제의 경우는 전체명제로 번역해야 한다. "모든"을 "서울" 앞에 두면 어색하므로 뒤에 놓아 번역한다.

(3): 학생식당에서 점심을 먹을 수 있는 모든 사람들은 학생들이다.

☞요령: "…만이"라는 표현이 나오는 경우는 일반적으로 주어와 술

어의 위치를 바꾸면 원래 명제의 의미를 보존할 수 있다.

(4): 모든 박쥐는 포유동물이다.

(5): 어떤 참석자는 회사원이다.

(6): 어떤 학생은 A학점을 받지 않을 사람이다.

☞요령: 명제의 표준형식들의 계사는 현재시제를 나타내므로 미래 시제나 과거시제를 지니는 문장들은 술어명사들이 그 시제들을 포함하고 있도록 번역해야 한다.)

아리스토텔레스의 논리학은 아리스토텔레스가 죽은 훨씬 후에 중세 시기인 14세기 말 정도에 이르러 거의 완성을 보았으며, 현대인 19세기 말 이후의 논리학의 많은 부분들은 아리스토텔레스의 논리학을 기본적인 내용으로 수용하고 있다. 명제의 표준형식도 그 중 하나이다. 삼단논증에 대한 아리스토텔레스의 논리학은 표준형식의 명제들로 구성된 논증에만 집중되고 있다는 점에서 범위가 제한되어 있다.

한편 뒤에서 배우게 될 현대논리학은 표준형식의 명제들 이외의 다른 명제들로 구성된 논증들에로 관심영역을 확장시키고 있다. 현대논리학은 아리스토텔레스의 논리학과 달리 위의 예제문제들 중 (2)에서처럼 주어가 단수명사(singular term)로 된 명제는 표준형식의 명제로 번역하지 않고 단일명제(singular proposition)로 간주한다. 또한 현대논리학은 아리스토텔레스의 논리학과는 달리 표준형식의 명제로 번역되지 않는 명제들—가령 합성명제들이나 단일명제—로 구성된 논증들에 대해서도 타당성 여부를 판별한다.

3.2. 대당관계

표준형식의 명제들의 주어명사들이 모두 동일하고 또 술어명사들도 모두 동일할 때, 이 사이에 어떤 진리값의 관계가 성립될까? 다시 묻자면 이 명제들 중 어느 한 명제의 진리값이 만약 참이면 다른 한 명제의 진리값은 무엇이 될까? 이 물음에 대해 아리스토텔레스의 논리학과 현대논리학은 부분적으로 다른 답변을 제시한다. 현대논리학의 관점은 본 장의 6절에서 다루기로 하고, 이 절에서는 아리스토텔레스의 논리학의 관점만을 소개하기로 한다.

71. · 표준형식의 명제들의 주어명사가 모두 동일하고 또 술어명사도 동일한 경우에 그 명제들 사이에 네 가지의 상호관계들이 성립되는데 이 관계들은 "대당관계들"(relations of opposition)이라 불린다.
· 대당관계들은 표준형식의 명제들 사이에 성립하는 진리값의 관계들을 보여준다.

대당관계들을 "대당사각형"(the square of opposition)이라 불리는 것을 그려 표시할 수 있다.

72. 대당사각형

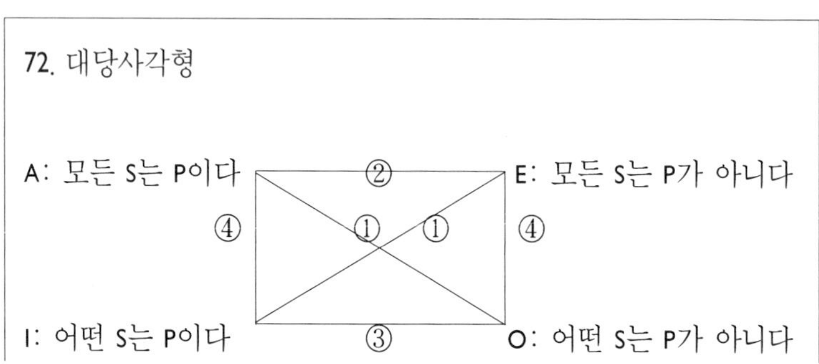

①: 모순관계
②: 반대관계
③: 부분반대관계
④: 대소관계
(단 S에 대입되는 명사들은 모두 같고 P에 대입되는 명사들도 모두 같아야 함)

대당사각형으로 그린 관계들은 모두 네 가지이다. A와 O의 관계는 E와 I의 관계와 같고 A와 I의 관계는 E와 O의 관계와 같다. 이 네 가지 대당관계들—모순관계, 반대관계, 부분반대관계, 대소관계—각각에 대해 살펴보기로 하자. 또 이제부터 진리값 "참" 대신 대문자 "T"를 "거짓" 대신 대문자 "F"를 때때로 사용하기로 하자.

위의 도표에서 ①의 관계, 즉 A와 O의 관계 그리고 E와 I의 관계는 "모순대당"(contradictory opposition) 또는 "모순관계"라 불린다. 모순관계에 있는 명제들은 양과 질에 있어서 모두 다르다. A명제는 양에 있어서 전체이면서 동시에 질에 있어서는 긍정이며, O명제는 양에 있어서 부분이고 질에 있어서는 부정이다. 또 E명제는 양에 있어서 전체이고 질에 있어서는 부정이며, I명제는 양에 있어서 부분이고 질에 있어서는 긍정이다. 모순관계에 있는 명제들은 진리값이 서로 반대—즉 만약 한 명제가 참(T)이면 다른 한 명제는 거짓(F)—이다. 모순관계에 있는 명제들은 둘 다 T일 수 없고 또 둘 다 F일 수도 없다. 한 예로 만약 A명제인 "모든 한국인들은 아시아인들이다"가 T이면 이 명제와 모순관계에 있는 "어떤 한국인들은 아시아인들이 아니다"라는 O명제는 F가 된다.

73. 모순관계에 있는 명제형식들 간의 진리값의 관계

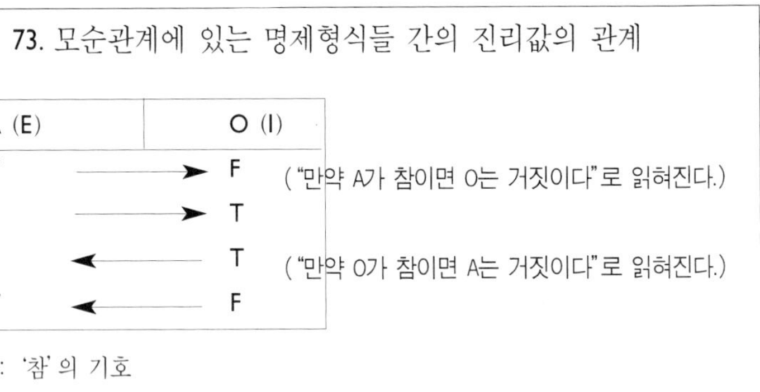

A (E)		O (I)
T	→	F
F	→	T
F	←	T
T	←	F

("만약 A가 참이면 O는 거짓이다"로 읽혀진다.)

("만약 O가 참이면 A는 거짓이다"로 읽혀진다.)

T: '참'의 기호

F: '거짓'의 기호

A와 O의 관계는 E와 I의 관계와 동일함

②의 관계 즉 A와 E의 관계는 "반대대당"(contrary opposition) 또는 "반대관계"라 불린다. A와 E는 둘 다 전체명제형식이므로 양적인 면에서 동일하다. 그러나 A는 긍정명제이고 E는 부정명제이므로 질적인 면에서는 서로 다르다.

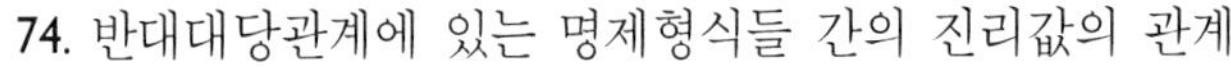

74. 반대대당관계에 있는 명제형식들 간의 진리값의 관계

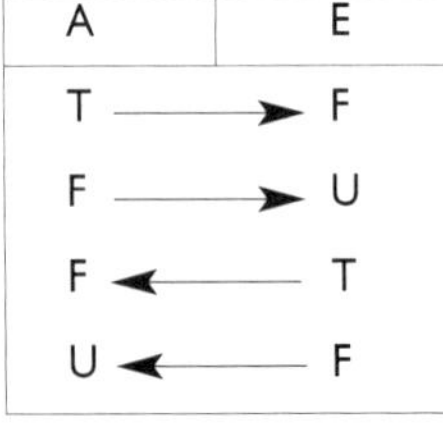

A		E
T	→	F
F	→	U
F	←	T
U	←	F

U는 불명(不明, uncertain)을 표시한 것이다. '불명'은 경우에 따라서 참이 되기도 하고 거짓이 되기도 하므로 진리값을 참 또는 거짓 중 하나로 결정할 수 없다는 것을 의미한다.

위의 사각테 안에 있는 도표는 반대관계에 있는 명제들은 둘 다 참일 수는 없지만 네 칸들 중 두 번째와 네 번째 칸의 경우처럼 둘 다 거짓이 되는 경우가 있을 수 있다는 것을 보여주고 있다. 만약 "모든 한국인은 아시아인이다"(A명제)가 T이면 "모든 한국인은 아시아인이 아니다"(E명제)는 F가 된다. 또 "모든 한국인은 아시아인이다"가 F인 경우에 "모든 한국인은 아시아인이 아니다"는 U가 된다. "모든 한국인은 아시아인이다"가 F가 되는 경우에는 다음의 두개의 명제들 중 어느 것도 참이 되기 때문이다.

> 일부의 한국인들만 아시아인이다.
>
> 모든 한국인은 아시아인이 아니다.

첫 번째 명제가 T인 경우에는 "모든 한국인은 아시아인이 아니다"는 F가 된다. 그리고 두 번째 명제가 T인 경우에는 "모든 한국인은 아시아인이 아니다"는 T가 된다. 나머지 두 개의 진리값의 관계들에 대해서는 독자분들 스스로 예를 들어가면서 검토해보기를 바란다.

③의 관계 즉 I와 O의 관계는 부분반대대당(sub-contrary opposition)이다. I와 O는 둘 다 부분명제형식들이므로 양적인 면에서는 동일하다. 그러나 I는 긍정명제형식이고 O는 부정명제형식이기 때문에 질적인 면에서는 서로 다르다.

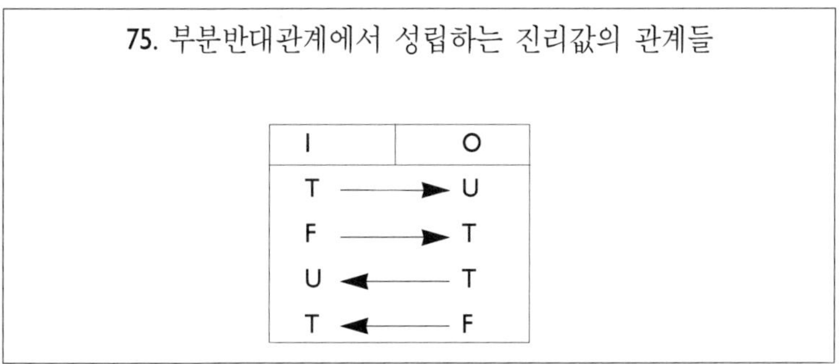

75. 부분반대관계에서 성립하는 진리값의 관계들

I	O
T ⟶	U
F ⟶	T
U	⟵ T
T	⟵ F

위의 사각테의 도표에 있는 진리값의 관계들 중 세 번째는 I와 O가 둘 다 참이 되는 경우가 있을 수도 있다는 것을 보여준다. 그

러나 도표에서 I와 O가 둘 다 거짓이 되는 경우는 없다. 만약 "어떤 한국인은 지성인이다"라는 I명제가 F이면 "어떤 한국인은 지성인이 아니다"라는 O명제는 T가 된다.

한편 만약 "어떤 한국인은 지성인이다"가 T라고 할 때 "어떤 한국인은 지성인이 아니다"는 U가 된다. 그 이유는 다음과 같기 때문이다. "어떤 한국인은 지성인이다"는 다음의 두 경우들에 T가 된다.

한국인들 중 일부만 지성인인 경우

모든 한국인들이 다 지성인인 경우

"어떤 한국인은 지성인이 아니다"는 한국인들 중 일부만 지성인인 경우에는 T가 되지만 모든 한국인이 다 지성인인 경우에는 F가 된다.

나머지 두 가지의 진리값의 관계들에 대해서도 스스로 예를 들어 검토해보기를 바란다.

④의 관계 즉 A와 I의 관계와 E와 O의 관계는 "대소대당"(subalternate opposition) 또는 "대소관계"[4]라 불린다. 대소관계에 있는 명제들은 질에 있어서는 같지만 양에 있어서는 다르다.

가령 A와 I는 둘 다 긍정명제형식이지만 A는 전체명제형식인 반면 I는 부분명제형식이다.

---

4) 대소관계에 있는 명제들에서 전체명제는 "대명제"(superaltern)로 부분명제는 "소명제"(subaltern)로 불린다.

76. 대소대당에서 성립하는 진리값의 관계들

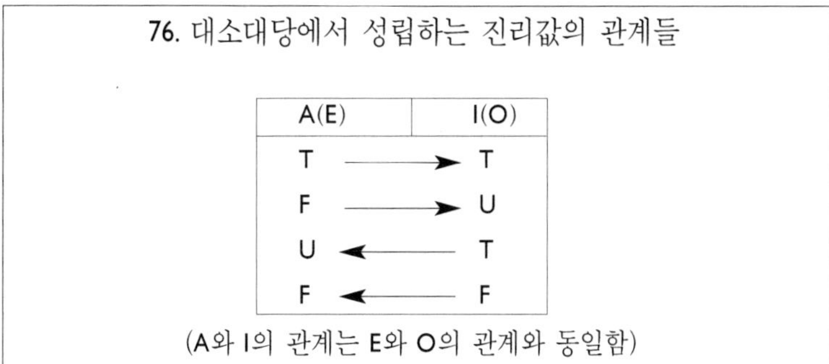

A(E)		I(O)
T	→	T
F	→	U
U	←	T
F	←	F

(A와 I의 관계는 E와 O의 관계와 동일함)

아리스토텔레스의 논리학에서 만약 "모든 한국인은 지성인이다"가 T이면 "어떤 한국인들은 지성인이다"도 T가 된다. "어떤 한국인은 지성인이다"가 T일 때는 모든 한국인들이 다 지성인이거나 일부의 한국인들만이 지성인일 수 있다. 그래서 "어떤 한국인들은 지성인이다"가 T일 때 "모든 한국인은 지성인이다"는 T가 되는 경우도 있지만 F가 되는 경우도 있다—즉 U이다. 그리고 "모든 한국인은 지성인이다"가 F이면, "어떤 한국인은 지성인이다"는 U가 된다. "모든 한국인은 지성인이다"는 다음의 두 가지 경우들에 F가 되기 때문이다.

일부의 한국인들만 지성인인 경우

한국인들 중에 지성인이 한명도 없는 경우(즉 모든 한국인은 지성인이 아닌 경우)

"어떤 한국인은 지성인이다"는 위의 경우들 중 전자의 경우에는 T가 되지만 후자의 경우에는 F가 된다. 나머지 한 개의 진리값의 관계에 대한 검토는 독자분들의 몫으로 남기기로 한다.

대소관계에서 성립하는 진리값의 관계는 모순관계와 반대관계와 부분반대관계를 이용해서도 구할 수 있다. 한 예로 I가 T인 때에 A의 진리값을 구하려면 I에 모순관계를 적용시킨 후에 반대관계를 적용시키든가 아니면 I에 부분반대관계를 적용시킨 후에 모순관계를 적용시키면 된다. 이것을 다음의 절차(①-③)로 만들어 보자.

① 어떤 S는 P이다.(T)

② 모든 S는 P가 아니다.(① 모순, F) (참고; "① 모순, F"는 ①을 모순시키면 F가 된다는 것을 의미한다.)

③ 모든 S는 P이다.(② 반대, U)

나머지 세 경우들에 대해서도 마찬가지의 방식으로 검토해보기를 바란다.

대소관계는 A가 T이면 I도 T가 된다는 것, 즉 A에서 I가 도출된다는 것 내지 A가 I를 함축(implication)한다는 것을 보여주고 있다. 이것은 E와 O에 대해서도 성립한다. A가 I를 함축할 때, I가 T라고 해서 A가 T가 되는 것은 아니다. A가 I를 그리고 E가 O를 함축한다는 것은 아리스토텔레스의 논리학에서만 받아들여진다.

현대논리학에서는 그러한 함축관계가 부정되고 있다. 대소관계에 대한 현대논리학의 입장에 대해서는 본 장의 6절에서 다루기로 한다.

대당관계는 표준형식의 명제들 사이의 진리값의 관계들을 알게 할 뿐만 아니라 직접논증들(immediate arguments)의 타당성 여부를 판가름하는 데도 유용하게 사용된다.

77. · 이단논증은 한 개의 전제로부터 결론이 직접 도출되는 논증이라는 점에서 "직접논증"이라고도 불린다.
· 삼단 이상의 논증은 "간접논증"이라고 불린다.

하나의 직접논증에서 전제에 나오는 A형식의 명제가 T이고 결론에 나오는 O형식의 명제가 F이며 이 두 명제들의 주어명사들이 동일하고 술어명사들도 동일한 경우에 그 논증은 타당하다. 다음의 도표에 나오는 전제와 결론으로 구성된 직접논증들은 모두 타당한 것들이다.

78. 아리스토텔레스의 논리학에서 타당한 직접논증들에서 전제와 결론이 가지는 진리값의 관계들

전제	대당관계	결론
A(T)	반대	E(F)
	대소	I(T)
	모순	O(F)
E(T)	반대	A(F)
	모순	I(F)
	대소	O(T)
I(T)	모순	E(F)
	대소	A(U)
	부분반대	O(U)
O(T)	모순	A(F)
	대소	E(U)
	부분반대	I(U)
A(F)	모순	O(T)
	반대	E(U)
	대소	I(U)

E(F)	모순	I(T)
	반대	A(U)
	대소	O(U)
I(F)	대소	A(F)
	모순	E(T)
	부분반대	O(T)
O(F)	모순	A(T)
	대소	E(F)
	부분반대	I(T)

대당관계는 또한 상대방의 주장이 논파되었는지의 여부를 검토하는 데 유용하다. 고래로부터 대당관계는 상대방의 주장을 논파하기 위한 기술에 이용되었다. 모순대당은 쌍방의 주장들이 모두 참일 수도 거짓일 수도 없다는 것을 보여준다. 그래서 한쪽의 주장이 참이라는 것이 주장되면 다른 쪽의 주장은 논파된다. 또 한쪽의 주장이 논파되면 다른 쪽의 주장은 옳은 것으로 인정된다. 반대대당은 한쪽의 주장이 참이라는 것이 증명될 때 다른 쪽의 주장은 논파되지만, 한쪽의 주장이 논파되었다고 해서 곧 다른 쪽의 주장이 옳은 것으로 받아들여질 수 있는 것은 아니라는 것을 보여준다. 그리고 부분반대대당은 쌍방의 주장 모두가 참이 되는 경우가 있음을 보여준다. 그래서 부분반대대당은 한쪽의 주장이 참이라는 것이 증명되었다고 하더라도 다른 쪽의 주장이 논파되지는 못한다는 것을 보여준다. 부분반대대당은 상대방의 주장이 거짓이라는 것을 논파함으로써 자신의 주장이 참이라는 것을 증명할 수 있는 소극적인 방식을 보여준다.

대당관계에 대한 학습은 다음 절에서 배울 명제변형법과 함께 4절에 나올 진리값 구하는 방법에 그리고 5절에 나올 정언삼단논증의 타당성 여부를 판별하는 방법에 이용될 것이다. 대당관계의 진리값의 관계들을 사각테들 73-76에서 보여주었다. 다음 장들의 수월한 학습을 위해 그 사각테들을 머릿속에 담아두시기를 바란다.

3.3. 명제변형법

A명제, E명제, I명제, O명제를 변형시키는 방법들로 환위법(conversion), 환질법(obversion) 그리고 이환법(contraposition)을 들 수 있다. 변형되기 이전의 명제와 변형되어나온 명제의 진리값이 같은지의 여부를 알아낼 수 있다.

이 변형법들은 대당관계들이 그런 것처럼 직접논증이 타당한지의 여부를 판별하기 위한 근거가 되기도 한다. 변형되기 이전의 명제와 변형되어 나온 명제가 같은 진리값을 지닌 경우에 만약 전자의 명제가 전제에 오고 후자의 명제가 결론에 오는 직접논증이 있다면 그 논증은 타당하다.

1. 환위법

79. 환위법은 표준형식의 명제들에 대해서 주어명사의 위치와 술어명사의 위치를 바꾸는 변형법이다.

환위를 시켜 얻어진 명제는 "환위명제" 또는 "역명제"(converse proposition)라 불린다. 다음의 사각테 80은 A, E, I, O 각각을 환위시키면 어떤 환위명제 형식들이 만들어지는지를 보여주며, 변형이전의 원래의 명제형식의 진리값을 환위명제가 그대로 보존하는지의 여부—즉 원래의 명제가 참이면 변형명제도 참이 되고 원래의 명제가 거짓이면 변형명제도 거짓이 되는지의 여부—를 O나 X로 표시하고 있다.

80

명제의 표준형식	환위변형	환위 명제 형식	진리값 보존여부 (보존: O/보존안함: X)
A: 모든 S는 P이다	⟶	모든 P는 S이다	X
E: 모든 S는 P가 아니다	⟶	모든 P는 S가 아니다	O
I: 어떤 S는 P이다	⟶	어떤 P는 S이다	O
O: 어떤 S는 P가 아니다	⟶	어떤 P는 S가 아니다	X

(진리값을 보존하지 않는 명제의 진리값은 불명이 된다.—즉 경우에 따라서 참이 될 수도 있고 거짓이 될 수도 있다.)

A명제와 A명제에 대한 환위명제는 의미하는 바가 서로 다르므로 진리값이 보존되지 않는다. 예를 들어 "모든 인간은 포유동물이다"와 환위명제인 "모든 포유동물은 인간이다"를 비교해보자. 두 명제들은 의미하는 바가 서로 다르다. 그래서 그 명제들은 서로 동치(equivalence)가 아니다. 즉 원래의 명제가 참이라고 해서 환위명제가 반드시 참이 되는 것이 아니고, 또 원래의 명제가 거짓이라고 해서 환위명제가 반드시 거짓이 되는 것도 아니다. A명제의 경우에 원래의 명제의 진리값을 환위명제가 그대로 보존하는 것은 아니다. 이 경우에 환위명제의 진리값은 불명이 된다. E명제와 I명제 그리고 O명제의 예를 들고 그것들의 환위명제들이 원래의 명제의 진리값을 그대로 보존하는지 아닌지를 독자분들 스스로 검토해보기를 바란다.

위에서 소개한 환위법은 이른바 "단순환위"(simple conversion)라고도 불린다. 특수한 유형의 환위법이 있는데 그것은 "제한환위"(conversion by limitation)라고 불린다. 단순환위는 명제의 질과 양을 그대로 두고[5] 주어명사와 술어명사의 위치만 바꾸는 변형법인 반면에 제한환위는 명제의 양을 변형시킨다는 제약 아래서 질은 그대로 두고 주어명사와 술어명사의 위치를 바꾸는 변형법이다. "모든 코끼리는 몸집이 큰 동물이다"라는 A명제를 제한환위시키면 "어떤 몸집이 큰 동물들은 코끼리들이다"라는 I명제가 된다.

제한환위명제가 원래의 명제의 진리값을 보존하는 경우에 환위명제와 원래의 명제를 전제와 결론으로 삼는 논증은 논리적으로 타당하다. 그러나 그런 타당성은 코끼리가 있다는 것을 전제로 하는 존재론적인 관점에서만 타당하다. 아리스토텔레스의 논리학은 그런 관점을 받아들인다. 반면에 뒤에서 다룰 현대논리학에서는 그런 관점을 받아들이지 않는다. A명제에 대한 제한환위명제는 A명제(즉 원래의 명제)의 진리값을 보존하고는 있지만 두 명제들 사이에 동치관계가 성립하지 않는다. A명제가 참이면 (A명제에 대한) 제한환위명제도 참이 되지만 제한환위명제가 참이라고 해서 반드시 원래의 명제가 참이 되는 것은 아니기 때문이다. 원래의 명제와 제한환위명제는 동치관계에 있지 않고 함축관계에 있다. 원래의 명제에 제한환위명제가 함축되어 있다. 그러나 제한환위명제가 원래의 명제를 함축하지는 않는다. (단순)환위와 환질과 이환을 이용해서도 제한환위와 같은 변형이 가능하므로 제한환위변

---

5) "질을 그대로 둔다"는 것은 긍정명제는 긍정명제로 변형하고 부정명제는 부정명제로 변형하는 것을 의미한다. "양을 그대로 둔다"는 것은 전체명제는 전체명제로 변형하고 부분명제는 부분명제로 변형하는 것을 의미한다.

형법을 구태여 사용하지 않아도 된다.

2. 환질법

81. 환질법은 원래의 명제의 양은 그대로 두고 질만 바꾸면서 원래의 명제의 술어명사를 술어명사에 대한 모순명사—즉 술어명사를 부정하는 명사—로 대치시켜 원래 명제의 의미를 그대로 유지시키고 따라서 진리값을 보존하는 변형법이다.

하나의 명사에 대해서 모순관계에 있는 명사 즉 모순명사는 "여명사"(complementary term) 또는 "부정명사"라고도 불린다. 예를 들어 명사 "S"에 대한 모순명사는 "비S"(non-S) 또는 "S가 아닌 것"이 된다. 표준명제 안에 있는 주어명사와 술어명사는 각각 어떤 대상들의 집합을 지칭하는 것들이다. 집합이란 어떤 공통된 성질을 지니고 있는 대상들의 모음 내지 집단이다. 예를 들어 여학생의 집합은 여학생이라는 성질을 공유하는 대상들의 합이다. 집합들 각각에 대해 여집합(complementary class)이 있다. 여집합은 원래의 집합의 원소들에 속하지 않는 모든 것들을 원소들로 지닌다. 가령 여학생이라는 집합의 여집합은 여학생이 아님이라는 성질을 지니는 모든 대상들의 집합이다. 여기서 모든 대상들에 속하는 것들로 가령 이 돌멩이, 저 나무, 이 책, 이 남학생 등을 들 수 있는데 이것들은 여학생을 뺀 나머지 대상들이다. "여학생"의 모순명사는 "여학생이 아닌 것", 즉 "비여학생"이 된다. 이 모순명사에 대한 모순명사는 "여학생이 아닌 것이 아닌 것" 즉 여학생이 된다. "여학생이 아닌 것이 아닌 것"은 "여학생"과 동일하다. 이중부정은 긍정이 되기 때문이다. 모순명사는 반대명사와 구분된다. "여학생"의 반대명사는 "남학생"이 된다. "비여학생"이라는 명사와 "남학생"이라는 명사는 각각 다른 대상들의 집합을 지칭한다. 비여학생들 중에는 여학생을 제외한 다른 모든 대상들이 있다. 그런 대상들 중에서 "남학생"이라 불리는 대상들은 일부에 불과할 뿐이다.

82

명제의 표준형식	환질	환질 명제 형식	진리값 보존여부 (보존: O/보존안함: X)
A: 모든 S는 P이다	→	모든 S는 $\bar{p}$가 아니다	O
E: 모든 S는 P가 아니다	→	모든 S는 $\bar{p}$이다	O
I: 어떤 S는 P이다	→	어떤 S는 $\bar{p}$가 아니다	O
O: 어떤 S는 P가 아니다	→	어떤 S는 $\bar{p}$이다	O

("$\bar{p}$"는 "P bar"라고 읽혀진다. "$\bar{p}$"는 P가 아닌 것 즉 非 P를 의미한다.)

"모든 까마귀는 검은 새이다"라는 A명제에 대한 환질문은 "모든 까마귀는 검지 않은 새—즉 비 검은 새—가 아니다"라는 E명제가 된다. 이 E명제에서 술어명사에 해당되는 것은 "검지 않은 새"가 된다. E, I, O명제들의 예들을 각각 들어서 위의 사각테 안의 도표를 스스로 검토해보기를 바란다. 원래의 명제와 환질명제는 동일한 내용을 지니고 있으므로 진리값이 서로 동일하다는 것을 알 수 있게 될 것이다.

A형식의 명제는 E형식의 명제로 환질되며, E형식의 명제는 A형식의 명제로 환질된다. 그리고 I형식의 명제는 O형식의 명제로 환질되고 그 역도 성립된다. 단, 환질할 때 원래의 명제의 술어명사

가 술어명사의 모순명제로 바뀐다—즉 P는 $\bar{p}$로 바뀌고 $\bar{p}$는 P로 바뀐다.

3. 이환법

83. 이환법은 원래의 명제의 양과 질은 그대로 두고 주어명사와 술어명사 각각을 모순명사들로 바꾸고 또 그 모순명사들의 위치를 바꾸는 변형법이다.

84

명제의 표준형식	이환	이환 명제 형식	진리값 보존여부 (보존: O/보존안함: X)
A: 모든 S는P이다	⟶	모든 $\bar{p}$는 $\bar{s}$이다	O
E: 모든 S는 P가 아니다	⟶	모든 $\bar{p}$는 $\bar{s}$가 아니다	X
I: 어떤 S는 P이다	⟶	어떤 $\bar{p}$는 $\bar{s}$이다	X
O: 어떤 S는 P가 아니다	⟶	어떤 $\bar{p}$는 $\bar{s}$가 아니다	O

"모든 태아는 생명체이다"라는 A명제에 대한 이환명제는 "모든 비생명체는 비태아이다"가 된다. 이환명제는 원래의 명제인 A명제의 진리값을 그대로 보존한다. 따라서 원래의 명제인 A명제를 전제로 하여 이환명제가 직접 도출된다. 반면에 "모든 화가는 색맹이 아니다"라는 E명제를 이환시키면 "모든 비색맹은 비화가가 아니다"라는 이환명제가 되는데 전자의 명제가 참일 때 후자의 명제는 불명이 된다. 따라서 E명제를 전제로 하고 E명제를 이환시켜서 나온 이환명제를 결론으로 하는 직접논증은 부당하다. I와 O에 대해서도 위와 마찬가지의 검토를 스스로 해보기를 바란다.

이환명제는 원래의 명제를 환질시킨 다음 그 결과 나온 명제를 환위시키고 또다시 환질시키는 변형과 마찬가지의 명제를 낳는다. 그래서 다음의 등식이 성립한다.

85. 이환=환질→환위→환질

이 등식이 옳은가를 검토해보자. "모든 태아는 생명체이다"라는 A명제가 참이라고 할 때 이 명제를 이환시키면 "모든 비생명체는 비태아이다"라는 참인 이환명제가 만들어진다. 원래의 명제에다 위의 등식의 오른편 항을 적용시키면 다음과 같다.

① 모든 태아는 생명체이다.(T)
② 모든 태아는 비생명체가 아니다.(① 환질, T)
③ 모든 비생명체는 태아가 아니다.(② 환위, T)
④ 모든 비생명체는 비태아이다.(③ 환질, T)

"모든 화가는 색맹이 아니다"라는 E명제가 거짓일 때 이 명제의 이환명제인 "모든 비색맹은 비화가가 아니다"의 진리값은 보존되지 않는다—즉 불명이 된다. E명제의 경우에 위의 등식의 오른편 항을 적용시킬 때 왼편항을 적용시켜서 나온 명제와 동일한 명제가 만들어지는지를 다음과 같이 검토해보자.

① 모든 화가는 색맹이 아니다.(F)
② 모든 화가는 비색맹이다.(① 환질, F)
③ 모든 비색맹은 화가이다.(② 환위, U)
④ 모든 비색맹은 비화가가 아니다.(③ 환질, U)

(참고: 불명인 명제에다 어떠한 변형을 시키더라도 변형문은 불명이 된다.)

I명제와 O명제에 대해서도 이환의 등식을 검토해보기를 바란다.

3.4. 명제환원으로 진리값 구하기

아리스토텔레스의 논리학에서는 명제들을 표준형식을 띤 명제들로 번역한 후에만 논증의 타당성 여부를 판별한다든가 또는 명제들 간의 진리값의 관계를 밝힌다든가 하는 작업이 행해진다. 표준명제형식의 기본형은 네 가지 즉 A(모든 S는 P이다.), E(모든 S는 P가 아니다.), I(어떤 S는 P이다.), O(어떤 S는 P가 아니다.)이다. 명제형식 안의 S와 P에 명사들이 대입되면 명제가 된다. 명제형식에는 내용이 없는 반면 명제에는 내용이 있기 때문이다. 모든 가능한 명제들의 수는 무한하다. S와 P에 대입될 수 있는 명사들의 수가 무한하기 때문이다. 그렇다면 모든 가능한 명제형식들의 수는 몇 가지나 될까? 이 물음에 대한 답은 "32가지"이다. 표준명제형식의 기본형들은 각각 일곱 가지로 변형되므로 기본형들을 변행해서 나온 형식들은 28(=4×7)가지가 된다. 표준명제형식의 기본형 네 가지에다 그 기본형들 각각을 변형시켜서 나온 형식들 28가지를 합치면 32가지의 명제형식들이 나온다. 표준명제형식의 기본형 네 가지들은 각각 변형될 수 있다. 물론 이 변형된 형식들도 표준명제의 형식을 띤 것들이다. A, E, I, O 각각을 변형시키기 위해서는 그 네 가지 각각에 대해서 환위변형과 모순명사들로의 변경들을 사용하면 된다.

명제의 표준형식의 기본형		변형식들
A: 모든 S는 P이다.	→	① 모든 $\bar{S}$는 $\bar{P}$이다.
	(변형)	② 모든 $\bar{S}$는 P이다.
		③ 모든 S는 $\bar{P}$이다.
		④ 모든 P는 S이다.
		⑤ 모든 $\bar{P}$는 $\bar{S}$이다.
		⑥ 모든 $\bar{P}$는 S이다.
		⑦ 모든 P는 $\bar{S}$이다.
E: 모든 S는 P가 아니다.	→	① 모든 $\bar{S}$는 $\bar{P}$가 아니다.
	(변형)	② 모든 $\bar{S}$는 P가 아니다.
		③ 모든 S는 $\bar{P}$가 아니다.
		④ 모든 P는 S가 아니다.
		⑤ 모든 $\bar{P}$는 $\bar{S}$가 아니다.
		⑥ 모든 $\bar{P}$는 S가 아니다.
		⑦ 모든 P는 $\bar{S}$가 아니다.

I:

O:

위의 I와 O의 빈칸을 독자분 스스로 채우기를 바란다.

86. 명제환원의 방법이란 명제들의 모든 가능한 형식들 **32**가지 중 하의 진리값이 주어졌을 때 이 형식들에다 대당관계 네 가지와 변형법들 세 가지들 즉 환위, 환질, 이환 중 몇 개를 적용하여 나머지 31가지의 명제형식들 중 원하는 하나의 명제형식 즉 진

> 리값을 구하려는 명제형식으로 환원(reduction) 내지 변형시켜서 진리값을 구하는 방법이다.

"어떤 학생들은 컴맹이다"가 참일 때 "모든 학생은 컴맹이 아닌 사람이다"라는 명제의 진리값을 명제환원의 방법으로 구해보자. 우선 진리값이 주어진 명제를 명제형식으로 고치는 것이 편리하다. 진리값이 주어진 명제의 주어명사인 "학생"을 주어명사기호 S로 고정하고 또 진리값이 주어진 명제의 술어명사인 "컴맹인 사람"을 술어명사기호 P로 고정시켜야 한다. 진리값이 주어진 명제의 형식은 이제 다음이 된다.

어떤 S는 P이다.

그리고 진리값을 구하려는 명제의 형식은 다음이 된다.

모든 S는 $\bar{p}$이다.

이제 전자의 형식을 후자의 형식으로 다음의 객관적인 절차를 통해 환원시킨다.

① 어떤 S는 P이다.(T)

② 어떤 S는 $\bar{p}$가 아니다.(① 환질, T)[6]

③ 모든 S는 $\bar{p}$이다.(② 모순, F)[7]

---

6) ①번 명제를 환질시키면 참이 된다는 것을 의미한다.

7) ②번 명제를 모순시키면 거짓이 된다는 것을 의미한다.

위의 절차는 구하려는 진리값이 거짓이라는 것을 보여준다.

위의 절차의 ②와 ③의 순서를 바꾸어도 상관없다. 그러나 어떤 경우에는 어떤 변형을 먼저 시키느냐의 순서에 따라서 진리값이 참이나 거짓 둘 중 하나로 나오기도 하고 또 진리값이 불명이 되는 수도 있다. 이때 두 절차들 중 답이 참이나 거짓 둘 중 하나로 나오게 하는 절차가 옳은 것이 된다. 진리값이 불명이라는 것은 참과 거짓 둘 중 특정한 하나의 진리값을 정하지 못한 결과 나오는 것이다. 이러한 결과가 가져오는 불명확한 것보다는 명확한 것 즉—참이 아니면 거짓으로 나온 것—이 더 우세하다.

"어떤 유럽 국가들은 ASEM에 가입한 국가들이다"가 거짓일 때 "ASEM에 가입한 어떤 국가들은 유럽 국가들이 아니다"의 진리값은 무엇일까? 이 문제를 다음의 과정으로 풀면 답은 "참"이 된다. 다음의 과정에서 "S"는 "유럽 국가"를 가리키고 "P"는 "ASEM에 가입한 국가"를 가리킨다.

① 어떤 S는 P이다.(F)
② 어떤 P는 S이다.(① 환위, F)
③ 어떤 P는 S가 아니다.(② 부분반대, T)

그러나 만약 위의 문제를 다음의 절차와 같이 먼저 부분반대를 적용한 후에 환위를 적용하여 풀면 진리값은 불명이 된다.

① 어떤 S는 P이다.(F)
② 어떤 S는 P가 아니다.(① 부분반대, T)
③ 어떤 P는 S가 아니다.(① 환위, U)

위의 두 개의 절차들 중 어느 것이 옳을까? 전자가 옳고 후자는 그르다. 즉 정답은 참이 된다.

87. 명제환원을 하는 데 있어서 지켜야 할 규칙들이 있는데 그것들이 의미하는 것은 다음과 같다.

ㄱ) 참 또는 거짓 둘 중 하나의 값이 나올 수 있는 다른 절차가 있는데도 불구하고 불명이 나올 때는 그 절차를 피해야 한다.
ㄴ) 일단 불명이 나오면 그 다음에 어떤 대당관계나 변형법을 적용시키더라도 계속해서 불명이 유지되기 때문에 불명은 가급적이면 나중 단계에 나오도록 해야 한다.

다음의 사각테 88 안에 있는 규칙들을 참고하여 명제환원을 하면 좋다. 이 규칙들을 외울 필요까지는 없고 사각테 87을 염두에 두면 된다.

88. 명제환원의 규칙들

· 규칙 1: 반대법이나 부분반대법은 두 번 이상 적용될 수 없고 두 가지를 함께 적용해서도 안 된다.
· 규칙 2: 반대법이나 부분반대법을 적용한 다음에는 A형식이나 O형식의 환위 또는 E형식이나 I형식의 이환을 적용시켜서는 안 된다.
· 규칙 3: 불명을 낳는 A형식이나 O형식의 환위 또는 E형식이나 I형식의 이환은 되도록이면 마지막 단계에서 적용하도록 한다.

불명이 나올 수밖에 없는 경우들도 많다. 그러나 풀이과정에서 불명이 나오면 일단 다른 과정을 취하도록 해야 하며 다른 방도가 없을 때는 불명을 받아들여야 한다. 또, 한 문제에 대해서 풀이과정이 여러가지이고 그것들이 모두 옳은 경우도 있다. 물론 이런 경우에 결과들은 모두 일치해야 한다. 어떤 풀이과정은 다른 풀이과정보다 좀더 긴 과정을 거칠 수 있고 또 순서가 다를 수도 있다. 문제풀이에 익숙해져서 좀더 짧은 과정을 거치는 것이 바람직하지 않을까?

"모든 S는 P이다"가 참일 때 "어떤 S는 P가 아니다"의 진리값을 구하는 문제에 대한 다음의 풀이는 규칙 1을 어긴 것으로서 틀린 것이다.

① 모든 S는 P이다.(T)
② 모든 S는 P가 아니다.(① 반대, F)
③ 어떤 S는 P이다.(② 모순, T)
④ 어떤 S는 P가 아니다.(③ 부분반대, U)

반면에 다음의 과정은 옳다.

① 모든 S는 P이다.(T)
② 어떤 S는 P가 아니다.(① 모순, F)

"어떤 S는 P가 아니다"가 거짓일 때 "어떤 $\bar{P}$는 $\bar{S}$이다"의 진리값을 구하는 문제를 풀어보자. 이 문제에 대한 다음의 풀이과정은 그르며 규칙 2를 어기고 있다.

① 어떤 S는 P가 아니다.(F)

② 어떤 S는 P이다.(① 부분반대, T)

③ 어떤 $\bar{p}$는 $\bar{s}$이다.(② 이환, U)

반면에 다음의 풀이과정은 옳다.

① 어떤 S는 P가 아니다.(F)

② 어떤 $\bar{p}$는 $\bar{s}$가 아니다.(① 이환, F)

③ 어떤 $\bar{p}$는 $\bar{s}$이다.(② 부분반대, T)

"모든 S는 P가 아니다"가 참인 경우에 "어떤 $\bar{p}$는 $\bar{s}$가 아니다"의 진리값을 구하는 문제에 대한 다음의 풀이과정은 규칙 3을 어긴 것으로서 틀린 것이다.

① 모든 S는 P가 아니다.(T)

② 모든 $\bar{p}$는 $\bar{s}$가 아니다.(① 이환, U)

③ 어떤 $\bar{p}$는 $\bar{s}$이다.(② 모순, U)

④ 어떤 $\bar{p}$는 $\bar{s}$가 아니다.(③ 부분반대, U)

반면에 다음의 풀이과정은 옳다.

① 모든 S는 P가 아니다.(T)

② 어떤 S는 P이다.(① 모순, F)

③ 어떤 S는 P가 아니다.(② 부분반대, T)

④ 어떤 $\bar{p}$는 $\bar{s}$가 아니다.(③ 이환, T)

(예제 1) "집단주의자들치고 이기주의자들이 아닌 사람이 없다"가 거짓일 때 "이기주의자가 아닌 사람들 중에 비집단주의자가 아닌 사람도 있다"의 진리값을 명제환원의 방법으로 구하시오.

(예제 1에 대한 풀이)

단계 1) 우선, 명제들을 표준형식으로 번역하면 다음과 같다: "모든 집단주의자들은 이기주의자들이다", "이기주의자가 아닌 어떤 사람들은 집단주의자가 아닌 사람이다."

단계 2) 진리값이 주어진 전자의 명제의 주어명사를 S로, 술어명사를 P로 고정해서 명제들을 형식화하면 "모든 S는 P이다"와 "어떤 $\bar{p}$는 $\bar{s}$이다"가 된다.

단계 3) 명제환원을 하면 다음과 같다.

① 모든 S는 P이다.(F)

② 모든 S는 $\bar{p}$가 아니다(① 환질, F)

③ 모든 $\bar{p}$는 S가 아니다.(② 환위, F)

④ 모든 $\bar{p}$는 $\bar{s}$이다.(③ 환질, F)

⑤ 어떤 $\bar{p}$는 $\bar{s}$가 아니다.(④ 모순, T)

⑥ 어떤 $\bar{p}$는 $\bar{s}$이다.(⑤ 부분반대, U)

(⑤단계에서 대소관계를 적용시키면 ⑥단계 없이도 답을 구할 수 있다.)

(예제 2) "모든 전쟁지지자들은 평화주의자들이 아니다"가 참일 때 "모든 평화주의자들은 전쟁지지자들이 아닌 자들이다"의 진리값을 구하시오.

(예제 2에 대한 풀이)

단계 1) “전쟁지지자”를 S로, “평화주의자”를 P로 기호화하면 위의 명제들은 “모든 S는 P가 아니다”와 “모든 P는 $\bar{S}$이다”로 형식화된다.

단계 2) 명제환원을 하면 다음과 같다.

① 모든 S는 P가 아니다.(T)

② 모든 P는 S가 아니다.(① 환위, T)

③ 모든 P는 $\bar{S}$이다.(② 환질, T)

3.5. 삼단논증의 타당성 여부 판별하기

삼단논증이 타당한지 아니면 부당한지를 판별하기 위한 중요한 하나의 방법은 아리스토텔레스의 논리학이 마련하는 규칙들, 즉 삼단논증의 규칙들에 위배되는지의 여부를 따지는 것이다. 이 방법 외에도 벤다이어그램(Venn Diagram)을 그려서 판별하는 것도 있는데 이 것은 다음 절에서 다루기로 하고 본 장에서는 전자의 방법에 대해서 다루기로 한다.

89. 아리스토텔레스의 논리학에서 삼단논증의 규칙들이란 삼단논증이 오류를 피하기 위해서 지켜야 하는 규칙을 의미하며 삼단논증의 형태들 중 하나인 정언삼단논증에만 적용된다.

1. 정언삼단논증

90. ㄱ) 정언삼단논증은 전제와 결론이 모두 정언명제들로 구성된 논증이다.

ㄴ) 아리스토텔레스 논리학에서 다음의 등식이 성립된다.

· 정언명제 = 표준형식의 명제 = 표준형식의 정언명제 = 표준형식의 단순정언명제[8]

(참고: 때로는 논리학에서 "정언명제"를 "표준형식의 명제"와 구분하여 표준형식의 명제는 정언명제의 한 유형에 불과한 것으로 보는 경우도 있다. 이 경우에 표준형식의 명제가 아닌 정언명제의 예로 표준형식으로 번역되기 이전의 명제를 들 수 있다.)

정언삼단논증의 한 예로 다음을 들 수 있다.

모든 인간은 생물이다.
모든 생물은 유기체이다.
고로 모든 인간은 유기체이다.

정언삼단논증은 삼단논증의 한 형태일 뿐이며, 삼단논증의 형태들 중에는 선접삼단논증이나 가언삼단논증도 있다. 선접삼단논증의 예로 다음을 들 수 있다.

김씨는 학생이거나 선생이다.
김씨는 학생이 아니다.
그러므로 김씨는 선생이다.

첫 번째 전제에 나온 명제는 선접명제이다. 위의 논증을 명제를

---

8) 표준형식의 명제는 합성명제가 아닌 단순명제라는 것을 기억할 것.

나타내는 기호 A와 B와 선접기호 ∨와 부정기호 ~을 사용하여 형식화하면 다음과 같다.

A∨B

~A

∴B

이 논증형식이 타당하다는 것은 직관적으로 알 수 있다. 이 논증형식은 "선접삼단논증의 형식"이라 불린다. 한편 가언삼단논증의 예들로 다음을 들 수 있다.

만약 김씨가 학생이라면 그는 군대에 가지 않을 것이다. 김씨는 학생이다. 고로 그는 군대에 가지 않을 것이다.

만약 김씨가 평양을 방문했다면 그는 고려호텔에 갔을 것이다. 만약 김씨가 고려호텔에 갔다면 그는 박씨를 만났을 것이다. 그러므로 만일 김씨가 평양을 방문했다면 그는 박씨를 만났을 것이다.

위의 논증들에서 후자는 가언명제들로만 구성된 반면에 전자는 그렇지 않다. 전자는 첫 번째 전제만이 가언명제로 된 논증이다. 그래서 종종 후자는 "순전한 가언삼단논증"(pure hypothetical syllogism)이라 불리고 전자는 "혼합형의 가언삼단논증"(mixed hypothetical syllogism)이라 불린다. 명제기호들 A, B, C, D, E와 조건기호→를 사용하여 위의 논증들을 형식화하면 다음과 같다.

A→B	C→D
A	D→E
∴B	∴C→E

위의 논증형식들은 모두 타당한 것들이다.

앞으로는 "삼단논증"이란 말을 종종 "정언삼단논증"을 가리키는 것으로 국한해 사용하기로 한다.

91. ㄱ) 정언삼단논증에 나오는 명사들은 세 종류 즉 대명사(major term, 또는 대개념), 소명사(minor term, 또는 소개념)[9], 중명사(middle term, 또는 중개념)이다. 대명사는 대문자 P로, 소명사는 S로, 중명사는 M으로 기호화된다.
ㄴ) 대명사는 결론의 술어명사에 해당되고 소명사는 결론의 주어명사에 해당된다. 중명사는 대명사와 소명사를 결론에서 이어주는 중간다리역할을 한다.
ㄷ) 정언삼단논증에서 두 개의 전제들 중 하나에 대명사가 들어있고 다른 하나에는 소명사가 들어 있다. 중명사는 결론에는 없고 전제들 둘 다에 들어 있다.
ㄹ) 대명사가 들어 있는 전제는 "대전제", 소명사가 들어 있는 전제는 "소전제"라 불린다.

다음의 정언삼단논증을 예로 들어보자.

모든 아파트는 콘크리트 건물이다.

9) 일반적으로 명제들에서 술어명사가 지칭하는 대상들의 영역이 주어명사가 지칭하는 대상들의 영역과 같든가 더 크다.

모든 콘크리트 건물은 내구연한이 있는 것이다.

고로 모든 아파트는 내구연한이 있는 것이다.

이 예에는 "아파트", "콘크리트 건물", "내구연한이 있는 것"이라는 세 종류의 명사들이 있다. 그 중 "아파트"는 소명사이고, "콘크리트 건물"은 중명사이며, "내구연한이 있는 것"은 대명사이다. 따라서 위의 논증의 첫 번째 전제는 소전제이고, 두 번째 전제는 대전제이다. "콘크리트 건물"은 전제들에만 나와서 "아파트"라는 명사와 "내구연한이 있는 것"이라는 명사를 결론에서 연결시켜주는 역할을 한다.

전통적으로 있어온 정언삼단논증의 형식의 표준형들(뒤에 나올 사각테 94에서 제시될 네 가지—즉 1격, 2격, 3격, 4격—임)은 대전제를 소전제보다 먼저 위치시키고 결론은 맨 끝에 위치시킨다. 그러나 정언삼단논증의 대전제와 소전제의 위치는 바뀌어도 무방하며 결론도 아무 위치에 두어도 된다—즉 맨 처음에 두든가 중간에 두든가 아니면 맨 끝에 두어도 된다.

92. 정언삼단논증은 세 종류의 명사들 이상의 종류들도 또 이하의 종류들도 가져서는 안 된다. 만약 한 논증에서 중명사가 두 개의 전제들 각각에서 서로 다른 의미들을 지니는 것으로 사용된다면 명사의 종류는 네 개가 된다. 이때 삼단논증은 부당하며 범하는 오류는 "네 명사의 오류"(또는 네 개념의 오류)라 불린다. (참고: 네 명사의 오류는 애매어의 오류의 한 예가 된다. 2장 참고바람)

다음은 네 명사의 오류를 범한 부당한 논증이다.

나의 모든 자식은 나의 보물이다.
나의 모든 보물은 백화점에서 산 것이다.
고로 나의 모든 자식은 백화점에서 산 것이다.

이 논증에서 "나의 보물"은 첫 번째 전제와 두 번째 전제에서 서로 다른 의미를 지니기 때문에 결론에서 나머지 두 개념을 이어주지 못한다.[10)]

93. 모든 가능한 정언삼단논증의 형식의 수는 **256**가지이다.

정언삼단논증의 형식들의 수는 식(mood)과 격(figure)에 따라 결정된다. 식은 대전제, 소전제, 결론 각각이 표준형식의 명제들 중 어느 것인가에 따라서 결정된다. 가령 대전제가 A명제이고 소전제가 E명제, 그리고 결론이 O명제인 논증은 AEO식이 된다. 다음의 논증형식은 AEO식이다.

모든 M은 P이다.
모든 S는 M이 아니다.
고로 어떤 S는 P가 아니다.

또한 격은 중명사가 놓이는 위치에 따라서 1, 2, 3, 4격으로 구분된다.

94. 양화사와 계사를 빼고 정언삼단논증형식의 표준형을 중명사가 놓이는 위치에 따라 네 가지의 격으로 구분하면 다음과 같다.

10) 위의 논증은 또한 2장에서 배운 애매어의 오류를 범하고 있다.

1격	2격	3격	4격
M−P	P−M	M−P	P−M
S−M	S−M	M−S	M−S
∴S−P	∴S−P	∴S−P	∴S−P

1격에서 중명사가 대전제에서는 주어명사자리에, 소전제에서는 술어명사자리에 놓인다. 2격에서 중명사가 대전제와 소전제 모두에서 술어명사의 위치에 놓인다. 다음의 논증형식들을 비교해보자.

모든 M은 P이다.
모든 M은 S이다.
고로 어떤 S는 P이다.

모든 P는 M이다.
모든 S는 M이다.
고로 어떤 S는 P이다.

이 형식들은 모두 AAI식이며, 전자는 3격인 반면 후자는 2격이다.

1격의 삼단논증의 형식을 볼 때 대전제, 소전제, 결론에 나올 수 있는 모든 가능한 정언명제들의 수는 각각 네 개씩이다. 그렇다면 1격의 모든 가능한 정언삼단논증의 표준형의 형식들의 수는 64(=4×4×4)가지가 된다. AAA식, AAE식, AAI식, AAO식, AEA식, AEE식 등이 예가 된다. 이 64가지는 네 개의 격들에 대해서 가능하므로 모든 가능한 정언삼단논증의 표준형의 형식의 수는

256(=64×4)가지가 된다. 256가지 중 타당한 것들은 24가지에 불과하다.[11)]

정언삼단논증의 타당성 여부는 논증의 형식에 의해서 결정된다. 만약 두 개의 삼단논증들이 식과 격에 있어서 같다면 그것들은 둘 다 타당하든가 아니면 둘 다 부당하다. 만약 한 정언삼단논증의 형식이 타당하다면 S, P, M에 어떤 명사를 대입해도 타당한 논증이 만들어진다. 정언삼단논증의 표준형의 형식들 중 타당한 것들인 24가지를 외운다면 주어진 논증이 그 형식들에 속하는지의 여부를 따져 타당성 여부를 판별할 수 있다. 이것은 얼마나 불편하기 짝이 없는 방법인가? 사각테 96에서 제시될 삼단논증의 규칙들은 이런 불편함에서 벗어나게 해준다. 그 규칙들 중 어느 하나라도 위배한 논증은 부당하며 어느 규칙을 어겼는가에 따라서 어떤 오류를 범했는가도 정해진다. 그 오류들에 대해서는 뒤의 사각테 97에서 소개될 것이다.

95. 상대방이 제시한 정언삼단논증이 부당하다는 것을 상대방에게 설득력있게 반박하기 위한 한 방법은 상대방이 제시한 논증과 똑같은 형식으로 되어 있으면서 전제가 둘 다 모두 참이 되지만 결론은 거짓이라는 것이 분명히 드러나는 논증[12)]의 예를 만들어 제시하는 것이다. 이 방법은 "논리적 유추"(logical analogy)라 불린다.

누군가가 다음의 논증을 제시했다고 해보자.

---

11) 현대논리학에서는 타당한 것들이 15개에 불과하다.

12) 이런 논증은 부당하다.

모든 철학자는 인간의 이성을 존중하는 사람이다.
어떤 과학자는 인간의 이성을 존중하는 사람이다.
고로 어떤 과학자는 철학자이다.

이 논증이 논리적으로 결함이 있다는 것을 이 논증과 동일한 형식을 지니면서 전제들이 참이지만 결론은 거짓이 되는 다음의 논증을 통해서 보여줄 수 있다.

모든 여성은 인간이다.
어떤 남성은 인간이다.
고로 어떤 남성은 여성이다.

이 논증은 다음의 요령으로 만들어졌다.

결론을 거짓으로 만드는 두 개의 명사들을 대명사와 소명사로 정한다. 이 두 개의 명사들이 서로 연결되었을 때 거짓명제가 만들어진다. 그 다음에 이 두 개의 명사들 각각이 가리키는 대상들에 공통으로 속하는 속성들을 가리키는 명사를 중명사로 정한다.

2. 정언삼단논증의 규칙들

96. 아리스토텔레스의 논리학에서의 정언삼단논증의 규칙들

규칙 1: 중명사는 적어도 한 번 주연되어야 한다.
규칙 2: 전제에서 주연되지 않은 대명사나 소명사는 결론에서

주연되어서는 안 된다.
규칙 3: 전제들이 모두다 부정형이 되어서는 안 된다—즉 전제들 둘 다가 긍정형이든가 아니면 하나만 부정형이어야만 한다.
규칙 4: 전제들 중 하나가 부정형이고 다른 하나는 긍정형일 때 결론 은 부정형이어야 한다.
(참고: 현대논리학에서는 정언삼단논증의 규칙들로 한 가지가 더 첨가된다. 3장 6절 참고바람.)

97. 정언삼단논증의 규칙들을 어겼을 때 범하는 형식적 오류들
1) 규칙 1을 어기면 중명사 부주연의 오류(fallacy of the undistributed middle term)를 범한다.
2) 규칙 2를 어긴 경우는 두 가지 즉 전제에서 부주연된 대명사가 결론에서 주연된 경우와 전제에서 부주연된 소명사가 결론에서 주연된 경우이다. 전자는 "대명사 부당주연의 오류"(fallacy of illicit process of the major term)를, 후자는 "소명사부당주연의 오류"(fallacy of illicit process of the minor term)를 범하고 있다.
3) 규칙 3을 어기면 "양부정전제의 오류"(fallacy of two negative premises)를 범한다.
4) 규칙 4를 어기면 "부당긍정의 오류"(fallacy of illicit affirmation)를 범한다.

다음 논증은 중명사 부주연의 오류를 범하고 있다.

모든 비둘기는 동물이다.
모든 인간은 동물이다.
그러므로 모든 인간은 비둘기이다.

위의 논증을 형식화하고 주연되는지의 여부를 표기하면 다음과 같다.

모든 P는 M이다.
(주연) (부주연)
모든 S는 M이다.
(주연) (부주연)
그러므로 모든 S는 P이다.
(주연) (부주연)

위의 논증에서 중명사(M)는 두 개의 전제들 모두에서 부주연되어 있다. 중명사의 역할은 전제들에 나오는 대명사와 소명사를 결론에서 연결해 주는 것이며, 그런 연결이 가능하려면 대명사와 소명사 중 적어도 하나가 중명사가 가리키는 대상들 전체와 관련을 맺고 있어야 한다. 그러려면 중명사는 두 개의 전제들 모두에서 주연되든가 아니면 하나의 전제에서 주연되든가 해야 한다. 위의 논증에서 중명사인 "동물"이 가리키는 대상들 중 일부에 비둘기들이 속하고 또 다른 일부에는 인간들이 속한다. 그렇기 때문에 서로 다른 일부분들이 관련을 맺을 수 없게 된다. 그래서 결론에서 비둘기들과 인간들이 관련을 맺을 수 없다.

다음 논증들은 정언삼단논증의 규칙 2를 어긴 것들이다.

모든 백합은 식물이다.
모든 장미는 백합이 아니다.
고로 모든 장미는 식물이 아니다.

모든 박쥐는 야행성이다.

모든 박쥐는 동물이다.

고로 모든 동물은 야행성이다.

이 논증들을 형식화하고 주연되는지의 여부를 표기하면 다음과 같다.

모든 M은 P이다.
(주연) (부주연)
모든 S는 M이 아니다.
(주연) (주연)
고로 모든 S는 P가 아니다.
(주연) (주연)

모든 M은 P이다.
(주연) (부주연)
모든 M은 S이다.
(주연) (부주연)
고로 모든 S는 P이다.
(주연) (부주연)

위의 논증 예들 중 첫 번째 것은 대명사 부당주연의 오류를 범하고 있다. 대명사인 "식물"이 대전제에서는 부주연된 반면 결론에서는 주연되어 있기 때문이다. 1장에서 설명한 바처럼 타당한 연역논증에서는 전제의 내용 안에 결론의 내용이 포함되어 있다.

타당한 연역논증에서는 결론이 주장하는 내용이 전제가 주장하는 내용보다 많아서는 안 된다. 결론이 주장하는 것 이상의 내용을 주장하는 전제가 있는 논증은 부당하다. 타당한 삼단논증에서 전제와 결론 모두에 나오는 명사들은 대명사와 소명사이다. 첫 번째 논증에서 결론에는 식물들 모두에 대한 언급이 있는 반면에 전제에는 그런 언급이 없다. 이처럼 전제가 주장하는 것 이상의 것을 결론이 주장하고 있는 논증이 있다면 그 논증은 부당하다. 첫 번째 논증과 같이 전제에서 부주연된 대명사가 결론에서 부당하게도 주연된 논증은 대명사 부당주연의 오류를 범한 것이다. 한편 두 번째 논증의 예에서 소명사 "동물"은 전제에서는 모든 동물들을 언급하고 있는 것이 아니라 일부의 동물들을 언급하고 있는 반면 결론에서는 모든 동물들에 대해서 언급하고 있다. 이런 논증은 전제에서 부주연된 소명사가 결론에서 부당하게도 주연된 논증이므로 소명사 부당주연의 오류를 범한 것이다.

다음 논증은 양부정전제의 오류를 범하고 있다.

> 모든 바위는 식물이 아니다.
> 모든 낙타는 식물이 아니다.
> 고로 모든 바위는 낙타가 아니다.

이 논증을 형식화하고 주연되는지의 여부를 표기하면 다음과 같다.

> 모든 <u>S</u>는 <u>M</u>이 아니다.
> (주연) (주연)

모든 P는 M이 아니다.
(주연) (주연)
고로 모든 S는 P가 아니다.
(주연) (주연)

위의 논증의 전제들은 모두 부정형들이다. 첫 번째 전제는 소명사가 가리키는 대상들과 중명사가 가리키는 대상들 사이에 어떠한 포함 내지 연결이 있다는 것을 부정하고 있으며, 또 P와 M 사이에도 그런 관계가 있다는 것을 부정하고 있다. 그렇기 때문에 S와 P 사이에 어떤 연결이 있는지에 대해서 알 수 없게 된다. 부정명제들인 두 개의 전제들로부터는 소명사와 대명사 사이의 관계에 대해 어떠한 언급을 담고 있는 명제도 결론으로 도출될 수 없다.

다음 논증은 부당긍정의 오류를 범하고 있다.

모든 인간은 말미잘이 아니다.
모든 인간은 동물이다.
고로 어떤 동물은 말미잘이다.

이 논증을 형식화하고 주연되는지의 여부를 표기하면 다음과 같다.

모든 M은 P가 아니다.
(주연) (주연)
모든 M은 S이다.
(주연) (부주연)

고로 어떤 S는 P이다.
(부주연)(부주연)

전제들 중에 하나가 부정형인 경우에 중명사는 대명사나 소명사 중 어느 것과도 관계를 맺지 않는다. 위의 논증에서 첫 번째 전제에서는 중명사가 대명사와 어떠한 관계에 있다는 것을 부정하고 있는 반면 두 번째 전제에서는 중명사가 소명사와 어떠한 관계에 있다는 것을 긍정하고 있다. 위의 논증에서 대명사와 소명사는 아무런 연결도 지니지 않기 때문에 타당하려면 결론은 대명사와 소명사 간의 관계를 부정하는 부정명제이어야만 한다. 위의 논증은 결론이 긍정형이므로 부당긍정의 오류를 범하고 있다. 긍정명제들을 결론으로 하는 논증들은 전제들이 모두 긍정형들이어야만 한다. 결론이 긍정형이라는 것은 대명사와 소명사 간에 어떠한 관계가 있다는 것을 긍정하는 것이 되며 그런 관계를 인정하려면 중명사와 대명사 사이의 관계와 중명사와 소명사 사이의 관계가 인정되어야만 하기 때문이다.

3. 타당성 여부 판별하기

98. 삼단논증의 특수형들로 생략형(enthymeme)과 연쇄형(sorites)이 있다.[13)]

· 생략형은 전제나 결론이 생략된 것이다. 이런 형태는 삼단논증의 규칙을 적용시키기 전에 생략된 부분을 먼저 보충해 넣어 완

13) 생략형의 삼단논증과 연쇄형의 삼단논증은 정언삼단논증의 표준형이 아니다.

전한 형태의 삼단논증으로 바꾸어야 한다.
· 연쇄형은 두 개 이상의 삼단논증들이 쇠사슬처럼 이어져 있는 논증이다. 이 형태의 논증은 서로 이어진 논증들 각각이 정언삼단논증의 규칙을 지킬 때 그리고 오직 그때에만 타당하다.

생략형의 삼단논증은 불완전한 논증이며 생략된 부분을 채워넣으면 완전한 형태가 된다. 예를 들어 "예술가들은 개성이 강한 사람들인데 이씨는 예술가야"라는 논증은 "이씨는 개성이 강한 사람이다"라는 결론이 생략된 생략형의 삼단논증이다. 또 "정치가들은 수완이 있어. 그들은 교섭을 잘하기 때문이야"라는 논증은 "교섭을 잘하는 모든 사람은 수완이 있는 사람이다"라는 전제가 생략된 생략형의 삼단논증이다. 생략형의 삼단논증들에서 생략된 부분을 채워넣으면 완전한 형태의 삼단논증이 만들어진다. 앞의 논증을 완전한 형태의 정언삼단논증으로 번역하면 다음과 같다. "모든 정치가는 교섭을 잘하는 사람이다. 교섭을 잘하는 모든 사람은 수완있는 사람이다. 그러므로 모든 정치가는 수완있는 사람이다."

다음은 연쇄형의 정언삼단논증이다.

모든 문학가는 상상력이 뛰어난 사람이다.
어떤 철학자는 문학가이다.
상상력이 뛰어난 모든 사람은 창조적인 사람이다.
그러므로 어떤 철학자는 창조적인 사람이다.

이 논증은 두 개의 정언삼단논증들이 이어져 있다. 하나는 처음에 나오는 두 개의 전제들과 그것들로부터 도출되는 명제인 "어떤 철학자는 상상력이 뛰어난 사람이다"를 결론으로 지니는 논증 A이다. 그리고 다른 하나는 위의 논증의 세 번째의 전제와 논증 A의 결론을 전제로 삼고 네 번째의 명제를 결론으로 삼는 논증이다.

삼단논증의 규칙들을 적용시키기 전에 생략된 부분은 보충해 넣고 또 모든 명제들을 표준형식으로 번역하여 정언삼단논증을 만들어야 한다. 또 정언삼단논증에 나오는 명사들은 반드시 세 가지—즉 대명사, 소명사, 중명사—이어야 한다. 서로 동의어의 관계에 있는 명사들은 동일한 하나의 명사로 만든다. 삼단논증을 S, P, M의 기호를 사용해 형식화한 후에 $\bar{S}$나 $\bar{P}$ 또는 $\bar{M}$와 같이 모순명사기호가 있으면 모순명사기호를 지니는 명제형식을 명제환원시켜 모순명사기호가 나오지 않도록 해야 한다. 주연과 부주연은 $\bar{S}$와 $\bar{P}$ 그리고 $\bar{M}$에 대해서는 적용될 수 없고, 오직 S와 P와 M에만 적용되기 때문이다. 예를 들어 만약 전제들이나 결론 중에 "모든 S는 $\bar{P}$이다"라는 명제형식이 있으면 이 명제형식을 환질시켜서 "모든 S는 P가 아니다"로 만들어야 한다.

이제 다음의 사각테를 만들 수 있다.

99. 정언삼단논증의 타당성 여부를 판별하기 위한 단계들

· 1단계: 생략된 전제나 결론이 있을 때는 생략된 것을 채워넣어 완전한 정언삼단논증으로 만든다.

· 2단계: 각 명제들을 표준형식의 명제들로 번역한 후 명사기호들 S, P, M을 사용해 논증형식으로 만든다. 이때 결론의 주어명사에 해당되는 것은 S로 고정시키고, 결론의 술어명사에 해당되는 것은 P로 고정시킨다.

· 3단계: 모순명사기호들인 $\bar{S}$나 $\bar{P}$ 또는 $\bar{M}$가 들어 있는 명제 형식들이 들어 있을 경우에는 명제환원을 거쳐서 그런 것들을 없애고 동일한 진리값을 갖는 명제형식들로 변형시킨다. 만일 명제환원과정에서 진리값이 보존되지 않으면 명사를 달리 규정하여—즉 S로 규정한 것을 $\bar{S}$로 재규정하든가 P로 규정한 것을 $\bar{P}$로 재규정하든가 또는 M으로 규정한 것을 $\bar{M}$로 재규정하여—형식화한다.

· 4단계: S, P, M에 대해서 주연과 부주연을 가려내고 삼단논증의 규칙들 네 가지에 위배되는지의 여부를 따진다.

(예제) 다음 논증의 타당성 여부를 판별하고 부당한 경우에는 어떤 오류를 범하고 있는지를 지적하시오.

출국세를 내지 않는 사람들은 모두 사업상 외국에 나가는 사람들이다. 왜냐하면 해외여행자들은 모두 출국세를 내며 사업상 외국에 가는 사람들은 해외여행자들이 아니기 때문이다.

(예제풀이)

ㄱ) 논증을 표준형식의 명제로 번역하면 다음과 같다.

모든 해외여행자는 출국세를 내는 사람이다.
사업상 외국에 가는 모든 사람은 해외여행자가 아니다.
고로 출국세를 내지 않는 모든 사람은 사업상 외국에 가는 사람이다.

ㄴ) 표준형식으로 바꾸면 다음과 같다.

모든 M은 $\bar{S}$이다.

모든 P는 M이 아니다.

고로 모든 S는 P이다.

(S: 출국세를 내지 않는 사람, P: 사업상 외국에 가는 사람, M: 해외여행자)

ㄷ) 명제환원으로 다음과 같이 모순명사기호를 제거한다.

모든 M은 $\bar{S}$이다 → 모든 M은 S가 아니다.

(환질)

모든 P는 M이 아니다.

고로 모든 S는 P이다.

ㄹ) 주연과 부주연을 지적하고 규칙들에 위배되는지의 여부를 밝힌다.

모든 $\underline{M}$은 $\underline{S}$가 아니다.

(주연) (주연)

모든 $\underline{P}$는 $\underline{M}$이 아니다.

(주연) (주연)

고로 모든 $\underline{S}$는 $\underline{P}$이다.

(주연) (부주연)

ㅁ) 이 논증은 부당하며 양부정전제의 오류를 범하고 있다. (이 경우에는 두 개의 전제들이 모두 부정형들이므로 주연과 부주연을 지적하지 않고도 부당하다는 것을 알 수 있다.)

3.6. 고대의 아리스토텔레스와 현대의 부울

정언명제들에 대해서 부울(G. Boole, 1815-1864)은 집합론적인 개념들을 사용하여 새로운 해석을 하고 있다. 그는 수학자이자 논리학자인 영국인이며 현대논리학이 형성되던 시기에 현대논리학의 주춧을 마련하는 데 있어 대단히 큰 영향력을 발휘한 사람이다. 같은 시기에 영국의 논리학자 벤(J. Venn, 1834-1923)은 저서 《기호논리학》(*Symbolic logic*, 1881)에서 부울의 해석을 표현하기 위한 다이어그램을 고안해냈다.

100. 벤이 제시한 다이어그램은 정언명제에 대한 부울의 해석이 의미하 는 바를 분명하고 직관적으로 이해할 수 있는 유용한 수단이 된다. 나아가서 그의 다이어그램은 정언삼단논증의 타당성 여부를 판별하기 위한 유용한 방법이 된다.

아리스토텔레스 논리학과 현대논리학은 정언삼단논증의 타당성 여부에 대해 부분적으로 상이한 판별을 내린다. 정언명제에 대한 부울의 해석은 아리스토텔레스적인 해석과 다르며 그 두 개의 해석들은 일부의 정언삼단논증의 타당성 여부에 대해서 부분적으로 서로 다른 판별을 내리게 하는 근거가 된다. 두 해석들 간의 차이는 아리스토텔레스의 논리학의 관점과 현대의 논리학의 관점에 있어서의 중요한 한 차이점을 명백하게 보여주고 있다.

1. 정언명제에 대한 부울의 집합론적 해석과 벤다이어그램

(ㄱ. 정언명제들에 대한 부울의 집합론적인 해석)

정언명제들에 대한 부울의 해석에서 사용되는 집합론적인 개념들로 어떤 것들이 있으며, 또 그것들이 어떤 기호들로 표기되는지에 대해 우선 알아보자. 부울의 해석에 등장하는 집합론적인 개념들로 집합, 공집합, 공집합의 부정, 교집합, 그리고 여집합을 들 수 있다. 정언명제들은 주어명사 S와 술어명사 P로 구성되어 있다. 부울은 S와 P 각각이 가리키는—즉 지칭하는—대상들의 집합들 사이의 관계에 대한 언급을 통해 정언명제들을 해석하고 있다.

집합은 어떤 성질을 공통적으로 지니는 대상들의 합 내지 모음이다. 집합의 기호로 { }이 있다. ϕ는 등가기호 =와 함께 한 집합이 원소를 지니고 있지 않다는 것을 나타내기 위해 사용된다. 가령 S의 집합—즉 S가 지칭하는 대상들의 집합—이 공집합이라는 것은 $\{S\}=\phi$로 기호화된다. 이 기호는 "S인 것들은 존재하지 않는다"로 해석된다. ϕ와 등가임을 부정하는 기호 $\neq$를 사용하여 적어도 하나의 원소가 존재한다는 기호 $\neq\phi$를 만들 수 있다. 가령 $\{S\}\neq\phi$는 "S인 것들이 적어도 하나 존재한다(또는 S의 원소들이 있다)"로 번역된다.

교집합은 두 개의 집합들 모두에 속하는 원소들의 집합이다. 가령 S와 P를 나열한 다음에 집합기호를 사용해서 만들어진 {SP}는 S이면서 동시에 P인 모든 대상들의 모음—즉 {S}와 {P} 둘 다에 속하는 원소들의 합—을 표시한 것이다. 만약 {S}가 학생들의 집합이고 {P}가 지성인들의 집합이라면 {SP}는 학생이면서 동시에 지성인인 모든 대상들의 합, 즉 학생인 지성인들의 합을 표시한 것이 된다.

여집합은 한 집합의 원소들에 속하지 않는 모든 원소들의 모음을 나타낸다. 가령 학생들의 집합의 여집합은 학생이 아닌 모든 대상들 즉 모든 비학생들의 합이 된다. 학생들의 집합을 {S}라 할 때 {S}의 여집합은 $\{\bar{s}\}$로 기호화된다. $\bar{s}$는 "S bar"로 읽혀진다. 또 {P}를 지성인들의 집합이라 할때 $\{S\bar{p}\}$는 "학생이면서 동시에 지성인이 아닌 것 즉 지성인이 아닌 학생"을 표시한 것이 된다.

이 집합기호들을 사용하여 정언명제들을 다음과 같이 기호화할 수 있다.

101

정언명제의 형식의 기본형	기호화	독해
A: 모든S는 P이다.	$\{S\bar{P}\}=\phi$	S이자 동시에 P가 아닌 것은 존재하지 않는다.
E: 모든 S는 P가 아니다.	$\{SP\}=\phi$	S이자 동시에 P인 것은 존재하지 않는다.
I: 어떤 S는 P이다	$\{SP\}\neq\phi$	S이자 동시에 P인 것이 — 즉 P인 그런 S가 — 적어도 하나 존재한다.
O: 어떤 S는 P가 아니다.	$\{S\bar{P}\}\neq\phi$	S이자 동시에 P가 아닌 것이 — 즉 $\bar{P}$인 그런 S가 — 적어도 하나 존재한다.

102. ㄱ) 어떤 원소가 존재한다는 내용을 담고 있는 명제는 "존재함축"(existential import)을 지닌 명제이다.

ㄴ) 사각테 101에서의 독해들은 다음을 보여준다

· 전체명제들은 S의 집합의 원소들의 존재를 함축하지 않는다.

· 부분명제들은 S의집합의 원소들 중 적어도 하나의 존재를 함축한다.

부울의 해석은 다음의 전체명제들이 주장하는 것에 주어명사가 지칭하는 대상들이 존재한다는 내용이 들어 있지 않은 것으로 간주한다.

모든 음악가는 예술가이다.

모든 용은 실제로 존재하는 동물이 아니다.

부울의 해석에 따르면 위의 명제들 중 첫 번째 명제는 음악가들의 집합의 원소들이 존재한다는 내용을 담고 있지 않으며, 두 번째 명제도 용들의 집합의 원소들이 존재한다는 내용을 담고 있지 않다. 이것은 첫 번째 명제를 음악가들의 집합의 원소들이 존재한다는 것을 긍정하지도 또 부정하지도 않고 있는 것으로 간주한다. 또 이러한 해석은 두 번째 명제를 용들의 집합의 원소가 존재한다는 것에 대해서 긍정도 부정도 하지 않는 것으로 간주한다.

다음의 부분명제들의 경우는 어떨까?

어떤 은행은 인수합병된 은행이다.

어떤 선진국은 EU가입국이 아니다.

부울의 해석에서 첫 번째 명제는 적어도 하나의 은행이 존재한다는 주장을 함축하고 두 번째 명제는 적어도 하나의 선진국이 있다는 내용을 함축한다.

부울은 부분명제들을 주어명사가 지칭하는 대상들 중 적어도 하나가 존재한다는 내용을 담고 있는 것, 즉 존재함축을 하는 것으로 간주하고 있다.

(ㄴ. 정언명제들을 벤다이어그램으로 그리기)

정언명제들에 대한 부울의 해석을 벤다이어그램으로 그리기 전에 벤다이어그램 표시법을 익혀두자. S와 P 각각이 지칭하는 대상들의 집합을 다음과 같이 S와 P가 표시된 원들로 표시한다.

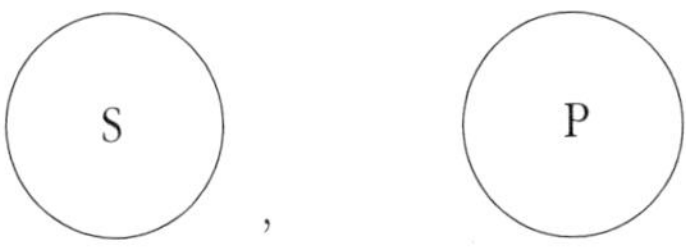

위의 그림들은 단순히 집합들을 표시한 것들에 불과하며 그 집합들에 원소가 존재한다는 내용이 표시되어 있지 않을 뿐만 아니라 그 집합들에 원소가 존재하지 않는다는 내용도 표시되어 있지 않다.

S가 공집합이라는 것 즉 S에는 아무 원소도 존재하지 않는다는 것은 다음과 같이 빗금을 그어서 표시한다. 빗금은 원소가 존재하지 않는다는 표시이다.

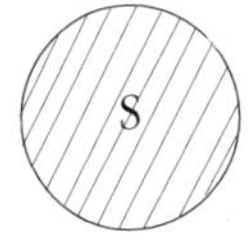

S에 적어도 하나의 원소가 있다는 것을 표시하려면 아래 그림과 같이 S의 원 안에 변수기호 x를 넣는다. 여기서 변수기호 x는 불특정한 대상이 적어도 하나 존재한다는 것을 표시하는 기호이다. x는 가령 철희나 이 모자(this hat)와 같은 특정한 대상을 대신하지 않고 가령 어떤 사람이나 어떤 모자와 같은 적어도 하나의 막연한 불특정한 대상을 대신한다.

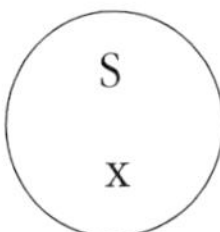

S의 여집합인 $\bar{S}$는 다음과 같이 원 밖에 있는 부분에 표시된다.

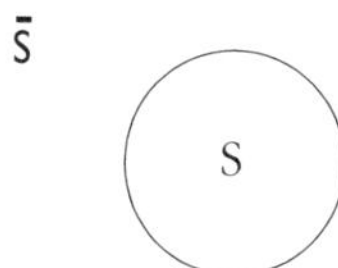

$\{\bar{S}\} = \phi$는 다음과 같이 표시된다.

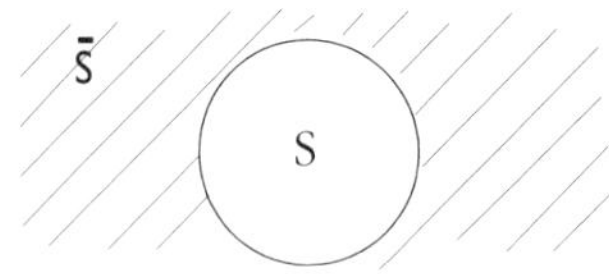

$\{\bar{S}\} \neq \phi$는 S가 아닌 원소가 적어도 하나 있다는 것으로 해석되며 다음과 같이 표시된다.

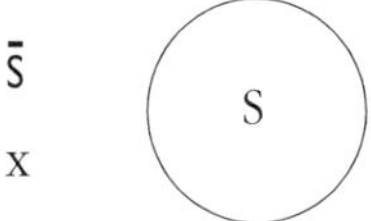

위의 그림들에서 x가 들어 있지도 않고 또 빗금도 없는 부분들 즉 비어 있는 부분들은 원소들이 있는지의 여부에 대한 아무런 언급도 없다는 것이 표시된 것들이다. 그런 부분들은 원소의 존재 유무에 대해 중립적인 입장이 표현된 영역이다.

정언명제형식들은 두 개의 명사들의 기호들인 S와 P로 구성되어 있다. 부울은 그 두 개의 명사들 사이의 집합론적인 관계를 제시하고 있다. 두 개의 명사들 사이의 관계를 벤의 다이어그램으로 표현하려면 두 개의 원들 사이에 성립할 수 있는 관계들 모두가 나타나도록 그려야 한다. 그러기 위해서는 다음의 세 개의 영역들

(①-③)을 그려야 한다.

① 두 개의 원들 둘 다에 속하는 영역, 즉 두 개의 원들이 서로 교차하는 영역: {SP}를 나타내는 영역(즉 S이면서 P인 영역)

② 두 개의 원들 둘 다에 속하지 않는 영역: $\{\bar{S}\bar{P}\}$를 나타내는 영역

③ 하나의 원에만 속하고 다른 원에는 속하지 않는 영역: $\{S\bar{P}\}$와 $\{\bar{S}P\}$를 나타내는 영역(이 영역에 S이면서 동시에 P인 영역이 빠져야 함)

이 세 종류의 영역들을 그리면 다음과 같다.

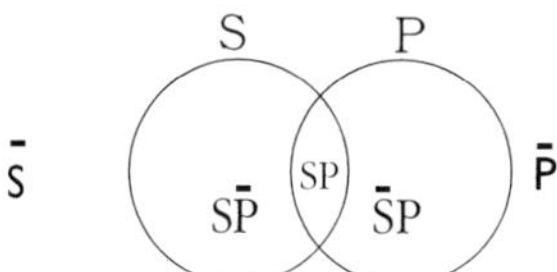

이제 정언명제를 다음과 같이 벤의 다이어그램으로 그릴 수 있다.

103

정언명제형식의 기본형	집합론적 해석	벤다이어그램
A: 모든 S는 P이다	$\{S\bar{P}\} = \varnothing$	S P $S\bar{P}$
E: 모든 S는 P가 아니다	$\{SP\} = \varnothing$	S SP P

I: 어떤 S는 P이다	$\{SP\} \neq \emptyset$	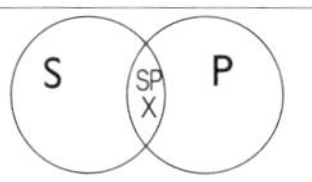
O: 어떤 S는 P가 아니다	$\{S\bar{P}\} \neq \emptyset$	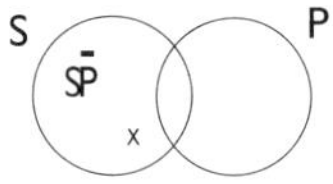 (x는 P의 영역을 제외한 S의 영역 안에 있다.)

2. 벤다이어그램으로 정언삼단논증의 타당성 여부 판별하기

104. 정언삼단논증의 타당성 여부를 벤다이어그램을 이용해서 판별하는 것은 다음의 단계들을 거친다

단계 1) 정언삼단논증의 형식을 구성하는 명제형식들 모두에 대해서 부울의 집합론적 해석을 내린다.
단계 2) S, P, M의 관계를 나타내주는 벤다이어그램을 그린다.
단계 3) 그 벤다이어그램에다 두 개의 전제들의 집합론적 해석들을 충족시켜주는 표시를 한다.
단계 4) 이렇게 해서 그려진 다이어그램에서 결론에 대한 집합론적인 해석을 읽어낼 수 있으면 타당하고 그렇지 않으면 부당하다.

타당한 논증은 전제들이 참일 경우에 결론도 반드시 참이 된다. 그런 논증은 전제들의 내용 속에 결론의 내용이 포함되어 있다—즉 전제들의 내용이 결론의 내용을 함축한다. 정언삼단논증이 타당하려면 두 개의 전제들을 그린 벤다이어그램에서 결론의 내용

즉 결론에 대한 부울의 집합론적인 해석을 읽어낼 수 있어야 한다. 타당성 여부를 판별하고자 할 때 벤다이어그램에다 두 개의 전제들의 집합론적인 해석들을 그림으로 그리고 결론의 집합론적인 해석은 그리지 말아야 한다. 논증의 타당성 여부를 판별하기 위해서는 두 개의 전제들을 그린 그림 안에 결론에 대한 집합론적인 해석의 부분이 포함되어 있는지의 여부를 관찰하기만 하면 되기 때문이다.

정언삼단논증의 타당성 여부를 판별하기 위한 벤다이어그램을 그리려면 우선 S, P, M 각각에 해당되는 집합들을 원으로 그려야 한다.

105. S, P, M 각각에 해당되는 집합들이 관련을 맺는 모든 가능한 영역들을 보여주는 그림은 다음과 같다.

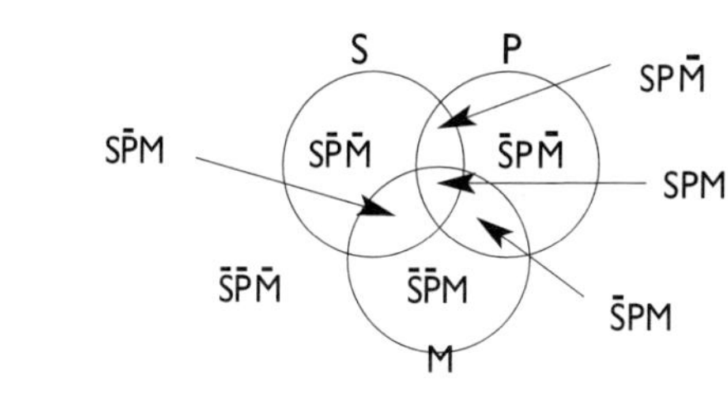

위의 그림은 다음의 여덟 개의 영역들을 보여주고 있다. "세 개의 명사들 모두가 공유하는 영역(SPM), 두 개의 명사들만이 공유하는 세 개의 영역들($SP\bar{M}$, $S\bar{P}M$, $\bar{S}PM$), 각각의 명사들이 나머지 두 개의 명사들과 공유하지 않는 독자적인 세 개의 영역들($S\bar{P}\bar{M}$, $\bar{S}P\bar{M}$, $\bar{S}\bar{P}M$ 그리고 세 개의 명사들 모두와 관련되지 않는 영역($\bar{S}\bar{P}\bar{M}$)"

106. 두 개의 전제들에 대한 부울의 해석을 세 개의 원들로 된 다이어그램에 표시할 때 다음 사항들(①-③)을 주의해야 한다.

① 두 개의 전제들이 모두 전체명제이거나 모두 부분명제들일 때에는 아무 전제나 먼저 그려도 된다.
② 두 개의 전제들 중 하나가 전체명제이고 다른 하나가 부분명제일 때에는 전체명제부터 먼저 그리고 난 후에 나머지 영역에다 부분명제를 그리는 것이 좋다.
③ 부분명제가 경계선을 중심으로 하는 두 영역들 중 어디에 x를 표시해야 하는지 언급하고 있지 않는 때는 경계선상에 x표시를 하도록 한다. 이 x는 두 영역 각각 원소들이 적어도 하나 존재한다는 의미가 아니라 두 영역에 걸쳐서 적어도 한 개의 원소가 존재한다는 것을 의미한다.

다음 논증형식의 타당성 여부를 벤다이어그램으로 판별하고 부당한 경우에는 어떤 오류를 범하고 있는지를 지적해보자.

모든 P는 M이다.
모든 M은 S이다.
고로 모든 S는 P이다.

다음 과정을 거쳐 위의 문제를 풀 수 있다.

ㄱ) 두 개의 전제들이 모두 전체명제형식들이므로 아무 것이나 먼저 그려도 된다.

ㄴ) 부울의 해석으로 번역하면 다음과 같다: $\{P\bar{M}\} = \emptyset$

$\{M\bar{S}\} = \emptyset$

고로 $\{S\bar{P}\} = \emptyset$

ㄷ) 벤다이어그램

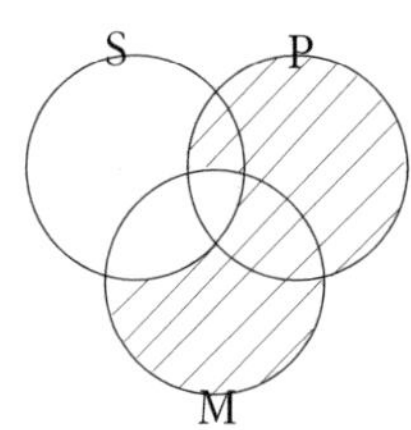

ㄹ) 결론에 대한 집합론적인 해석이 그려져 있지 않으므로 부당하다. 범한 오류는 소개념부당주연의 오류이다.

이번에는 다음 논증형식의 타당성 여부를 판별하고 부당한 경우에는 오류를 지적해보자.

모든 P는 M이다.
어떤 S는 M이 아니다.
고로 어떤 S는 P가 아니다.

다음 과정을 통해 풀 수 있다.

ㄱ) 전제들 중 하나가 전체명제형식이고 다른 하나가 부분명제형식이면 전체명제형식을 먼저 그린다. 그렇게 함으로써 x를 표기할 수 없는 제한구역을 먼저 정하게 된다. 그런 다음에 부분명제형식을 그려 x의 위치를 설정한다.

ㄴ) 집합론적 해석으로 번역하면 다음과 같다: $\{P\bar{M}\} = \emptyset$

$\{S\bar{M}\} \neq \emptyset$

고로 $\{S\bar{P}\} \neq \emptyset$

ㄷ) 벤다이어그램

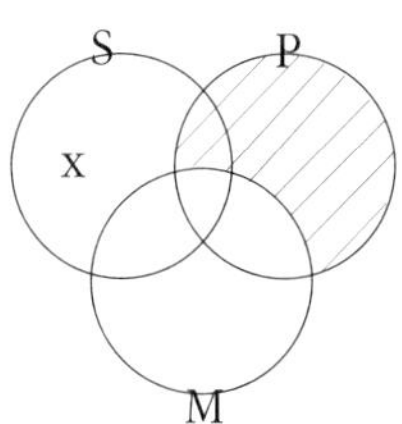

(참고: 만약 전체명제형식들보다 부분명제형식을 먼저 그리게 되면 경계선상에 x가 놓이게 되는데 이것은 다음의 그림과 같이 x의 오른편 영역의 빗금을 없애는 것처럼 보이게 할 수 있는 위험이 도사리고 있다.)

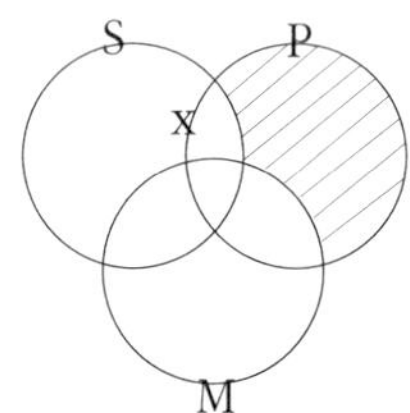

ㄹ) 그림 안에 결론의 내용이 담겨 있으므로 정당하다.

다음 논증형식의 타당성 여부를 벤다이어그램으로 판별하고 부당한 경우에 범하고 있는 오류를 지적해보자.

어떤 S는 M이다.

어떤 M은 P이다.

고로 어떤 S는 P이다.

풀이 과정은 다음과 같다.

ㄱ) 두 개의 전제들이 모두 부분명제들이므로 아무 전제나 먼저 그려도 되며 주의를 기울여 x를 표시한다.

ㄴ) 부울식의 해석으로 번역하면 다음과 같다: {SM} ≠ Ø

{MP} ≠ Ø

고로 {SP} ≠ Ø

ㄷ) 벤다이어그램

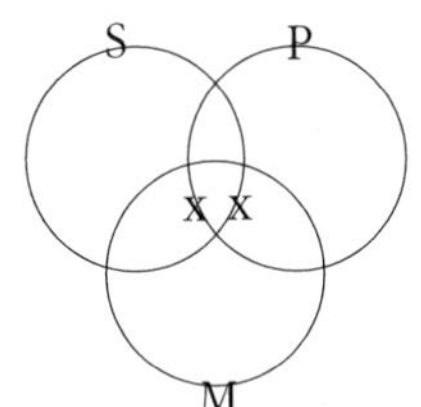

ㄹ) 결론을 그림 속에서 읽어낼 수 있어야 한다. 즉 S나 P의 교집합을 나타낸 영역에 x가 반드시 들어 있어야 한다. 그런데 위의 그림에 있는 두 개의 x들은 모두 경계선상에 있는 것들이므로 S와 P의 교집합 부분에 x가 반드시 들어 있는 것은 아니다. 따라서 위의 논증 형식은 부당하다. 범한 오류는 중개념 부주연의 오류이다.

마지막으로 다음 논증형식의 타당성 여부를 판별하고 부당한 경우에는 무슨 오류를 범하고 있는지를 지적해보자.

모든 P는 M이다.

모든 M은 S이다.

고로 어떤 S는 P이다.

풀이 과정은 다음과 같다.

ㄱ) 전제들 모두 전체명제들이므로 아무 전제나 먼저 그려도 된다.

ㄴ) 부울 식의 해석으로 번역하면 다음과 같다: $\{P\bar{M}\} = \varnothing$

$\{M\bar{S}\} = \varnothing$

고로 $\{SP\} \neq \varnothing$

ㄷ) 벤다이어그램

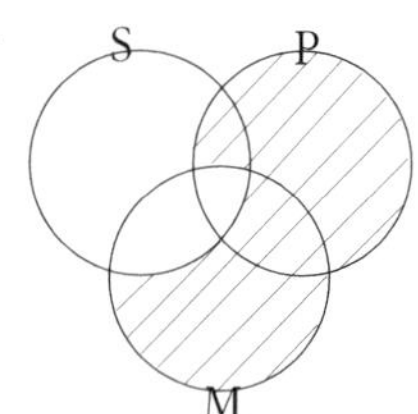

ㄹ) 결론의 내용 즉 S와 P의 교집합 부분에 적어도 하나의 x가 있다는 내용이 위의 그림 안에 없으므로 부당하다. 범한 오류는 존재긍정의 오류(existential fallacy)이다.

위의 논증형식은 두 개 전제들 모두 전체명제들이고 결론이 부분명제이다. 이러한 논증형식은 부울의 관점에서는 부당하지만 아리스토텔레스의 관점에서는 타당하다. 이 논증형식은 아리스토텔레스적인 관점과 현대적인 부울의 관점 간의 차이가 정언삼단논증의 타당성 여부를 결정하는 데 낳는 결과를 보여준다. 아리스토텔레스적인 관점에서는 대소관계가 성립되는 반면 부울의 관점에서는 대소관계가 성립되지 않는다. 두 개의 전제들이 모두 전체명제들일 때 벤다이어그램으로 그리면 존재함축을 나타내는 x가 나타나 있지 않게 된다. 그러므로 부울의 현대적 관점에서는 존재함축을 지니지 않는 전체명제들로부터 존재함축을 지니는 부분명제가 도출되지 않는다. 반면에 아리스토텔레스적인 관점에서는 위의 논증형식은 삼단논증의 규칙 네 가지 중 어느 것도 위반하지 않으므로 타당하다. 이러한 것은 부울의 관점은 아리스토텔레스적인 관점에서 제시한 타당한 삼단논증의 규칙들 네 가지 외에 또 다른 하나의 규칙을 요구하고 있다는 것을 보여주고 있다.

107. · 아리스토텔레스의 관점에서는 요구하지 않고 부울의 관점에서만 요구하는 규칙: 부울의 관점에서는 타당한 삼단논증이 되려면 전제들 둘 다가 전체명제들이면서 결론이 부분명제가 되어서는 안 된다.
· 이 규칙을 어긴 논증은 전제에서 긍정하지 않은 존재를 결론에서 긍정하는 오류를 범하고 있다. 이 오류를 "존재긍정의 오류"(existential fallacy)라 부른다.

3. 두 관점의 차이

벤다이어그램을 통해서 알 수 있듯이 부울의 해석은 전체명제를 존재함축을 하는 것—즉 어떤 것이 존재한다는 주장을 하는 것—으로 보지 않는 반면에 부분명제는 존재함축을 하는 것으로 본다. 부울의 해석에서 부분명제들은 존재함축을 지니며 따라서 S의 집합이 공집합일 때 "어떤 S는 P이다"와 "어떤 S는 P가 아니다"는 모두 거짓이 된다. 전체명제들에 대한 벤다이어그램은 원소들의 존재 긍정표시인 x가 없다. 반면 부분명제들에 대한 벤다이어그램은 x가 들어 있다. 이 점은 아리스토텔레스적인 논리학과 현대논리학 간의 중요한 하나의 차이점을 보여준다. 부울의 해석을 따르는 현대논리학에서는 아리스토텔레스적인 논리학에서의 대소관계가 보여주는 진리값의 관계가 성립되지 않는다. 아리스토텔레스적인 논리학에서는 만약 A명제가 참이라면 대소관계에 있는 I명제도 반드시 참이어야 하며, 따라서 A명제로부터 I명제가 도출된다.[14] 그러나 부울의 해석은 존재함축을 지니지 않는 A명제로부터 존재함축을 지니는 I명제가 논리적으로 도출되지 않는다는 것을 보여준다. 이것은 또한 A명제를 전제로 하고 I명제를 결론으로 하는 논증에 대해서 아리스토텔레스적인 판별과 현대논리학의 판별이 서로 다르다는 것을 보여준다. 그런 논증에 대해 전자가 타당하다는 판별을 할 때 후자는 부당하다는 판별을 한다.

아래의 사각형은 부울의 해석에서 대소관계가 성립하지 않는다는 것을 명백하게 보여준다. A에 대한 그림 속에 I의 그림이 포함되어 있지 않다. 따라서 A가 참이라고 해서 I가 반드시 참이 되는 건 아니다. 즉 A에서 I가 도출되지 않는다. A가 참인 경우에 I는 불명이 되며, 또 A가 거짓인 경우에도 I는 불명이 된다. E와 O의 관계 역시 마찬가지이다.

부울의 대당사각형

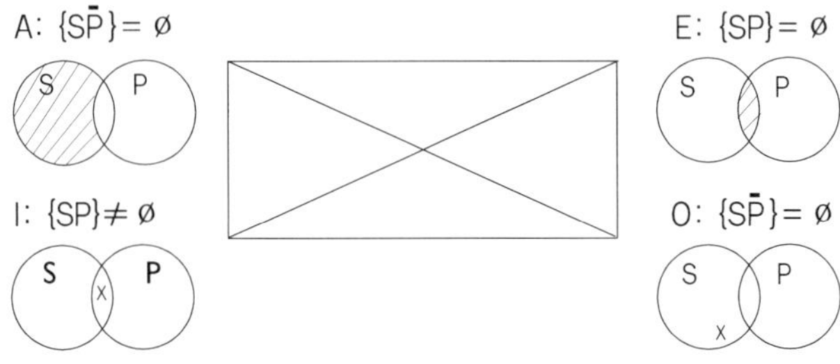

14) 물론 A명제와 I명제의 주어명사가 동일하고 또 술어명사도 동일한 경우에 그러하다.

대소관계 외의 다른 대당관계들에 대해서도 아리스토텔레스의 관점과 현대논리학의 관점을 위의 사각형을 통해 비교해보자.

108. 대당관계들 중 아리스토텔레스의 관점과 부울의 관점이 서로 일치하는 것은 모순관계뿐이다.

부울의 대당사각형은 모순관계가 성립된다는 것을 보여준다. A에 대한 그림에는 존재하는 대상이 없다는 것을 빗금으로 보여주는 영역이 있다. O에 대한 그림에서는 바로 그 영역에 존재하는 대상이 있다는 것을 긍정하는 x가 있다. 부울의 대당사각형은 A와 E 사이에 반대관계가 성립하지 않는다는 것을 보여준다. A에 대한 그림에는 빗금을 쳐서 존재하는 대상이 없다는 주장을 한 부분이 있다.

반면에 E에 대한 그림에는 그 부분에 대상의 존재유무에 대한 언급이 없다. 그렇기 때문에 A와 E 사이에 진리값의 관계가 어떻게 성립하는가에 대해 언급할 수 없게 된다. A가 참이건 거짓이건 E의 진리값은 결정되지 않는다. 또 위의 부울의 대당사각형은 I와 O 사이에 부분반대관계가 성립되지 않는다는 것도 보여준다. I에 대한 그림에서 존재를 긍정하고 있는 영역에 대해서 O에 대한 그림에서는 아무 표시도 없기 때문에 I와 O 사이에 어떤 진리값의 관계가 성립하는지에 대해서 언급할 수 없다. 그래서 I가 참이건 거짓이건 O는 불명이 된다.

아리스토텔레스 논리학에서 대소관계가 성립되는 것은 전체명제건 부분명제건 둘 다 주어명사가 지칭하는 원소들이 존재한다는 가정을 하는 데서 비롯된 것일까? 아니면 둘 다 그런 존재가 있다는 것을 긍정하는 데서 비롯된 것일까? 아리스토텔레스가 I명제에 대해서 주어명사가 지칭하는 원소들이 적어도 하나 있다는 것을 긍정했다는 것은 이해가 가지만 A명제에 대해서도 역시 존재긍정을 인정했으리라고 보기는 힘들다.

가령 "이 특수구역에 침입하는 모든 사람들은 벌금형을 받을 사람들이다"라는 A명제에 대해서 아리스토텔레스가 "이 특수구역에 침입하는 사람들"이 지칭하는 대상들의 존재를 긍정했을 리가 없어 보이기 때문이다. "이 특수구역에 침입하는 사람들"이 지칭하는 대상들이 존재하지 않는 경우에도 위의 명제가 말해질 수 있다는 것을 아리스토텔레스가 몰랐을 리가 없다. 아리스토텔레스가 전체명제나 부분명제를 불문하고 두 명제 다 주어명사가 지칭하는 대상들이 있다는 가정을 했으리라고 보는 것이 설득력 있어 보인다. 또, 논리학은 형식의 학이며 대상의 존재 유무라는 사실에 대해서는 다루지 않는다는 점이 이런 입장의 설득력을 더해준다.

한편, 명제변형법 세 가지에 대해서 아리스토텔레스의 논리학과 부울의 논리학은 일치한다. 여기서는 A에 대한 환위와 E에 대한 환질 그리고 I에 대한 이환의 경우만을 벤다이어그램으로 검토해 보기로 한다. 나머지 경우들에 대해서는 여러분이 직접 검토해보기를 바란다.

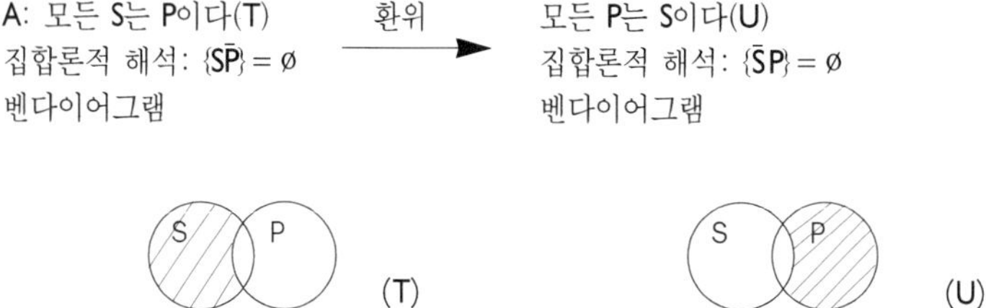

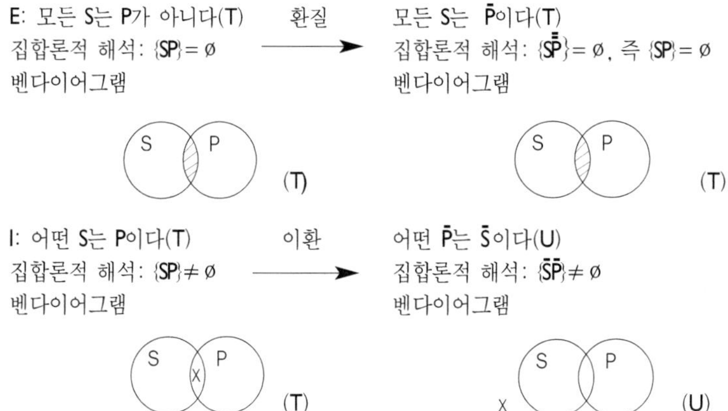
E: 모든 S는 P가 아니다(T)
환질
모든 S는 $\bar{P}$이다(T)
집합론적 해석: $\{SP\} = \emptyset$
집합론적 해석: $\{S\bar{\bar{P}}\} = \emptyset$, 즉 $\{SP\} = \emptyset$
벤다이어그램
벤다이어그램
S
P
(T)
S
P
(T)
I: 어떤 S는 P이다(T)
이환
어떤 $\bar{P}$는 $\bar{S}$이다(U)
집합론적 해석: $\{SP\} \neq \emptyset$
집합론적 해석: $\{\bar{S}\bar{P}\} \neq \emptyset$
벤다이어그램
벤다이어그램
S
X
P
(T)
S
P
X
(U)

연습문제

1. 다음의 용어들에 대해 정의하시오.

(1) 정언명제 (2) 정언삼단논증 (3) 단순명제 (4) 명제의 표준형식의 기본형 (5) 주연 (6) 네 명사의 오류 (7) 논리적 유추

2. 다음의 명제들을 표준형식의 명제들로 번역하시오.

(1) 국제통화기구관리체제 후에 경영패러다임을 근본적으로 바꾼 기업들이 많다.

(2) 그는 독서만 좋아한다.

(3) 겨울마다 나는 금강산에 간다.

(4) 예술작품들 중에서 혁신성이 있는 것들만이 감동을 준다.

(5) 극히 소수의 벤처사업가들이 성공했다.

(6) 학생들의 무례한 행동을 좋아하는 선생은 한 명도 없다.

(7) 비가 오지 않는 한 그는 카페에 가지 않는다.

3. "모든 과학이론은 절대적 진리이다"가 거짓일 때 다음 명제들의 진리값을 명제 환원의 방법으로 구하시오.

(1) 모든 과학이론은 절대적 진리가 아닌 것이다.

(2) 모든 과학이론은 절대적 진리가 아니다.

(3) 모든 과학이론은 절대적 진리가 아닌 것이 아니다.

(4) 어떤 절대적 진리는 과학이론이 아닌 것이 아니다.

(5) 어떤 과학이론은 절대적 진리가 아니다.

4. 다음 삼단논증들의 타당성 여부를 아리스토텔레스의 방식과

부울의 방식으로 판별하고 부당한 경우에는 범하고 있는 오류의 이름을 지적하시오.

(1) 과학이론은 형이상학이론임이 분명하다. 형이상학이론들은 나름의 패러다임을 지니고 있으며, 과학이론도 나름의 패러다임을 지니고 있기 때문이다.

(2) 모든 의약품에는 유통기한이 기재되어 있지만 유통기한이 기재된 화장품은 없다. 그러므로 어떤 화장품들은 의약품이 아니다.

(3) 극장건물들 중에는 고대 때 지은 것도 있다. 그러므로 유적지 중에는 고대 때 지은 것이 있다. 어떤 유적지는 극장건물이기 때문이다.

(4) 청소년들은 모두 거리흡연에 반대한다. 거리흡연에 반대하는 사람들은 건강에 관심 있는 사람들이다. 그러므로 청소년들 중에는 건강에 관심 있는 사람이 있음에 틀림없다.

제4장 명제논리학

4.1. 여는 글

1. 현대의 기호논리학

19세기 이전까지만 해도 아리스토텔레스의 논리학은 논리학 분야에서 굳건한 자리를 지키고 있었다. 형식논리학은 곧 아리스토텔레스의 논리학을 의미한다고 해도 지나치지 않을 만큼 논리학에 그렇다할 만한 큰 혁신은 없었다. 19세기 후반에 이르러서야 논리학에 비로소 커다란 변화의 바람이 몰려오기 시작했고, 이 바람은 20세기 초반 내지 중반에 이르기까지 논리학에 뚜렷한 발전의 자취를 새겨 놓았다. 3장의 6절에서 배운 부울의 해석은 논리학이 아리스토텔레스의 고전논리학의 테두리에서 벗어나려는 예고탄의 역할을 하는 데 한 몫을 했다고 볼 수 있을 것이다. 그러한 큰 변화 때문에 19세기 이후 새롭게 전개된 논리학은 아리스토텔레스의 논리학과 대비되어 "현대논리학"(contemporary logic)이라 불린다.

현대논리학이 아리스토텔레스의 논리학과 큰 차이점을 지니고 있음에도 불구하고 두 논리학 사이에 놓여 있는 모종의 연결고리를 부정할 수는 없다. 현대의 논리학은 고전논리학의 아주 많은 부분들을 이어받고 있는 동시에 고전논리학의 문제점 내지 한계점을 나름대로 극복하고자 한 데서 생겨난 것이기 때문이다.

현대의 논리학은 "기호논리학"(symbolic logic)이라고도 불린다. "현대"라는 용어가 적용되는 시대적 범위는 상대적이다. 먼 옛날에도 "현대"라 불리는 시대가 있었고, 또 아주 먼 훗날인 25세기에는 사람들이 21세기를 "현대"라고 간주하지 않을 것이다. 훗날까지 생각하면 "현대논리학" 대신 "기호논리학"이라는 이름이 더 적합할지도 모른다. "기호논리학"이란 명칭이 적용되는 범위는 계속해서 새롭게 확장해 나갈 것이다. 이 명칭으로 불리는 논리학은 아리스토텔레스의 논리학과 구분되는 뚜렷한 면모를 지닌다. 현대의 논리학을 "기호논리학"이라 부르는 이유는 기호들을 사용하는 점 때문이다. 아리스토텔레스 전통의 논리학 역시 부분적으로는 기호를 사용했지만 기호들의 사용범위가 지극히 제한된 것이었다. 현대논리학에서 기호가 사용되는 정도는 아리스토텔레스 전통의 논리학과는 비교도 되지 않을 만큼 크다. 현대논리학은 기호들을 들여와 과거의 논리학보다 논증들에 대해 훨씬 더 정교한 분석의 틀을 보여주고 있다.

근대에 독일 철학자 라이프니츠(G.W. Leibniz, 1646-1716)는 기호언어들이 논리학에 기여하게 될 긍정적인 면들을 강조하면서 그런 언어가 만들어지기를 염원한 바 있다. 수학에서 숫자와 기호들의 사용은 계산과정을 간편하게 하고 객관적으로 확인이 될 수 있도록 만들었다. 그는 논리학도 수학의 그런 점을 본받을 것을 역설했고, 객관적이고 간편한 절차를 거치는 엄밀한 논리적인 계산을 통해 논증들의 타당성 여부를 판별하거나 또는 타당한 논증에 대해서는 타당함을 증명할 수 있기 위한 한 방안으로 기호들을 사용할 것을 주장했다. 가령 "백일곱을 세 배하기"보다는 "107×3"이 더 간편하여 계산하기 쉬운 것처럼 논증을 기호로 표시하면 논증에 대한 평가가 좀더 수월해진다는 것이다. 현대논리학은 그의 이런 바람을 나름대로 충실히 수행하고 있으며 바로 이 점 때문에 "수학적 논리학"(mathematical logic) 또는 "계산논리학"(calculus logic)이라고 불리기도 한다. 라이프니츠는 일상언어에서 사용하는 언어들은 의미가 불분명한 경우가 많은 반면에 인위적으로 만든 기호들은 객관적인 의미들을 지니므로 보다 명확한 의미를 전달할 수 있다고 보았다. 그는 기호언어들은 일상생활에서 자연적으로 생겨난 일상언어가 아니라 인위적으로 고안된 것이기 때문에 "인공언어"(artificial language)라고 불렀으며, 또한 그 기호언어들을 모든 사람들이 공유하는 의미를 지니고 그들 사이에 객관적인 의미전달을 하게 한다는 점에서 "보편언어"(universal language)라고 부르기도 했다. 라이프니츠의 바람은 훗날 독일의 논리학자인 프레게(G. Frege, 1848-1925)에 의해 어느 정도 이루어졌고, 그 이후 계속 이루어져 갔다.

논증을 기호로 표현하기 위해서는 우선 논증을 구성하는 명제들의 의미를 명확하게 해석해야 한다. 그래야 그 의미에 적합한 기호로 대치될 수 있다. 기호화해나가는 과정은 언어의 의미를 명확하게 해석하는 과정을 포함해야 한다. 가령 "수영이는 누구나 다 좋아할 수 있는 사람이다"와 같이 애매한 명제는 기호화하기 전에 "수영이는 모든 사람들을 좋아할 수 있는 사람이다"로 해석하여 기호화할 것인지 아니면 "모든 사람들이 수영이를 좋아할 수 있다"로 해석하여 기호화할 것이지를 먼저 묻고 결정해야 한다. 또한 기호화는 기다란 문장을 단순한 기호로 간단하게 대체한다는 점에서 간편성 내지 단순성을 지니는 이점이 있다. 가령 "수영이는 학생이고 논리학도이다" 대신 "Sc∧Lc"가 더 간단하다. 기호논리학은 기호를 사용하여 논증에 대한 평가와 증명을 기계적이고 객관적인 절차를 거쳐 할 수 있는 여러 계산법들을 고안해 냈다. 이 계산법들의 예로 진리표방법, 약식진리표방법, 진리나무방법, 연역적 증명법 등을 들 수 있다. 독자분들은 이것들을 뒤에서 배우게 될 것이다.

2. 명제논리학의 테두리

109. ・기호논리학은 명제논리학(propositional logic)과 술어논리학(predicate logic)으로 분류된다.
・술어논리학은 단항(술어)논리와 다항(술어)논리(또는 관계논리(relational logic))로 분류된다.

이 책의 나머지 부분들에서는 명제논리와 술어논리의 기초적인 내용들을 참과 거짓이라는 두 개의 진리값들만을 인정하는—즉 모든 명제들을 참 아니면 거짓으로 보는—이치논리학(two-valued logic)에 국한시켜서 다루었다.[1)]

삼단논증의 타당성 여부에 대한 아리스토텔레스의 판별법의 적

1) 참도 거짓도 아닌 제3의 진리값들을 허용하는 다치논리학(many-valued logic)의 한 예로 루카지예비츠(Lukasiewicz)가 1930년대에 만든 3치명제논

용은 정언명제들로 구성된 정언삼단논증에 국한된 것이었으며 정언명제들은 모두 단순명제들이었다. 단순명제와 합성명제 간의 구분은 3장에서 지적한 바 있다. 아리스토텔레스의 판별법은 다음과 같이 합성명제를 포함하고 있는 논증들의 타당성 여부를 평가하는 데는 적용될 수 없다.

(논증 1) 그 학생은 여학생이거나 남학생이다. 그런데 그 학생은 여학생이 아니다. 고로 그 학생은 남학생이다.

(논증 2) 만일 오늘 태풍이 몰아친다면 금강산 여행이 취소될 것이다. 오늘 태풍이 몰아쳤다. 고로 오늘 금강산여행이 취소될 것이다.

이 논증들의 첫 번째 전제들은 각각 합성명제들이다. 이 논증들은 우리의 직관에 비추어 볼 때 분명히 타당하며, 이런 직관을 제대로 반영해주는 논리학이 필요하다. 아리스토텔레스의 논리학은 명사들 간의 관계, 즉 주어명사와 술어명사의 주연과 부주연의 관계에 의해서 삼단논증의 타당성 여부를 판별한다. 이런 점에서 그 논리학은 명사(또는 개념) 단위의 논리학으로 볼 수 있다. 위의 논증들은 명사단위(또는 개념단위)가 아닌 문장단위(또는 명제단위)의 논리학 즉 명제논리학(또는 문장논리학)에서 다루어져야 할 것들이다.

리를 들 수 있다. 그는 "나는 내일 북한산에 있을 것이다"와 같은 미래시제 명제와 관련된 문맥에 적용시키기 위한 3치명제논리를 사용하고자 했다. 미래시제명제에는 참이나 거짓의 진리값이 아닌 제3의 진리값이 적용된다. 이 제3의 진리값이 추가됨에 따라서 여러 논리적 연결사들은 명제논리에서 규정하는 것과 다르게 규정된다. 이러한 규정은 세 개의 진리값을 상정하는 진리표로 주어진다.

110. · 아리스토텔레스의 논리학은 (정언) 명제를 주어명사와 술어명사와 계사와 양수사로 분석한 틀 위에서 세워진 논리학이다.
· 반면에 명제논리학은 명제를 하나의 분리되지 않는 단위로 삼는다. 명제논리학은 명제들의 내부구조에는 관심을 두지 않는다. 그렇기 때문에 명제논리학은 명제를 나타내는 (명제)변항들을 나타내는 기호들(p, q, r)은 도입하지만 그 기호들을 구성하는 요소기호들은 필요로 하지 않는다.

명제논리에서 합성명제들의 진리값은 합성명제를 구성하는 요소명제들(elementary propositions)의 진리값과 연결사들의 특성에 따라 정해진다. 명제논리에서 20세기에 주로 포스트(E.L. Post)와 비트겐슈타인(L. Wittgenstein)에 의해 체계화된 진리표(truth table)의 방법은 합성명제들의 진리값을 결정하는 데 사용될 뿐만 아니라 논증의 타당성 여부를 판별하기 위한 장치가 된다.

명제논리는 19세기 말에서 20세기에 전개된 것이지만 그 흔적을 고대에까지 거슬러 올라가서 찾아볼 수 있다. 고대의 메가라 학파와 스토아 학파의 철학자들은 이미 합성명제를 해석하는 데에 나름의 관심을 기울였다. 그들은 명제를 대신하는 명제변항장치(propositional variable device)를 사용했고, 특히 조건명제에 대해서 현대의 진리표적인 해석에 해당되는 이해를 마련해 주었다. 그들의 이런 작업은 까마득히 먼훗날 논리학자들에 의해 좀더 본격적으로 이어졌다.

명제논리학 역시 아리스토텔레스의 논리학이 그랬던 것처럼 적용범위가 제한되어 있다. 가령 명제논리는 다음의 논증의 타당성 여부를 판별하는 데 적용될 수 없다.

(논증 3) 모든 인간은 동물이다.

모든 동물은 생물이다.

고로 모든 인간은 생물이다.

이 논증은 우리의 직관에 비추어 볼 때 타당할 뿐만 아니라 아리스토텔레스의 논리학의 삼단논증의 규칙에 의거해 볼 때도 타당하다. 그러나 명제를 분리되지 않는 하나의 단위로 삼는 명제논리로는 이 논증의 타당성 여부를 밝힐 수 없다. 그래서 위의 논증에다 명제논리를 적용할 수 없다. 만약 명제논리를 적용시키면 위의 논증은 세 개의 서로 다른 명제변항기호들 p, q, r을 사용해 다음과 같이 형식화된다.

p

q

∴r

이 논증형식은 나중에 배우게 될 명제논리의 방법인 진리표상으로는 물론이고 직관적으로도 부당하다.

논증(3)이 타당한지 부당한지는 명제들 간의 관계에 의해서 결정되는 것이 아니라 명제들의 내부구조들 간의 관계에 의해서 결정된다. 그래서 기호논리학은 논증(3)과 같은 유형의 논증을 다룰 수 있도록 명제의 내부구조를 나름대로 밝혀주고 그 구성요소들에 대한 기호들을 도입하도록 영역을 확장시켜 이른바 술어논리라는 또 하나의 가지를 치게 되었다.

111. 술어논리학은 명제들을 주어와 술어 등으로 분석한다.

술어논리학은 가령 "모든 인간은 동물이다"라는 정언명제를 "모든"이라는 양수사와 "인간들"이라는 주어와 "동물이다"라는 술어로 분석한다. "모든 인간은 동물이다"에서 술어는 "동물이다"가 되고 아리스토텔레스의 논리학이 도입하는 술어명사(predicate term)는 "동물"이 된다. 술어논리학은 술어를 나타내는 술어변항기호들을 필요로 한다. 아리스토텔레스의 논리학과 마찬가지로 술어논리학에서 "인간"이 주어 또는 주어명사가 된다. 주어는 모두 명사형으로 표현되기 때문에 "주어"는 "주어명사"(subject term)와 동의어로 쓰일 수 있다. 위의 정언명제에 대한 술어논리학에서의 기호화는 (x)(Mx→Ax)가 되는데 왜 이런 기호로 번역되는지에 대해서는 뒤에서 상세하게 다루기로 한다.

112. 술어논리학은 단항술어논리학(one-placed predicate logic)과 다항술어논리학(many-placed predicate logic)으로 분류된다. 다항술어논리학은 "관계논리학"(relational logic)이라고도 불린다.

위의 사각테 안에서의 분류는 술어가 관련을 맺는 항이 하나인지 아니면 여럿인지에 따른 것이다. "모든 인간은 동물이다"에서 "동물이다"라는 술어는 "인간"이라는 한 개의 자리 내지 항이 지니는 속성을 나타내준다. 반면에 "몽고는 한국의 북쪽에 있다"에서 "북쪽에 있다"는 "몽고"와 "한국"이라는 두 개의 항들 사이의 관계를 나타내는 관계술어이다. 다음의 논증을 보자.

(논증 4) 김씨는 이씨보다 나이가 많다.

이씨는 박씨보다 나이가 많다.

고로 김씨는 박씨보다 나이가 많다.

위의 논증에 있는 명제 "김씨는 이씨보다 나이가 많다"를 만약 아리스토텔레스의 논리학의 방식으로 분석하면 "이씨보다 나이가 많은 사람"이 술어명사가 된다. 만약 나머지 명제들도 같은 방식으로 분석한다면 위의 논증의 타당성 여부를 판별할 수 없게 된다. 또 위의 명제의 "이씨보다 나이가 많다"를 단항술어로 간주하고 나머지 명제들도 같은 방식으로 분석한다면 위의 논증의 타당성 여부를 판별할 수 없다. 논증 (4)의 타당성 여부는 아리스토텔레스의 논리학으로도 판별될 수 없으며 단항술어논리학으로도 판별될 수 없다. 또한 논증 (4)는 명제논리학으로도 판별될 수 없다. 명제변항기호 p, q, r을 사용하면 위의 논증은 다음의 형식으로 기호화된다.

p

q

∴r

이 논증형식은 명제논리학에서뿐만 아니라 직관적으로도 부당하다. 그러나 논증 (4)는 분명 직관적으로 타당하지 않은가? 논증 (4)의 타당성은 관계논리로 밝혀질 수 있다. 관계논리는 "…보다 나이가 많다"라는 술어를 여러 대상들—가령 김씨와 이씨—사이의 관계를 나타내는 관계술어로 간주한다.

4.2. 기호로 바꾸기

논증을 구성하는 명제들을 기호화하면 논증형식(argument form)이 만들어진다. 논증의 타당성 여부는 논증의 형식에 의존해 있다. 이것은 다음을 의미한다.

113. 하나의 논증형식이 타당(부당)하다면 그 형식을 구성하는 명제형식들에 내용을 지니는 명제를 대입시켜 나온 논증들은 모두 타당(부당)하다. 즉 동일한 논증형식을 지니는 논증들은 모두 다 타당하든가 아니면 모두 다 부당하든가 둘 중 하나가 된다

명제논리학은, 아리스토텔레스의 논리학과 달리, 요소명제들(elementary propositions)을 부분으로 지니는 합성명제들로 구성된 논증에 대해서도 적용된다. 그렇기 때문에 명제논리에서 명제에 대한 기호화는 명제에 대한 기호들 외에 요소명제들을 이어주는 끈의 역할을 하는 연결사들(connectives)에 대한 기호들도 필요로 한다.

명제논리의 기본적인 기호들(①-③)에 대해 알아보자.

① 명제변항기호: p, q, r, s, t, …(영어 알파벳 소문자들 p, q, r, … 외에 기호가 더 필요한 경우에는 아래숫자를 붙여서 p_1, …, t_1 … 등을 사용할 수 있다.)

명제변항기호들에 명제가 대입될 수 있다.

114. ㄱ) 명제변항기호들은 그 자체가 특정한 내용(또는 의미)을 담고 있지 않은 변항(variable)에 불과하기 때문에 그것들 자체가

진리값을 지니고 있지 않으며, 어떤 진리값을 지니는 명제가 대입되느냐에 따라서 참이 될 수도 있고 거짓이 될 수도 있다.
ㄴ) 반면에 명제들은 명제변항들과는 달리 특정한 내용을 지니고 있으므로 진리값을 지니고 있다.

② 명제기호: A, B, C, D, …

명제에 대한 약어를 나타내는 영어 알파벳 대문자인 A, B, C, D 등은 명제내용을 지니고 있으므로 명제변항기호들과 달리 진리값을 지니는 것들로 간주되어야 한다.

115. 명제기호들은 그 자체가 명제들에 대한 약어들이기 때문에 (명제적) 내용과 진리값을 지니고 있다.

③ 명제연결사기호(또는 논리적연결사기호): ~, ∧(또는 ·또는 &), ∨, →, ↔

116. 연결사들은 변항들과 달리 고정된 의미를 지니고 있다는 점에서 논리적 정항들(logical constants)이다.

연결사들에 따라서 명제들 간에 서로 다른 관계가 맺어진다. 다음 두 개의 명제들을 예로 들어보자. 또 그 명제들이 각각 참이라고 해보자.

나는 학생이고 음악가이다.
나는 학생이거나 또는 음악가이다.

"나는 학생이다"를 명제변항기호 p로 "나는 음악가이다"를 명제변항기호 q로 대치하고 연결사들인 "그리고"와 "또는"을 각각 "∧"와 "∨"로 기호화하면 다음의 두 개의 합성명제형식들이 만들어진다.

$p \wedge q$

$p \vee q$

이 두 개의 명제형식들은 서로 다른 논리적 귀결들을 지닌다. 전자의 형식으로부터는 p와 q 둘 다가 참이라는 것이 도출되지만 후자의 형식으로부터는 p와 q 둘 중 적어도 하나가 참이라는 것이 도출된다. 합성명제의 진리값은 요소명제들의 진리값들의 함수가 된다. 연결사는 합성명제의 진리값을 요소명제들의 진리값들로부터 계산하도록 만드는 성질을 지니므로 진리함수적이다.

117. ㄱ) (논리적)연결사는 진리함수적 기능을 지니기 때문에 "진리함수적 연결사"(truth functional connective)라고도 불린다.
ㄴ) 논리적연결사가 진리함수적 기능을 지닌다는 것은 논리적 연결사로 연결된 합성명제의 진리값이 요소명제들의 진리값에 의존해 있으며 연결사는 이런 진리값의 의존관계를 결정해준다는 것을 의미한다.

118. 진리함수적 연결사에 대한 정의가 일상언어의 연결사가 의미하는 바를 제대로 담고 있다고 보기 힘들다. 진리함수적 연결사의 유용성은 일상언어의 연결사를 진리함수적 연결사로 대치해도 별 문제가 일어나지 않는 경우에 사용할 수 있다는 점이다.

논리학에서 진리함수적 연결사들이 일상언어에서의 명제 연결사들—즉 명제들을 이어주는 연결사들—의 의미를 완전하게 반영하고 있지 못하다는 점은 앞으로 각각의 연결사들을 설명하면서 지적하기로 한다.

ㄱ) 부정기호: ~

부정을 나타내는 기호 ~는 명제에 대한 부정(negation)을 나타내기 위해 사용된다. ~는 그 모양상 "컬"(curl)이라 불린다. 뒤에 나올 다른 연결사들이 여러 개의 명제 또는 명제형식들을 연결해주는 다항연결사들인 반면에 부정연결사는 한 개의 명제 또는 한 개의 명제형식의 왼편에 놓이거나 또는 합성명제 또는 합성명제형식을 묶은 괄호 왼편에 놓이는 1항연결사이다. 부정연결사기호와 명제 A로 구성된 "~A"는 요소명제 A를 포함하고 있다는 점 때문에 합성명제로 간주된다. 합성명제를 두 개 이상의 요소명제들이 연결사로 결합된 것으로 정의하는 것을 엄격히 적용하여 "~A"를 합성명제로 보지 않는 입장도 있지만 대부분의 경우는 "~A"를 합성명제로 간주한다. 부정연결사로 합성된 명제는 "부정합성명제" 또는 "부정명제"라고 불린다. 임의의 명제 A에 대해서 ~를 붙인 "~A"는 "A라는 것은 사실이 아니다" 또는 "A가 아니다" 또는 "A라는 것은 거짓이다"로 읽혀진다. 이때 A와 ~A는 모순관계에 있게 된다. 두 명제가 모순관계에 있다는 것은 하나가 참이면 다른 하나는 거짓이며 둘 다 동시에 참이 될 수도 없고 또 둘 다 동시에 거짓이 될 수도 없다는 것을 의미한다. "~A"를 부정하면 "~~A"라는 이중부정명제가 된다. 이중부정은 곧 긍정이 되므로 "~~A"는 "A"와 서로 대치될 수 있다.

119. 다음의 진리값의 관계는 진리함수적 연결사기호 ~에 대한 정의가 된다: 임의의 명제변항기호 p에 있어서, p가 참이면 ~p는 거짓이고 p가 거짓이면 ~p는 참이 된다.

위의 정의는 부정명제가 진리함수적 합성명제이며 따라서 부정연결사는 진리함수적 연결사라는 것을 보여준다.

ㄴ) 연접기호: ∧ (또는 · 또는 &)

명제들이나 명제형식들을 연접시키는 기능을 지니는 연결사를 나타내는 기호로 연접기호 ∧나 · 또는 &를 사용한다. 이 기호에 해당되는 일상표현은 "그리고"(and)이다. 여기서 "그리고"는 단어들이 아닌 명제들을 연결해주는 것에 국한된다. 가령 "영희와(and) 철수는 동창이다"에서의 "와"(and)는 단어들을 연결하는 기능을 한다. ∧는 모양상 "다리"(bridge)라 불리고 ·는 그 모양상 "점"(dot)이라 불린다. 또한 &는 "앰퍼샌드"(ampersand)라 불린다. 임의의 명제 A와 B를 연접시키면 "A∧B"가 된다. 연접연결사로 결합된 합성명제를 "연접합성명제"라 부르고 연접연결사로 연결된 요소명제들을 "연접지"(또는 연접항, conjunct)라 부른다.

120. 연접연결사는 진리함수적이며 따라서 연접합성명제도 진리함수적 이다. 임의의 명제변항기호 p와 q에 있어서 p∧q의 진리값은 p와 q의 진리값에 따라서 결정되기 때문이다.

다음의 사각테가 보여주고 있듯이 임의의 명제변항기호 p와 q에 있어서 p와 q가 가질 수 있는 모든 가능한 진리값의 경우들은 네 가지이며 그 경우 각각에 대해서 "p∧q"의 진리값이 정해진다.

121. 임의의 명제변항기호 p와 q에 있어서 다음의 네 가지의 진리값의 관계들은 진리함수적 연결사기호 ∧에 대한 정의가 된다

p와 q가 둘 다 참인 경우에 p∧q는 참이다.
p가 참이고 q가 거짓인 경우에 p∧q는 거짓이다.
p가 거짓이고 q가 참인 경우에 p∧q는 거짓이다.
p와 q가 둘 다 거짓인 경우에 p∧q는 거짓이다.

진리함수적 연접연결사는 일상언어의 연접연결사의 의미를 온전히 반영하고 있지는 못하다. 다음 두 명제들을 예로 들어보자.

나는 일차 시험에 합격하고 이차 시험에 합격했다.
나는 학생이지만 학교에 안 간다.

명제논리에서 위의 명제들은 각기 "p∧q"와 "r∧s"의 합성명제형식으로 기호화되며 이 합성명제형식은 각 요소명제변항들이 각각 참일 때 그리고 오직 그때만 참이 된다. 그런데 위의 명제들 중 첫 번째 명제는 "일차 시험에 합격한 다음에 이차 시험에 합격했다"는 의미를 지닌다. 이 경우에 연접연결사인 "그리고"는 일차 시험에 합격한 사실과 이차 시험에 합격한 사실 둘 다를 긍정하는 것 외에도 그 두 사실 사이의 시간적인 순서를 나타내고 있다. 진리함수적 연결사는 이 후자 즉 시간적 순서를 반영하지 못하고 있다. 명제논리에서 "p∧q"는 "q∧p"와 동치가 되므로 p와 q의 순서가 의미를 지니지 못하기 때문이다. 두 번째 명제의 경우에 대해서는 독자분들이 언급해보기를 바란다.

ㄷ) 선접기호: ∨

선접기호 ∨는 일상언어의 명제연결사 "또는"(or)을 대신하기 위해 만들어진 것이다. 선접기호로 결합된 합성명제는 "선접합성명제"(disjunction)라 불려지며, 선접기호로 합성되는 명제들은 "선접지들"(또는 선접항들, disjuncts)이라 불린다. 선접기호 "∨"는 포괄선접명제(inclusive disjunction)를 나타내는 라틴어 "vel"의 첫문자를 딴 것으로 알려져 있다. 라틴어는 "선접명제"를 포괄선접명제를 가리키는 "vel"과 배타적 선접명제(exclusive disjunction)를 가리키는 "aut"로 분류했다. ∨는 모양상 "쐐기"(wedge)라 불리기도 한다. 임의의 명제변항기호 p와 q를 선접기호로 합성하면 "p∨q"라는 선접명제형식이 나온다. 명제논리에서 "p∨q"는 순서를 바꾼 "q∨p"와 동치이며 따라서 서로 대치 가능하다.

라틴어에서의 "vel"과 "aut"의 구분이 보여주는 바처럼 일상언어에서의 선접명제는 두 가지의 의미로 사용된다.

> **122a.** 일상언어에서의 선접명제는 두 가지 종류, 즉 포괄적 선접명제와 배타적 선접명제로 구분된다. 둘 다 선접지들 중 어느 하나가 참일 때 참이 된다. 그러나 전자는 선접지들 모두가 참일 때에도 참이 되는 반면에 후자는 선접지들 둘 다가 참인 경우에는 거짓이 된다.

포괄적 선접명제의 예로 다음을 들 수 있다. "서울 시민이거나 또는 서울에 1년 이상 거주한 사람들은 이번 특별세를 내야만 한다." 이 경우에 선접지들은 동일한 한 사람에 대해서도 참이 될 수 있다. 한편 배타적 선접명제의 예로는 "그는 지금 학교에 있거나 또는 집에 있다"나 "오늘 저녁은 내내 눈이 오거나 또는 내내 구름이 끼겠습니다"를 들 수 있다.

> **122b.** 임의의 명제변항기호 p, q에 있어서, 배타적 선접명제형식은 다음과 같다.
>
> $(p \vee q) \wedge \sim(p \wedge q)$[2)]
>
> 이 합성명제형식은 "p 또는 q가 참이다. 그리고 p가 참이면서 동시에 q가 참이 되는 그런 경우는 있을 수 없다"로 읽혀진다.

122b에서 주어진 배타적 선접명제형식의 연접지들 중 왼편항 즉 p∨q는 포괄적 선접명제형식이다. 그래서 포괄적 선접명제나 배타적 선접명제의 공통부분은 포괄적 선접명제가 의미하는 것이라고 할 수 있다. 논리학은 이 공통부분 즉 포괄적 선접명제를 보통 ∨를 사용해서 기호화한다. 일상언어에서는 선접명제가 배타적인 것과 포괄적인 것으로 구분되지만 논리학에서는 배타적이라는 별도의 의미가 주어지지 않는 한 선접명제는 포괄적 선접명제를 의미한다. 논리학에서 배타적 선접명제는 포괄적 선접명제에다 제한사항을 보태서 표시한다.[3)]

논리학에서의 선접연결사는 진리함수적이다. 선접지들의 진리값들이 어떤 것인가에 따라 선접명제의 진리값이 결정되기 때문이다. 다음의 사각테가 보여주고 있듯이 임의의 p와 q에 대해 선접지(또는 선접항)들이 가질 수 있는 모든 가능한 진리값의 경우는 네 가지이며 그 경우 각각에 대해서 "p∨q"의 진리값이 결정된다.

2) 괄호에 대해서는 뒤에서 설명할 것이다.

3) 논리학에서 배타적 선접기호는 Ⓥ로 표시하기도 한다.

123. 임의의 명제변항기호 p와 q에 있어서 다음의 진리값들의 관계는 ∨에 대한 정의가 된다.
p와 q가 둘 다 참인 경우에 p∨q는 참이다.
p가 참이고 q가 거짓인 경우에 p∨q는 참이다.
p가 거짓이고 q가 참인 경우에 p∨q는 참이다.
p와 q가 둘 다 거짓인 경우에 p∨q는 거짓이다.

ㄹ) 조건기호 : →

조건기호 →는 일상언어의 "만일 …이면…"(if … then …)에 (부분적으로나마) 대응하는 기호이다. →는 그 모양상 "화살"(arrow)이라고 불리기도 한다. → 대신에 모양상 "말굽"(horse shoe)이라고 불리는 ⊃을 사용하는 경우도 있다. 그러나 기호 ⊃은 집합론에서 집합들 사이의 포함관계를 나타내는 데 사용되기도 하므로 혼동을 낳기 쉽다. 그래서 여기서는 →을 조건기호로 사용하기로 한다. "만일 …이면 …이다"는 "…이면"의 앞과 뒤에 있는 명제들을 연결해주는 기능을 하는 조건연결사(conditional connective)이다. 조건연결사로 구성된 합성명제는 "조건(합성)명제"(conditional (compound) proposition) 또는 "함언명제(또는 함축명제)"(implicative proposition) 또는 "가언명제"(hypothetical proposition)라 불린다.

124. 조건연결사기호의 왼편에 나오는 명제 또는 명제형식을 "전건"(antecedent)이라 부르고 오른편에 나오는 명제 또는 명제형식을 "후건"(consequent)이라 부른다.

조건명제의 한 예로 "만일 오늘이 말복이라면 나는 오늘 수박을 먹는다"를 들 수 있다. "오늘은 말복이다"를 A로 기호화하고 "나는 오늘 수박을 먹는다"를 B로 표시할 때 이 조건명제는 "A→B"로 기호화된다. 이 기호식은 "만약 A이면 B이다"로 읽혀진다.

> 125. 명제논리에서 조건명제형식의 전건과 후건은 함축(implication)의 관계에 있다. 여기서 함축관계에 있다는 것은 다음의 진리값의 관계가 성립한다는 것을 의미한다. "전건이 참이라는 가정 하에서 후건은 반드시 참이 된다."

임의의 명제변항기호 p와 q에 있어서 조건명제형식 "p→q"는 p가 참이라고 가정할 때 q는 반드시 참이 된다.

조건기호 →로 사건들 간의 필요조건(necessary condition)이나 충분조건(sufficient condition)을 나타낼 수 있다. "나는 군대에 간다"를 A로 "나는 20세 이상이다"를 B로 기호화해보자. 이때 명제 B가 A에 대한 필요조건이 된다는 것은 "A→B"로 기호화된다. 내가 군대에 갈 수 있으려면 나는 20세 이상이어야 하며 또 남성이어야 하고 또 신체가 건강해야 한다는 등의 필요조건들을 만족시켜야만 한다. 내가 20세 이상이 되어야 한다는 것은 내가 군대에 가기 위해서 필요한 한 조건이다. 20세 이상이 되어야만 군대에 갈 수 있기 때문이다. 이것은 곧 내가 군대에 간다면 나는 20세 이상이라는 것을 의미한다. 이런 의미를 담은 문장을 기호화하면 "A→B"가 된다. 이것을 일반화하면 다음과 같다.

> 126. 임의의 명제변항기호 p와 q에 대해서, "q이어야만 p이다" 또는 "q 는 p에 대한 필요조건이다"는 "p→q"로 기호화된다.

한편 p가 q의 충분조건이 된다는 것은 곧 p인 모든 경우들이 q

의 경우들이 된다는 것, 즉 만약 p이면 q가 된다는 것이다.

> 127. 임의의 명제변항기호 p와 q에 대해서, q가 p에 대한 충분조건이라는 것은 "q→p"로 기호화된다.

만약 내가 동물이라면 나는 생물이 된다. 이 경우에 내가 동물이라는 것은 내가 생물이기 위한 충분조건이 되며 생물이라는 것을 보증하기에 충분하다. 그러나 그 역은 성립되지 않는다.

> 128. 명제논리에서 조건기호는 진리함수적이다. 조건명제형식의 진리값은 전건과 후건의 진리값들이 무엇인가에 따라서 결정되기 때문이다.

예를 들어 임의의 명제변항기호 p와 q에서 조건명제형식 "p→q"는 진리함수적이다. 이 명제형식의 진리값이 p와 q의 진리값에 의존해서 결정되기 때문이다. "p→q"의 진리값은 p와 q가 가질 수 있는 진리값들의 모든 가능한 배합들에 의존해 있다. p와 q가 가질 수 있는 진리값들의 모든 가능한 경우는 네 가지이며 그 각각에 대해 "p→q"의 진리값이 다음의 사각테에서와 같이 정해진다.

> 129. 임의의 명제변항기호들 p와 q에 있어서 다음의 진리값들의 관계들 은 (진리함수적) 조건기호 "→"에 대한 정의가 된다.
>
> p와 q가 둘 다 참일 때 p→q는 참이 된다.
> p가 참이고 q가 거짓일 때 p→q는 거짓이 된다.
> p가 거짓이고 q가 참일 때 p→q는 참이 된다.
> p와 q가 둘 다 거짓일 때 p→q는 참이 된다.

위의 사각테로부터 다음의 사각테의 내용을 읽어낼 수 있다.

> **129′.** 진리함수적 조건명제는 전건이 참이면서 동시에 후건이 거짓인 경우에만 거짓이고 이와 다른 진리값들이 전건과 후건에 주어졌을 때 즉 전건이 거짓이거나 후건이 참일 때는 참이 된다.

"p→q"가 거짓이 되는 경우는 한 가지 즉 p가 참이고 q가 거짓일 때이다. 따라서 "p→q"가 참이 되는 경우는 p가 참이면서 q가 거짓인 경우가 아닐 때다. "p→q"의 한 예문(instantiated sentence)으로 "만일 내일 폭우가 내린다면 등산이 취소된다"를 들어보자. 이 문장은 "내일 폭우가 내리는데도 등산이 취소되지 않는다는 것은 거짓이다"로 대치될 수 있다. 이것은 다음을 의미한다.

> **130.** "p→q"와 "∼(p∧∼q)"는 동치이다—즉 진리값이 늘 같다.

위의 사각테가 옳다는 것은 다음의 진리값들의 관계를 통해 검토할 수 있다.

진리값들의 배합	p→q	∼q	p∧∼q	∼(p∧∼q)[4]
p와 q 둘 다 참	참	거짓	거짓	참
p가 참이고 q가 거짓	거짓	참	참	거짓
p가 거짓이고 q가 참	참	거짓	거짓	참
p와 q 둘 다 거짓	참	참	거짓	참
	*			*

(*줄에 있는 진리값은 서로 같다)

4) 괄호에 대해서는 뒤에서 다룰 것임.

131. 일상언어에서 조건명제가 진리함수적인 방식 외의 방식, 즉 비진리 함수적인 방식으로 사용되는 예가 많다.

일상언어를 진리함수적 조건기호 "→"를 사용해 기호화할 때 많은 경우에 일상언어가 지니는 비진리함수적인 측면만이 부각된다. 그럼에도 불구하고 조건기호의 진리함수적 측면은 기호논리학에서 진리값을 계산해 내는 데 있어서 그리고 논증의 타당성 여부를 판별하는 데 있어서 편리한 방안을 마련해주고 있다.

일상적으로 사용되고 있는 다음의 조건명제들을 예로 들어보자.

(1) 만일 눈이 온다면 땅이 젖는다.

(2) 만일 이번 대회에서 네가 진다면 나는 네게 선물을 줄 것이다.

(3) 만일 김씨가 이씨보다 나이가 많다면 이씨는 김씨보다 나이가 적다.

(1)은 적어도 다음의 두 개의 내용들을 지니고 있다. 하나는 눈이 오면서 땅이 젖지 않는다는 주장은 거짓이 된다는 내용이고 다른 하나는 눈이 오는 것이 땅이 젖는 것의 원인이 된다는 내용이다. 전자의 내용은 진리함수적인 것이고, 후자의 내용은 비진리함수적인 것이다. (1)을 진리함수적 조건기호를 사용해 기호화하면 후자의 내용이 전달되지 않는다.

(2)는 적어도 두 가지의 내용을 지닌다. 하나는 이번 대회에서 진 사람이 선물을 받지 않는다는 주장은 거짓이 된다는 내용이고 다른 하나는 이번 대회에서 지는 사람에게 선물을 주기로 약속한다는 내용이다. 전자는 (2)의 진리함수적 측면이고 후자는 (2)의

비진리함수적 측면이다. (2)를 진리함수적 조건기호 →를 사용하여 기호화하면 후자의 내용이 부각되지 않는다.

(3) 역시 진리함수적 측면과 비진리함수적 측면을 지닌다. (3)은 김씨가 이씨보다 나이가 많으면서 동시에 이씨가 김씨보다 나이가 적지 않다는 것은 거짓이라는 주장을 하고 있다는 점에서 진리함수적인 면을 지닌다. 또 (3)은 "김씨가 이씨보다 나이가 많다"라는 명제와 "이씨는 김씨보다 나이가 적다"라는 명제 사이에 논리적인 귀결의 관계가 있다는 주장을 하고 있다는 점에서 비진리함수적인 면을 지니고 있다. (3)을 진리함수적 조건기호를 사용해 기호화하면 비진리함수적인 측면이 전달되지 않게 된다.

앞의 세 개의 명제들은 일상언어에서 조건명제는 진리함수적인 의미 이외에 비진리함수적인 의미—가령 인과성(causality), 약속, 논리적 귀결 등—를 지니고 있다는 것을 보여주고 있다. 일상언어에서 조건명제는 명제들 사이의 내용의 관련성을 표현하고 있지만 명제논리의 조건기호는 이런 연관성을 표현하지 않는다.

다음의 명제를 예로 들어보자. "만일 눈이 검다면 지구는 둥글다." 이 조건명제를 구성하는 두 개의 명제들 즉 "눈이 검다"와 "지구는 둥글다"는 내용상 아무 관련도 없는 것들이다. 이 조건명제를 (진리함수적) 조건기호를 사용하여 기호화하는 것은 대부분의 경우에 의미없는 일이다.

그러나 명제논리의 기호식인 "p→q"는 위의 명제를 한 예문으로 지닐 수 있다.

132. 진리함수적 조건명제—즉 진리함수적인 측면만 부각되고 비진리 함수적인 측면은 부각되지 않는 명제—는 "단순조건명

제" 또는 "실질적 조건명제"(material conditional)라 불린다. 단순조건명제는 전건이 참이고 후건이 거짓일 때에만 거짓이 되고, 전건과 후건에 이와 다른 진리값이 주어지는 경우에는 참이 되는 명제이다.

ㅁ) 쌍조건기호 : ↔

쌍조건연결사(bi-conditional)는 일상언어의 "…일 때 그리고 오직 그때만 …" 또는 "만약 …이면 그리고 오직 그때만 …"(if and only if)에 해당된다. 임의의 명제변항기호 p와 q에 대해서, "p일 때 오직 그때만 q이다"라는 명제형식은 쌍조건명제형식이 된다. 이 명제형식은 "p일 때 q이다"(if p then q)와 "오직 p일 때만 q이다"(q only if p)라는 두 개의 조건명제형식들이 연접된 것이다. 두 번째 연접항인 "오직 p일 때만 q이다"는 "만일 q이면 p이다"(if q then p)로 번역될 수 있다. 두 개의 명제형식들의 의미가 같기 때문이다. 다음의 예문을 보자.

(4) 오직 세제가루에 물이 묻혀질 때에만 세제가루는 녹게 된다.

(4)는 "만일 세제가루가 녹게 된다면 그 가루에 물이 묻혀진 것이다"와 같은 의미가 된다. 그러나 (4)는 "만일 세제가루에 물이 묻혀진다면 세제가루는 녹게 된다"로 번역될 수는 없다. (4)는 세제가루에 물이 묻혀진 경우라 하더라도 기온이 아주 낮아서 가루가 녹지 않는 경우에는 참이 될 수 없기 때문이다. 이와 같이 "오직 p일 때만 q이다"(q only if p)를 "만일 q이면 p이다"(if q then p)로 번역할 수 있다면 다음의 사각테가 성립된다.

> 133. "임의의 명제변항 p와 q에 대해서 p일 때 그리고 오직 그때만 q이 다(for p and q, q if and only if p)"라는 표현은 "만약 p이면 q이고 만약 q이면 p이다"라는 표현으로 대치될 수 있다.

위의 사각테는 쌍조건명제들은 연접지들을 지니는 연접명제가 된다는 것을 보여주고 있다.

쌍조건연결사에 진리함수적인 면에서 대응하는 쌍조건기호는 ↔이고, 진리함수적인 기능을 지니며 모양상 "이중화살"(double arrow)이라 불린다. 임의의 명제변항 p와 q에 대해 p↔q는 쌍조건명제형식이 되고, 이 경우 p와 q는 "쌍조건항"이라 불린다. 쌍조건기호 ↔는 "…일 때 그리고 오직 그때만"으로 읽혀진다. "…일 때 그리고 오직 그때만"(if and only if)은 약자 iff로 대신되기도 한다.

> 134. 진리함수적 쌍조건기호 ↔의 의미는 다음과 같다.
>
> 임의의 명제변항기호 p와 q에서, p↔q는 p와 q의 진리값이 동일할 때—즉 둘 다 참이거나 둘 다 거짓일 때—참이 되고 p와 q의 진리값이 다를 때—즉 하나는 참이고 다른 하나는 거짓일 때—거짓이 된다.

> 135. 사각테 133이 성립되므로 p↔q는 (p→q)∧(q→p)와 동치이다.

위의 사각테가 성립된다는 것을 다음의 진리값들의 관계를 통해 검토할 수 있다.

진리값들의 배합	$p \leftrightarrow q$	$p \rightarrow q$	$q \rightarrow p$	$(p \rightarrow q) \land (q \rightarrow p)$
p와 q가 둘 다 참일 때	참	참	참	참
p가 참이고 q가 거짓일 때	거짓	거짓	참	거짓
p가 거짓이고 q가 참일 때	거짓	참	거짓	거짓
p와 q가 둘 다 거짓일 때	참	참	참	참
	*			*

(*줄에 있는 진리값들은 서로 같다)

위의 경우들을 통해 "$p \leftrightarrow q$"와 마찬가지로 "$(p \rightarrow q) \land (q \rightarrow p)$"도 p와 q의 진리값이 둘 다 참이거나 둘 다 거짓일 때만 참이 된다는 것을 알 수 있다.

136. ·진리함수적 쌍조건 명제에서 두 개의 쌍조건항들은 각각 진리함수적인 조건명제들 또는 단순조건명제들이다.
·진리함수적 쌍조건 명제 즉 서로 진리함수적으로 동치관계에 있는 명제들로 구성된 쌍조건명제를 "단순동치명제" 또는 "실질적 동치명제"(material equivalence)라고도 부른다.

137a. 단순동치명제들 중 진리값이 항상 참이 되는 것들은 "논리적 동치명제"(logical equivalence)라 불린다.

논리적 동치명제형식의 한 예로 드모르간(De Morgan, 1806-1871)의 법칙으로 알려진 "$\sim(p \lor q) \leftrightarrow (\sim p \land \sim q)$"를 들 수 있다. 이 명제형식에서 쌍조건항들은 $\sim(p \lor q)$와 $\sim p \land \sim q$이다. 이 동치명제형식이 항상 참이 된다는 것을 다음의 진리값의 관계를 통해 검토할 수 있다.

진리값들의 배합	p∨q	~(p∨q)	~p	~q	~p∧~q	~(p∨q)↔(~p∧~q)
p와 q 둘 다 참	참	거짓	거짓	거짓	거짓	참
p가 참, q가 거짓	참	거짓	거짓	참	거짓	참
p가 거짓, q가 참	참	거짓	참	거짓	거짓	참
p와 q 둘 다 거짓	거짓	참	참	참	참	참

*

(항상 참이다)

137b. · 단순동치명제는 단순동치관계에 있는 명제들의 진리값이 무엇인가에 따라서 참이 되기도 하고 거짓이 되기도 한다.
· 반면에 논리적 동치명제는 논리적 동치관계에 있는 명제들의 진리값이 참이건 거짓이건 관계없이 항상 참이 된다.

위의 사각테가 옳다는 것을 단순동치명제형식 p↔q와 논리적 동치명제형식 ~(p∨q)↔(~p∧~q)의 진리값들을 통해 독자분들이 검토해보기를 바란다.

사각테들 135와 126 그리고 127로부터 다음의 사각테 138이 만들어진다.

138. 임의의 명제변항 p와 q에 대해, p↔q는 p는 q이기 위해서 필요조건이 되면서 동시에 충분조건이 된다는 것을 주장한다.

139. 쌍조건명제들은 조건명제들을 쌍조건항들로 지니고 있다. 때문에 쌍조건명제에 대한 기호화는 조건명제에 대한 기호화가 비진리함수적인 면을 간과한다는 131과 동일한 문제점을 지닌다.

ㅂ) 괄호기호: ( )

140. 명제와 명제를 연결할 때 명제들을 무리지어줄 장치가 필요하다. 무리지어주는 장치는 애매성을 피하여 의미를 명확하게 하는 역할을 한다. 기호논리에서 그런 장치로 일반적으로 괄호( )를 사용한다.

기호논리학에서 가령 "$p \vee q \wedge r$"이라는 기호식은 제대로 형성되지 않은 식(즉 비적형식, unwell-formed formula)로 간주된다. 이 기호식에서 괄호를 어디에 두느냐에 따라 "$(p \vee q) \wedge r$"이 될 수도 있고, 또 "$p \vee (q \wedge r)$"이 될 수도 있다. 전자와 후자는 진리값이 다르다. p가 참이고 q가 거짓이고 r이 거짓인 경우에 전자는 거짓이 되는 반면 후자는 참이 된다.

기호논리학의 기호 ( )가 무리지어주는 역할을 하는 것은 일상언어에서의 쉼표와 수학에서의 괄호가 하는 역할과 대등하다. 일상언어에서 쉼표는 때때로 명제들을 무리지어주는 역할을 하여 언어의 애매성을 피하고 의미를 명확하게 한다. 예를 들어 "나는 학생이고 한국인이기 때문에 그런 특혜를 받았다"라는 문장을 보자. 이 문장은 애매하다. 그런 특혜를 받은 이유가 한국인 학생이기 때문이라는 의미로 해석해야 할지 아니면 그런 특혜를 받은 이유가 단지 한국인이기 때문이라는 의미로 해석해야 하는지가 불분명하기 때문이다. 후자의 의미로 위의 문장을 말하려 했다면 화자는 쉼표 ","를 사용해 "나는 학생이다"를 한무리로 만들어 다음과 같이 말했어야 했을 것이다. "나는 학생이고, 한국인이기 때문에 그런 특혜를 받았다." 수학에서는 괄호를 사용해 의미를 명확히 한다. 예를 들어 "$2 \times 3 - 1$"은 "$(2 \times 3) - 1$"로 무리지어진 경우와 "2×

(3−1)"로 무리지어진 경우 서로 다른 값—즉 5와 4—을 지닌다.

> **141**. 부정기호 ~는 바로 뒤에 괄호가 없을 때 가장 최소의 범위에 적용된다. 그러나 부정기호 바로 다음에 괄호가 나오면 부정기호가 영향을 미치는 범위(scope)는 괄호 전체가 된다.

가령 "~(p∧q)와 "~p∧q"에서 부정기호의 범위는 서로 다르며 각각 다른 진리값을 지닌다. 각 명제식들에서 ~의 범위를 밑금으로 표시하면 다음과 같다.

$\sim\underline{(p \wedge q)}$,　　　　　　$\sim\underline{p} \wedge q$

앞에서 배운 부정문과 연접문에 대한 진리값의 관계들을 이용하여 이 명제식들의 진리값이 다르다는 것을 각자 검토해보기를 바란다.

본 장에서 네 개의 연결사들에 대해 정의를 내렸다. 이 정의는 합성명제들의 진리조건들을 주는 문맥을 통한 것이었다. 이런 방식의 정의를 "문맥상의 정의"(contextual definition)라 부른다.

4.3. 구문론, 의미론

앞 절의 내용들을 토대로 하여 명제논리의 체계를 형식화할 수 있다. 명제논리학의 형식화된 체계는 구문론과 의미론을 구성하여 마련될 수 있다.

앞 절에서 명제논리의 기본적인 기호들에 대해 다루었는데 이

기호들은 명제논리의 최소단위들이다.

142. 최소단위의 기본적인 기호들을 "어휘들"(vocabularies)이라 부른다.

어휘들은 일정한 형성규칙들(rules of formation)에 따라서 결합된다.

143. 형성규칙들은 기호들의 결합방식을 결정하는 기능을 지닌다. 형성규칙들에 따라 형성된 기호식들을 "적형식들" 또는 "제대로 형성된 형식들"(well-formed formulas)이라 부른다. (적형식의 약어로 wff가 사용된다)

형성규칙들은 일상언어의 문법적인 규칙들에 비교될 수 있다. 일상언어의 문법적인 규칙들이 "나"나 "나는 어제 학교에 갔다"라는 표현을 허용하지만 "ㅏ ㄴ"이나 "나는 에 갔다 학교 어제"라는 표현을 허용하지 않는 것과 마찬가지로 명제논리의 형성규칙들도 "p～"라는 기호식이나 "p∧q→r" 또는 "∧pq" 등의 비적형식—즉 제대로 형성되지 않은 기호식—을 배제한다.

144. 기호논리학에서 구문론(syntax)은 어휘들과 형성규칙들로 구성된 다. 구문론은 기호들의 형식적인 짜임만을 다룬다—즉 기호들 사이의 형식적인 관계들에 대해서 다룬다. 구문론은 기호들의 의미에 대해서는 다루지 않는다.

145. 〈명제논리학의 구문론〉

· 어휘들: ① 무한수의 명제변항들: p, q, r, …, z, p_1, q_1, r_1, … z_1, p_2,

$q_2, r_2, \cdots, z_2, \cdots$

② 논리적 연결사들: ~, ∧, ∨, →, ↔

③ 괄호: ( )

④ 명제논리에는 이 기호들만 나오고 다른 기호들은 안 나온다.

· 형성규칙들: ① 모든 명제변항들은 wff이다.

② 만약 α와 β가 임의의 wff들이라면 다음의 형식들도 wff들이다.

ㄱ) $\sim\alpha$ ㄴ) $\alpha\wedge\beta$ ㄷ) $\alpha\vee\beta$ ㄹ) $\alpha\rightarrow\beta$ ㅁ) $\alpha\leftrightarrow\beta$

③ 이 규칙들로 형성된 기호식들만이 wff들이다.

(그리스어 문자들 α와 β는 명제변항기호들인 p나 q 등과 구분된다. p나 q 등에는 최소단위의 명제들만이 대입될 수 있는 반면에 α와 β에는 적형식들이 대입될 수 있다. α와 β는 점점 더 복잡한 무한한 수의 합성명제형식들에 대해서도 진리조건을 주기 위해 마련된 기호들이다. α와 β는 명제논리의 기본기호들의 일부가 아니다. α와 β는 기본기호들에 관하여 이야기하기 위해서 도입된 기호들일 뿐이다).

적형식의 예들로 다음을 들 수 있다.

$$p, \quad q, \quad p\wedge q, \quad (p\vee q)\rightarrow q, \quad (p\vee q)\leftrightarrow(q\wedge p)$$ 등

형성규칙들은 형성규칙들 자체의 계산결과들에도 적용될 수 있다. 가령 두 개의 적형식들 p와 q에 대해서 형성규칙 ②의 ㄷ)에 따라서 $p\vee q$를 형성할 수 있다. 그리고 이 계산결과에다 규칙②의

ㄷ)을 한번 더 적용해서 $(p \vee q) \vee p$를 형성할 수 있는데, 이 때에 적형식인 "$p \vee q$"가 대입되어 있다. 이런 방식으로 하여 형성규칙들로부터 무한수의 합성명제형식들이 생성될 수 있게 된다.

146. 의미론(semantics)은 기호들의 의미를 다룬다.

기호들의 의미는 기호들로 표현된 세계가 어떤 것인가에 대한 지식을 통해 얻어진다. 의미론은 기호들이 세계와 어떤 방식으로 관련되는가에 대해 다룬다. 의미론들 중 진리조건적 의미론은 대표적인 것들 중 하나이다.

147. 진리조건적 의미론은 한 문장의 의미는 그 문장이 참이 되는 조건 즉 진리조건(truth condition)이 어떤 것인지를 앎으로써 얻어진다는 이론이다.

일상언어에 대한 진리조건적 의미론에 따르면 한 명제의 의미를 안다는 것은 그 명제가 참이 되는 세계가 어떤 것인지를 이해 또는 상상할 수 있다는 것이 된다. "나는 레포트용지 상단 중앙에 이름을 썼다"라는 명제를 예로 들어보자. 이 명제의 의미를 알기 위해서는 이 명제가 참이 되는 상황 즉 내가 레포트용지 상단 중앙에 이름을 쓰는 상황이 어떤 것인가를 상상할 수 있어야 한다.

148. 진리조건적 의미론에서 "진리"라는 개념은 명제의 의미를 알기 위한 한 매개체가 된다. 그래서 "진리"라는 개념은 "의미론적 개념들"(semantical conceptions) 중 하나가 된다.

과연 한 명제의 의미를 이해하는 데 명제의 진리조건을 아는 것만으로 충분할까? 진리조건적 의미론이 중요한 다른 면을 간과하고 있지는 않을까? 이런 물음과 관련된 논의들은 언어철학에서 본격적으로 다루어질 수 있는 것이므로 여기서는 논외로 한다.

149. 참과 거짓이라는 진리값은 의미론적 개념들이다. 그래서 논리학에서 진리값과 관련된 문제는 의미론의 문제가 된다.

논리학에서 합성명제들의 진리값들은 요소명제들에 주어진 진리값들에 의존적이다. 그래서 다음의 사각테가 성립한다.

150. 명제논리에서 진리조건을 지니는 것은 합성명제이며 (가장 단순 한 명제단위인) 요소명제들은 진리조건을 지니지 않는다. 합성명제들이 참이 되는 조건, 즉 진리조건을 지적하려면 요소명제들의 진리값들이 어떤 것인가를 지적해야 한다.

앞 절에서 논리적 연결사기호에 대한 정의를 진리값들의 관계들로 제시한 바 있다. 이 정의로부터 명제논리의 의미론의 체계를 다음과 같이 합성명제들의 진리조건을 제시하여 구성할 수 있다.

151. 〈명제논리학의 의미론〉

① $\sim\alpha$는 α가 참이 아닐 때 그리고 오직 그때만 참이다.($\sim\alpha$ is true iff α is not true)

② $\alpha\wedge\beta$는 α와 β 둘 다 참일 때 그리고 오직 그때만 참이다.($\alpha\wedge\beta$ is true iff both α and β are true)

③ $\alpha\vee\beta$는 α와 β 중 적어도 하나가 참일 때 그리고 오직 그때만 참이 다.($\alpha\vee\beta$ is true iff at least one of α and β is true.)

④ $\alpha\rightarrow\beta$는 α가 참이 아니거나 β가 참일 때 그리고 오직 그때만

참이다.($\alpha \rightarrow \beta$ is true iff α is not true or β is true.)

⑤ $\alpha \leftrightarrow \beta$는 α와 β가 동일한 진리값을 지닐 때 그리고 오직 그때만 참이다.($\alpha \leftrightarrow \beta$ is true iff α and β have the same truth value.)

(α와 β에 대해서는 사각테 145의 괄호를 참고바람. 여기서 "…일 때 그리고 오직 그때만 참"(iff)이라는 표현을 ↔와 구분해서 진리조건을 기술하는 표현의 한 부분으로 받아들이도록 하자.)

4.4. 진리표로 합성명제의 진리값 구하기

1. 상진, 상위, 우연

4장 2절에서 지적한 바와 같이 합성명제들의 진리값은 합성명제들을 구성하는 요소명제들의 진리값들이 어떻게 배합되어 있는가와 요소명제들을 연결해주는 연결사로 어떤 연결사가 사용되었는가에 따라서 결정된다.

명제논리에서 합성명제형식의 진리값을 결정해주는 방법으로 진리표방법(truth-table method)을 들 수 있다. 진리표는 합성명제형식의 진리값을 객관적으로 확인 가능한 절차를 거치는 기계적인 계산을 통해서 얻게 하는 방법이다. 이러한 계산을 "명제계산"이라고 부른다.

진리표를 만드는 방법에 대한 설명은 뒤로 미루고 합성명제의 진리값의 세 가지 종류들, 즉 상진(tautology), 상위(contradiction), 우연(또는 개연, contingency)에 대해 먼저 알아보자.

152. 상진=항상 참
상위=항상 거짓
우연=경우에 따라서 참이 되기도 하고 거짓이 되기도 함

상진인 합성명제들은 그 요소명제들이 어떤 진리값을 갖든지 항상 참이 된다. 상위인 합성명제들은 그 요소들이 어떤 진리값을 갖든지 항상 거짓이 된다. 그리고 우연인 합성명제들은 요소명제들이 어떤 진리값을 갖는가에 따라서 참도 되고 거짓도 된다.

상진명제형식의 한 예로 "p∨~p"를 들 수 있다. 이 명제형식은 p가 참인 경우건 거짓인 경우건 간에 상진이 된다. "p∨~p"형식은 p에 어떤 명제가 대입되든지 간에 그 형식 때문에 반드시 참이 된다. 그래서 "p∨~p"의 형식을 띤 명제는 "필연적으로 참인 명제"(necessarily true proposition)라 불린다. 필연적으로 참인 명제는 사실적으로 참인 명제(factually true proposition)와 대조된다. 사실적으로 참인 명제는 가령 "나는 글씨를 쓰고 있다"와 같이 사실에 비추어서 참이라고 결정되는 명제이다.

상위명제형식의 한 예로 "p∧~p"를 들 수 있다. 이 형식은 p에 어떤 명제가 대입되더라도 거짓이 된다. 이런 명제형식은 필연적으로 거짓인 명제형식이다. 필연적으로 거짓인 명제는 사실적으로 거짓인 명제—즉 사실에 비추어 보았을 때 거짓이 되는 명제—와 대조된다. 사실적으로 거짓인 명제는 가령 "나는 350세이다"와 같이 사실에 비추어 볼 때 거짓이 되는 명제이다.

우연명제형식들의 한 예로 "p∧q"를 들 수 있다. "p∧q"는 p와 q에 할당되는 진리값들의 배합들에 따라서 참이 되기도 하고 거짓이 되기도 한다. 4장 2절에서 연접연결사들에 대한 문맥상의 정의

를 내렸던 것을 기억해보자.

153. 올바른 사고의 세 가지 기본법칙들—즉 올바른 사고를 할 때 반드시 따라야 하는 기본적인 법칙들—로 동일률(the law of identity), 모순률(the law of contradiction), 배중률(the law of excluded middle)을 들 수 있다. 이 법칙들은 모두 상진이다. 또한 이 법칙들은 그 자체로 직관상 명확히 진리인 것들로서 증명을 필요로 하지도 않고 또 다른 법칙들로부터 연역되지도 않는 것들이다.

154. 동일률은 "존재하는 것은 존재한다" 또는 "만약 어떤 것이 존재한다면 그 어떤 것은 존재한다" 또는 "만약 한 명제가 참이라면 그 명제는 참이다"라고 주장하는 법칙이다. 동일률의 형식은 "a=a"(여기서 a는 대상을 나타내는 기호이고 =는 동일기호이다)나 "p=p" 또는 "p→p"이다.

동일률이 적용되는 한 예로 "만약 내가 학생이라면 나는 학생이다"나 "붉은 연필은 붉은 연필이다"(또는 "만약 어떤 연필이 붉다면 그 어떤 연필은 붉다")를 들 수 있다.

155. 모순률의 형식은 "~(p∧~p)"이다. 모순률은 "어떤 것도 a이면서 동시에 a가 아닐 수 없다"나 "어떤 것도 존재하면서 동시에 존재하지 않을 수는 없다"라고 주장하는 법칙이다.

어떤 대상 a가 존재한다는 것과 a가 존재하지 않는다는 것은 서로 모순관계에 있다. 또 명제 A가 참이라는 것과 A가 거짓이라는 것 또한 그러하다. 모순률은 그런 모순관계는 배척되어야 한다고 주장하고 있는 법칙이다. 그래서 혹자는 "모순률"이란 명칭 대신

"무모순률"(non contradiction)이라는 명칭이 더 적합하다고 주장하기도 한다. 모순률이 적용되는 한 예로 "지금 눈이 오고 있고 동시에 눈이 오고 있지 않을 수는 없다"를 들 수 있다.

156. 배중률은 "p∨~p"로 형식화된다. 배중률은 "모든 사물들은 존재 하든가 존재하지 않든가 둘 중 하나이다"나 "모든 명제들은 참이든가 아니면 거짓이든가 둘 중 하나이다" 또는 "어떤 것은 대상 a이거나 a가 아니다"고 주장하는 법칙이다.

배중률은 한 명제 A에 대한 긍정도 아니고 또 A에 대한 부정도 아닌 제3자를 배척하는 법칙이다. 배중률이 적용되는 예로 "나는 학생이거나 학생이 아니다"나 "이 연필은 붉거나 붉지 않다"를 들 수 있다. 전자는 내가 학생이건 학생이 아니건 상관없이 항상 참이 된다. 또 후자는 이 연필이 어떤 색을 띠건 간에—즉 갈색이건 붉건 아니면 희건 간에—참이 된다. p와 p의 부정인 ~p는 서로 모순관계에 있다. p도 아니고 또 ~p도 아닌 것으로 p이면서 동시에 ~p인 제3자를 들 수 있다. 배중률은 이 제3자를 배척한다는 점에서 모순률과 마찬가지의 내용을 지닌다. 모순률을 받아들이게 되면 배중률도 받아들이게 되고 또 그 역도 성립한다.

올바른 사고의 기본법칙들 세 가지는 모두 항상 참이다. 그것들은 언제나 진리이지만 가령 "이 교실에 180명의 학생들이 있다"와 같이 어떤 새로운 경험적인 내용 내지 정보를 전달해주는 진리와는 달리 아무 정보도 주지 않는 아주 사소한(trivial) 것들이다. 가령 내가 누군가에게 "지금 날씨가 어떻습니까?"라고 물었을 때 그가 "지금 눈이 오고 있거나 눈이 오고 있지 않습니다"라고 대답한다고 해보자. 그의 대답은 어느 상황에서건 간에 항상 진리의 말이기는 하다. 그러나 그의 말은 내가 원하는 정보를 주지 못한다는 점에서 그 진리는 텅빈 사소한 내용만을 지닐 뿐이다. 내가 원하는 정보는 가령 "지금 눈이 온다"든가 "지금 비가 온다" 또는 "지금 눈이 오지 않는다"와 같은 특정한 내용이다.

157. 동일률, 모순률, 그리고 배중률에 대해서 잘 알려진 다음의 반박들이 있는데 그것들은 모두 오해로 인한 것들이다.

동일률을 "만물은 변하기 때문에 매순간 동일한 것은 없다"는 이유로 공격하는 사람들이 있다. 이 사람들은 지금은 흰색의 책상인 것이 60년 후에는 베이지색의 나무조각들이 될 수 있기 때문에 "이 책상은 이 책상이다"라는 문장은 지금은 참이지만 60년 후에는 거짓이라고 주장한다. 그러나 이 공격은 동일률이 주장하는 바를 제대로 이해하지 못한 데서 비롯된 것이다. 동일률은 사물들이 불변한다는 주장을 하고 있는 것이 아니다. 사물들이 변한다는 것을 부정할 사람이 어디 있겠는가? 동일률은 동일조건 아래서의 명제들이나 대상들의 동일성을 주장한다. 그래서 "이 책상은 이 책상이다"는 "조건 C_1에서의 이 책상은 C_1에서의 이 책상이다"에 대한 생략된 표현으로 받아들여야 한다. 이 후자의 문장은 지금이나 10년 후나 항상 참이다. 동일률을 주장하는 사람들의 또 하나의 답변으로 다음을 들 수 있다. "이 책상이 10년 후에 변했다 하더라도 변한 것은 이 책상일 뿐이며 다른 책상이 변한 것은 아니다." 또 모든 것은 변한다는 이유를 들어 "나는 나이다"라는 동일명제가 거짓이라고 공격하는 사람에 대해서도 동일률을 주장하는 사람들은 다음과 같은 주장들로 방어할 수 있다.

조건 C_1에서의 나는 조건 C_1에서의 나이다.
변한 것은 나이지 다른 어떤 것이 아니다.

만약 지금의 내가 10년 후의 나와 동일하지 않다면 다음과 같은 어처구니 없는 일이 생길 것이다. 김씨가 2년 전에 이씨에게서 빌린 돈을 이씨가 갚으라고 재촉하자 김씨가 지난 2년 동안 자신이 심신상의 큰 변화를 겪었으며 모든 것은 변한다는 이유를 들어 다음과 같이 말한다면 얼마나 황당할까? "나는 당신의 돈을 빌렸을 당시의 바로 그 사람이 아니므로 갚을 이유가 없습니다."

모순률에 대해 잘 알려진 반박으로 다음을 들 수 있다.

"이 세상은 모순으로 가득차 있다. 부자가 있는가 하면 빈자가 있고 흰색이 있는가 하면 검은 색이 있다. 또 승자가 있는가 하면 패자가 있고 여성이 있는가 하면 남성이 있다. 모순을 배척해야 한다고 주장하는 사람들은 모순이 넘치는 현실을 무시하고 있다."

이 반박은 논리적인 모순에 대한 잘못된 이해에서 비롯된 것이다. 예로 든 "부자"와 "빈자", "백"과 "흑" 등은 모순관계가 아닌 반대관계에 있는 단어들이다. "백색"에 대해 모순관계에 있는 것은 "흑색"이 아니라 "백색이 아닌 것"이다. 백색이 아닌 것으로는 흑색뿐만 아니라 푸른색, 회색, 이 책, 저 가방 등이 있다. "이 가방은 흰색이다"라는 문장에 대해서 모순관계에 있는 문장은 "이 가방은 검은색이다"가 아니라 "이 가방은 흰색이 아니다"라는 것을 잊어서는 안 된다. 2장에서 다룬 흑백사고의 오류에서 반대개념과 모순개념의 차이를 지적했던 것을 기억하길 바란다.

다음과 같이 주장하는 것은 배중률에 대해 오해하는 것이다.

> "배중률은 흑백논리 즉 모든 것은 희든지 아니면 검든지 둘 중 하나이어야 하며 그 둘의 중간색인 회색은 존재하지 않는다는 식의 그른 생각에 입각해 있다."

이 반박 역시 모순률에 대한 반박과 마찬가지로 모순관계와 반대관계를 혼돈한 데서 나온 것이다. 배중률의 형식 "$p \vee \sim p$"에서 p와 ~p는 모순관계에 있을 뿐이며 반대관계에 있지 않다. 예로 "그는 내 친구이다"와 모순관계에 있는 "그는 내 친구가 아니다"를 "그는 내 친구이다"와 반대관계에 있는 "그는 나의 적이다"와 혼동해서는 안 된다. 그는 내 친구이든가 아니면 내 친구가 아니든가 둘 중 하나이며, 제3의 가능성 즉 그가 내 친구가 아니면서 동시에 내 친구가 되는 그런 상황은 있을 수 없다. 그러나 그가 내 친구도 아니면서 또 적도 아닌 상황은 얼마든지 있다. 그는 나와 아무런 이해관계도 없이 그저 거리에서 스쳐가는 사람일 수 있다.

2. 진리표 만들기

진리표는 요소명제들이 가질 수 있는 모든 가능한 진리값들의 조합 각각에 대응하여 합성명제의 진리값을 만들어내는 기계적인 방식이다. 진리표를 만들기 위해서는 일정 규칙들만 그대로 이행해가면 된다. 앞 절에서 연결사들에 대한 문맥상의 정의와 의미론을 제시했는데 이를 토대로 진리표는 작성된다. 진리표는 하나의 연결사를 지니는 합성명제로부터 여러 개의 연결사들을 지니는 좀더 복잡한 합성명제까지 확장되어 적용된다. 앞 절에서 제시한 정의들을 토대로 가장 단순한 형태의 합성명제형식들인 ~p, p∧q, p∨q, p→q, p↔q에 대해 다음의 도표들을 만들 수 있다.

(1)

p	~p
T	F
F	T

(2)

p	q	p∧q	p∨q	p→q	p↔q
T	T	T	T	T	T
T	F	F	T	F	F
F	T	F	T	T	F
F	F	F	F	T	T

이 도표들을 통해서 위의 합성명제형식들의 진리값이 우연이라는 것을 알 수 있다.

158. 〈진리표 만드는 과정〉

1) 진리표의 맨 상단에 나오는 가로칸들에 왼편부터 명제변항들의 종류들이 나열되어 있고 그것들 각각이 가질 수 있는 진리값의 모든 가능한 조합들이 세로칸들에 배당된다. 명제변항기호의 종류가 n개일 때 세로칸에 배당되는 모든 가능한 진리값들의 조합수는 2^n개가 된다. 여기서 "2"는 진리값의 수 즉 참과 거짓이

되고, "n"은 명제변항의 종류의 수이다. 합성명제 "~p"는 하나의 명제변항기호 "p"와 부정연결사로 구성되었다. 하나의 명제변항 기호 p의 모든 가능한 진리값들은 참(T)과 거짓(F)이므로 p의 모든 가능한 진리값들의 조합수는 2^1개 즉 두 개이며 그 두 개가 세로칸에 배열된다. "p∧q"의 경우에는 두개의 변항들 p와 q가 가질 수 있는 진리값들의 모든 가능한 조합수들은 2^2개 즉 4개가 된다. p와 q와 r이라는 세 종류의 변항들이 들어있는 합성명제의 경우에는 2^3개 즉 8개의 조합들이 만들어진다. 명제변항의 종류가 하나씩 늘 때마다 진리값들의 조합의 수는 두 배씩 늘어난다.
2) 진리값의 조합들을 세로칸에 요령있게 배정하는 일반적인 방법은 다음과 같다. 즉 마지막의 명제변항의 종류가 적힌 가로칸 아래의 세로칸들에 T와 F를 한 번씩 번갈아 적고 그 왼편의 세로칸들에는 그 두 배씩 번갈아 적고, 그 다음 세로칸들에도 같은 방식으로 늘려 나간다. 그렇게 하면 맨 왼편 세로칸들에는 T로 시작해 절반을 차지하고 나머지 절반의 칸들에는 F가 배당된다.
3) 진리값의 각 조합들 각각에 대해서 합성명제형식이 지니는 진리값들을 연결사 아래에 적는다.
4) 주된 연결사 아래에 있는 진리값들이 모두 T이면 "상진", 모두 F이면 "상위", T와 F가 섞여 있으면 "우연"이라고 판정한다.

여러 개의 연결사들로 구성된 복잡한 합성명제형식들은 괄호를 포함하고 있다. 이 경우에는 먼저 주된 연결사(main connective)를 가려낸다. 그 다음에 가장 작은 괄호 안의 연결사 아래의 세로칸들에 진리값을 배당해 나가서 마지막으로 주된 연결사 밑의 세로칸들에 진리값을 배당한다.

(예제) 진리표로 다음 세 개의 명제형식들에 대한 진리값을 구하시오

(1) p→(p∨q)

(2) ~(p→(q∨r)

(3) (~p∧q)↔(~p∧~q)

(예제풀이)

(1)에 대한 풀이

p	q	p→(p∨q)
T	T	T T
T	F	T T
F	T	T T
F	F	T F
		*

(예제(1)의 주된 연결사는 →이다.)

*가 표시된 줄이 보여주고 있듯이 (1)은 상진이다.

(2)에 대한 풀이

p	q	r	~(p→(q∨r))
T	T	T	F T T
T	T	F	F T T
T	F	T	F T T
T	F	F	T F F
F	T	T	F T T
F	T	F	F T T

F	F	T	F T T
F	F	F	F T F

(예제(2)의 주된 연결사는 ~이다.)

(2)는 우연이다.

(3)에 대한 풀이

p	q	(~p∧q)↔(~p∧~q)
T	T	F F T F F F
T	F	F F T F F T
F	T	T T F T F F
F	F	T F F T T T

*

(예제(3)의 주된 연결사는 ↔이다.)

(3)은 우연이다.

4.5. 논증의 타당성 여부 판별하기

진리표, 약식진리표, 진리나무

명제논리에서 논증이 (진리함수적으로) 타당한지의 여부를 판별하기 위한 것들로 진리표방법과 약식진리표방법, 진리나무의 방법이 잘 알려져 있다. 이 방법들은 전제와 결론의 진리값들의 관계에 의존하여 논증의 타당성 여부를 판별한다. 이와 같이 진리값들의 관계에 따라서 타당한 것으로 판별된 논증들은 "진리함수적으로 타당한 논증들"(truth functionally valid arguments)이라 불린다. 이 세 가지 방법은 모두 일정 규칙을 따르는 객관적인 과정을 보여준다는 점에서 기계적인 것들이다.

1. 진리표방법

(진리함수적으로) 타당한 논증은 만약 전제가 참이면 결론도 반드시 참이 되는 논증이다. 타당한 논증은 전제가 참인 경우에는 결론이 거짓이 될 수 없다.

159. 진리표상에서 전제의 명제형식이 참이고 결론의 명제형식이 거짓이 되는 경우가 적어도 한 번 있는 논증은 부당하며 그런 경우가 없는 논증은 타당하다.

진리표로 논증의 타당성 여부를 판별할 때 경우에 따라서 진리표의 모든 칸들을 다 채워놓지 않아도 된다. 전제가 참이고 결론이 거짓인 칸이 적어도 한 번 발견되기만 하면 다른 칸들을 검토할 필요없이 부당하다는 결정을 내려도 되기 때문이다.

(예제 1) 다음 논증형식의 타당성 여부를 진리표로 판별해보자.

$p \rightarrow q$

p

$\therefore q$

(예제 1에 대한 풀이)

이 논증형식에는 명제변항기호의 종류들로 p와 q가 있으므로 2^2개 즉 4개의 조합들이 나열되고 2개의 전제들과 결론이 표기된 다음의 진리표가 만들어져야 한다.

p	q	p→q
T	T	T
T	F	F
F	T	T
F	F	T

이 논증이 타당한지의 여부를 알기 위해서는 두 개의 전제들 즉 p와 p→q가 모두 참인 경우를 보고, 이 경우에 결론 즉 q가 거짓인 경우가 있는지를 찾아보아야 한다. 위의 진리표에서 두 개의 전제들이 모두 참인 경우는 진리값의 조합들 중 첫 번째 것이다. 이 가로칸에서 결론인 q는 참이므로 위의 논증은 타당하다.

(예제 2) 다음 논증의 타당성 여부를 판별해보자.

만약 내가 움직이지 않고 서 있는다면 나는 적군의 포로가 될 것이고 도망간다면 총에 맞아 죽을 것이다. 나는 움직이지 않고 서 있든가 도망가든가 해야 한다. 따라서 나는 적군의 포로가 되고 또 총에 맞아 죽게 될 것이다.

(예제 2에 대한 풀이)

위의 논증을 다음과 같이 형식화할 수 있다.

$(p \rightarrow q) \wedge (r \rightarrow s)$

$p \vee r$

$\therefore q \wedge s$

위의 논증형식은 p, q, r, s라는 네 가지 종류의 명제변항기호들로 되어 있으므로 진리표에 다음과 같이 2^4개 즉 16개의 조합들이 표시되어야 한다. 또 진리표의 가로칸들에 두 개의 전제들과 결론이 표기되어야 한다.

p	q	r	s	(p→q)∧(r→s)	p∨r	q∧s
T	T	T	T	T T T	T	T
T	T	T	F	T F F	T	F
T	T	F	T	T T T	T	T
T	T	F	F	T T T	T	F
T	F	T	T			
T	F	T	F			
T	F	F	T			
T	F	F	F			
F	T	T	T			
F	T	T	F			
F	T	F	T			
F	T	F	F			
F	F	T	T			
F	F	T	F			
F	F	F	T			
F	F	F	F			

이 진리표에서 네 번째 진리조합의 가로칸에서 전제들이 참이고 결론이 거짓이 되는 경우가 발견된다. 그러므로 위의 논증은

부당하다. 위의 진리표에서 빈칸들은 채우지 않아도 된다. 또 (p→q)∧(r→s)의 주된 연결사 ∧아래 세로칸들에 진리값을 표기해도 되지만 그런 표기들을 생략하고, 단지 p→q와 r→s가 둘 다 참인 경우만 검토해도 된다. p→q와 r→s가 둘 다 참인 경우 그리고 오직 그 경우에만 (p→q)∧(r→s)는 참이 되기 때문이다.

진리표상에서 하나의 논증은 전제들이 참이 되고 결론이 거짓이 되는 경우가 적어도 한 번 있으면 부당하다. 그런데 조건명제 형식에서 전건이 참이고 후건이 거짓인 경우에 거짓이 된다는 것(사각테 129′)을 기억해보자. 그러면 논증의 타당성 여부를 진리표로 판별하기 위한 다음의 또 다른 한 방법이 다음과 같이 만들어질 것이다.

논증의 전제들을 연접한 명제형식이 전건이 되고 후건은 논증의 결론명제형식이 되는 조건명제형식을 만든다. 만일 그 조건명제형식이 상진이면 그에 대응하는 논증형식은 타당하고 그 조건명제형식이 상진이 아니면—즉 상위이거나 우연이면—그에 대응하는 논증형식은 부당하게 된다. 주어진 논증형식에 대응하는 조건명제형식의 진리값이 거짓이 되는 경우가 진리표상에서 적어도 한 번 있다는 것은 주어진 논증형식의 전제들이 참이고 결론은 거짓이 되는 경우가 적어도 한 번 있다는 것을 의미한다. 또 그런 경우가 있다는 것은 곧 주어진 논증형식이 부당하다는 것을 의미한다.

이 방법을 사용할 때 한 가지 유의할 것은 다음의 항목이다.

160. 결론지시어 기호인 ∴와 조건기호 →는 구분된다. ∴는 전제와 결론의 관계에 있다는 것을 나타내는 기호이다. 한편 →는 전건명제와 후건명제를 연결해주는 기호이다.

전제에서부터 결론이 귀결된다면 논증은 타당하다. 전제에서 결론 사이에 논리적인 귀결이 있다는 것을 나타내는 기호로 "⊢"가 종종 사용된다. ⊢의 왼편에는 전제들을 적고 전제들 사이에 ","를 넣는다. ⊢의 오른편에는 결론을 적는다. 다음의 논증형식은 타당하다.

$p \rightarrow q$

p

$\therefore q$

이 논증형식이 타당할 때 다음과 같은 기호식이 성립된다.

$p \rightarrow q, p \vdash q$

이 기호식은 $p \rightarrow q$와 p로부터 q가 논리적으로 성립한다는 것을 의미한다.

진리표에서 논증형식의 전제들을 연접한 명제형식이 거짓인 경우에는 결론이 참이건 거짓이건 상관없이 논증형식은 항상 타당하게 된다. 다음의 논증형식을 살펴보자.

p

$\sim p$

$\therefore q$

전제들을 연접지들로 지니는 "$p \wedge \sim p$"는 모순명제형식으로서 항상 거짓이다. 이 경우에는 결론인 q가 참이건 거짓이건 관계없이 논증형식은 타당하다. 이런 논증형식은 일상생활에서는 바람직하지 않다. 형식논리학에서 위의 논증형식이 타당한 것은 진리함수적인 면만을 고려하기 때문이라는 것을 잊지 말아야 한다.

2. 약식진리표방법

진리표는 명제변항기호들의 종류가 많아지는 경우에 많은 진리값조합들을 만들어야 하기 때문에 대단히 기다란 세로칸들을 지니게 된다. 그래서 그런 경우에 시간이 오래 걸리고 지루함을 가져다 준다.

앞에서 지적한 바와 같이 진리표에서 전제들이 모두 참인 경우에 결론이 거짓이 되는 경우가 적어도 한 번이라도 발견되면 문제의 논증은 부당하고 그런 경우를 찾아볼 수 없으면 타당하다. 약식진리표방법은 바로 이 점에 착안한 방법이다.

161. 약식진리표방법은 논증형식이 부당한 경우 즉 전제들이 모두 참이고 결론이 거짓인 경우가 가능하도록 각 명제변항들에 진리값이 일관성있게 할당될 수 있는지의 여부를 검토해서 논증형식의 타당성 여부를 판별하는 방법이다. 만약 진리값할당이 일관성있게 이루어지는 경우가 적어도 한 번 있으면 부당하다는

판정을 내린다. 반면에 진리값할당이 일관성 있게 할당되지 않는 경우들—즉 진리값이 동시에 참이면서 거짓이 되는 그런 모순이 발생하는 경우들—만 있으면 타당하다는 판정을 내린다.

한 논증이 부당하게 되는 경우를 가정했을 때 적어도 한 번이라도 모순이 발생하지 않는다는 것은 곧 그 논증이 부당한 경우를 만족시키는 경우가 있다는 것이 되므로 그 논증은 부당한 것으로 판정된다. 반면에 논증이 부당하게 되는 경우를 가정했을 때 항상 모순이 발생한다는 것은 곧 그런 가정을 할 수 없다는 것을 의미하므로 그 논증은 타당한 것으로 판정된다.

(예제 1) 약식진리표로 다음 논증형식의 타당성 여부를 판별하시오.

$p \vee \sim q$

$p \rightarrow r$

$\therefore q \rightarrow r$

(예제 1에 대한 풀이)

전제들인 $p \vee \sim q$와 $p \rightarrow r$이 참이 되고 결론인 $q \rightarrow r$이 거짓이 되는 경우를 가정한다. 이것은 위의 논증형식이 부당한 경우이다. 이 가정을 충족시키도록 합성명제형식들에 진리값을 할당하고 요소명제형식들—즉 명제변항기호들—의 진리값을 괄호 속에 넣어 할당한다. 이때 모순이 발견되면 모순을 지적한다. 이제 다음의 약식진리표를 만든다.

p∨~q	p→r	q→r
(F) F F (T) T	(F) (F) T	(T) (F) F

*

(모순발생)

결론인 q→r가 F가 되는 경우는 단 한 경우 즉 q가 T이고 r이 F인 경우이다. q와 r의 진리값을 이와 같이 고정시킨 다음에 전제들에 나오는 요소명제들인 q와 r에도 그와 같은 진리값들을 할당한다. 두 번째 전제인 p→r이 참이고 r이 거짓인 경우는 단 한 경우 즉 p가 F인 경우이다. 첫 번째 전제에 나오는 p에도 F를 할당한다. 그리고 결론에서 q가 T로 고정되었으므로 p∨~q의 ~q에는 F가 할당된다. 결국 p∨~q의 각 선접항들이 모두 F이므로 p∨~q는 F가 된다. 그러나 처음의 가정에서 p∨~q의 진리값은 T로 할당되었다. 고로 p∨~q는 F이자 동시에 T가 된다는 모순이 발생한다. 결국 위의 논증은 타당하다.

(예제 2) 다음 논증형식의 타당성 여부를 약식진리표로 판별하시오.

(p→q)∧(r→s)

q→s

∴ ~p∧r

(예제 2에 대한 풀이)

결론인 ~p∧r은 세 가지 경우들 즉 두 개의 연접항들 중 ~p가 T이고 r이 F인 경우, 둘 다 F인 경우, 그리고 ~p가 F이고 r이 T인 경우에 F가 된다. 이 세 가지 경우들을 다 검토해서 그 경우들 모두 다에서 모순이 발생하면 논증형식은 타당하고 모순이 발생하지 않는 경우가 적어도 한 번이라도 있으면 논증형식은 부당하다. 세 가지 경우들을 검토하는 중에 모순이 발생하지 않는 경우가 발견되면 그 다음의 경우들을 생략한 채 부당하다는 판정을 내려도 된다. 검토 중에 모순인 경우가 발생하지 않는 경우가 있는지를 찾기 위해서 다음과 같이 검토한다.

(p → q) ∧ (r → s)	q → s	~p ∧ r
(T) T(T) T (F) T (T)	(T)T (T)	(T) F (F)
		(F) F (F)
		(T) F (T)

첫 번째 가로줄에서 모순이 발생하지 않으므로—즉 진리값이 일관성 있게 부여되므로—위의 논증은 부당하다.

3. 진리나무방법

진리나무방법(truth tree method)은 논증의 타당성 여부를 나무 모양을 그려서 판별하는 방법이다.[6] 그 방법은 명제변항기호들이

6) 스멀리안(Raymond M. Smullyan(*First-order Logic*(1968); New York: Springer-Verlag)과 제프리(R.C. Jeffrey(*Formal Logic: Its scope and Limits*(1967); New York: Mc Graw-Hill Book Co.)의 소개가 잘 알려져 있다.

나 명제기호들의 수가 많은 경우에 진리표의 방법보다 훨씬 간단하게 논증의 타당성 여부를 판별할 수 있게 한다. 논증의 타당성 여부를 판별할 때 명제변항기호나 명제기호의 종류들의 수가 많아질수록 진리표방법은 길어지고 지루한 과정을 거쳐야 한다. 약식진리표방법 역시 경우에 따라서는 복잡한 과정을 거쳐야 하는 때가 있다. 결론이 많은 수의 명제변항기호들이나 명제기호들을 지니는 연접명제형식으로 되어 있는 경우에는 해결과정이 아주 복잡해진다. 가령 결론이 "p∧q∧r"일 때는 결론이 F가 되는 경우들이 7가지나 되고, 또 결론이 "p∧q∧r∧s"일 때는 결론이 F가 되는 경우들이 무려 15가지나 된다. 이렇게 많은 경우들을 다 검토한다는 것은 번거롭기 짝이 없다. 이런 경우에 진리나무방법은 약식진리표방법보다 훨씬 간단하게 문제를 해결해준다. 또한 진리나무방법은 진리표나 약식진리표에 비해 적용영역이 더 넓다. 그 방법은 명제논리에서뿐 아니라 술어논리(단항술어논리나 관계술어논리 둘 다)에서도 논증의 타당성 여부를 판별하는 데 아주 편리하게 사용되기 때문이다.

> 162. 진리나무방법은 약식진리표와 마찬가지로 다음의 기본입장에 바탕 을 두고 있다: 논증형식이 전제들이 모두 참이고 결론이 거짓이 되는 그런 부당한 경우를 가정할 때 모든 경우들에서 모순이 항상 발견된다면 그 논증은 타당하고 모순이 발견되지 않는 경우가 적어도 한 번 발견되면 그 논증형식은 부당하다.

진리나무나 약식진리표에서 모순이 발견된다는 것은 곧 한 명제형식이 참이면서 동시에 거짓이 되는 그런 비일관적인(non-consistent) 경우가 있다는 것을 의미한다. 모순이 발견되지 않는다는 것은 결론을 부정해서 만들어진 것과 전제 사이에 일관성(consistency)이 있다는 것을 의미한다. 결론의 부정과 전제 사이에 일관성이 있다는 것은 결론을 부정해서 만들어진 것과 전제가 동시에 참이라는 것 즉 결론이 거짓이고 동시에 전제가 참이라는 것을 말한다. 결론이 거짓이고 동시에 전제가 참인 경우는 논증이 부당한 경우이다. 부당한 논증의 경우에는 그려진 나무를 통해 어떤 경우에 전제가 참이고 결론이 거짓이 되는가를 알수 있다. 그리고 이 경우를 지적하는 것은 곧 그 논증이 타당하다는 주장에 대해 반례(counterexample)를 제시하는 것이 된다.

163. 진리나무를 구성하는 것들에 대한 명칭들은 다음과 같다.

원점(origin)
줄기(또는 기둥, stem)
가지(branch)
뿌리(root): 나무의 맨 하단이며, O나 X로 표시됨

· 원점으로부터 각 뿌리들로 이르는 길들은 "통로"(path)라 부른다. 위의 그림에는 두 개의 통로들(즉 / 와 \)이 있고 그것들은 서로 독립적이다—즉 서로 길을 달리한다.

164. 진리나무의 줄기에는 연접지들이 나오고 가지에는 선접지들이 나오도록 그려야 한다. 연접지와 선접지는 명제변항기호—즉 p, q, r, 등—이거나 부정기호가 앞에 있고 그 뒤에 명제변항기호가 있는 것—즉 ~p,~q,~r 등—이어야 한다. 따라서 진리나무로 그려질 명제형식들은 명제변항기호들과 ~나 ∨ 또는 ∧로만

구성되도록 해야 한다. 그렇지 않은 명제형식들—즉 조건명제형식들이나 쌍조건명제형식들 또는 괄호 앞에 부정기호가 있는 명제형식들—은 조건법칙이나 드모르간법칙을 이용하여 동치명제로 대치해야 한다.

165. · 조건법칙(material implication)
(p→q)≡(~p∨q) ("≡"는 서로 동치이므로 대치가능하다는 것을 의미한다. "≡"는 "three bar"로 읽혀진다.)
· 드모르간법칙(De Morgan' s theorem)
☞~(p∧q)≡(~p∨~q)
☞~(p∨q)≡(~p∧~q)

기본적인 명제형식들(①-⑦)을 진리나무의 기둥이나 가지로 그리면 다음과 같다.

① p∧q
: p와 q를 동일한 줄기에 세로로 나열한다.

p
q

"p∧q"의 진리조건은 p도 참이고 또 동시에 q도 참이어야 한다는 것이다. 위의 그림은 그런 진리조건을 표현해준다. 위의 그림에서 p와 q는 동일한 통로에 있다.

② p∨q
선접지가 두 개이므로 p와 q가 달린 가지로 그린다.

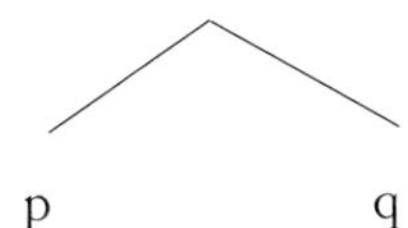

p∨q의 진리조건은 p가 참이거나 q가 참이어야 한다는 것이다. 위의 그림은 p가 달린 가지와 q가 달린 가지 둘 중 어느 하나를 택하더라도 p∨q가 참이 된다는 것을 보여준다. 선접지의 수에 비례해서 가지의 수가 결정된다. 가령 p∨q∨r은 다음과 같이 세개의 가지로 그려진다.

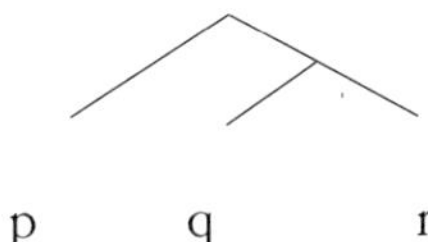

위의 그림에서 p와 q와 r은 각기 다른 통로에 있다.

③ p→q

조건명제형식은 전건이 거짓이거나 후건이 참일 때 참이 된다. 전건이 거짓인 것과 후건이 참인 것 중 어느 한쪽을 택하더라도 조건명제형식이 참이 되므로 다음과 같이 두 개의 가지로 그린다.

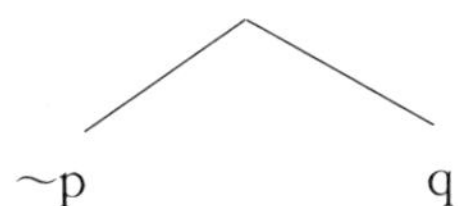

조건법칙에 의하면 p→q는 ~p∨q와 동치이다.[7] 그래서 p→q의 그림은 ~p∨q의 그림과 동일하다.

---

7) 이 동치관계는 진리표로도 확인된다.

④ ~(p∧q)

p와 q가 둘 다 참인 경우에 대한 부정이므로 p가 거짓 또는 q가 거짓이 된다. 그래서 다음의 두개의 가지로 그린다.

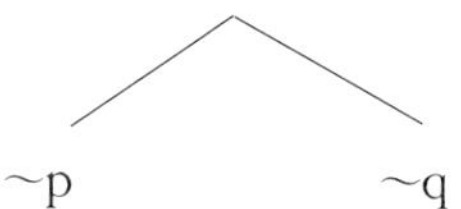

드모르간법칙에 의하면 ~(p∧q)는 ~p∨~q와 서로 대치가능하다.[8]

⑤ ~(p∨q)

드모르간법칙에 의하면 ~p∧~q와 대치가능하므로 줄기에 세로로 나열한다.

~p

~q

⑥ (p∨q)∧(r∨s)

주된 연결사 ∧의 연접지들인 p∨q와 r∨s를 하나씩 그려나가면 된다.

p∨q를 두 개의 가지에 그리고 난 다음에 각각의 가지에 대해서 r과 s가 달린 두 개의 가지를 그리면 된다.

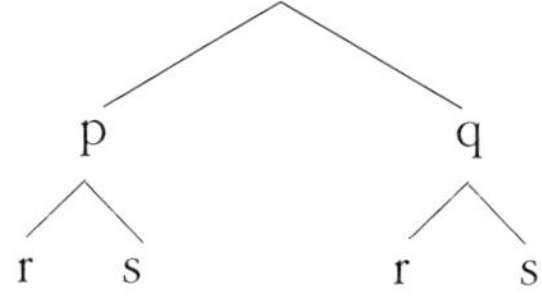

8) 이 동치관계는 진리표로도 확인된다.

위의 그림에는 네 개의 통로들—즉 r과 p, p와 s, q와 r, q와 s—이 있다. p와 q는 서로 다른 통로들에 있다. r과 s도 그렇다.

⑦ $(p \wedge q) \vee (r \wedge s)$

주된 연결사 ∨로 구성되었으므로 두 개의 가지를 쳐서 그려가야 한다. 각각의 가지들은 모두 줄기로 구성된 것이다.

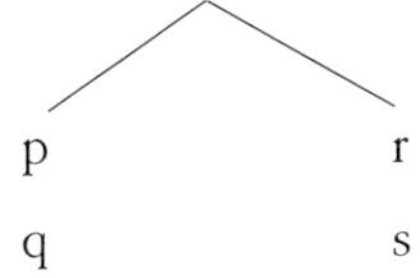

위의 그림에는 p와 q, r과 s의 두 개의 통로들이 있다.

나무의 뿌리들은 ○나 ×로 표시된다. 만약 진리나무의 통로들 각각에서 모순이 발견되면 각각의 통로들 맨 하단 즉 뿌리에 ×표를 적는다. ×가 표시된 부분들은 더이상 줄기나 가지를 뻗쳐나갈 수 없게 된다. 하단에 ×가 표시된 통로는 "닫혔다"(closed)라고 불린다. 모순이 발견되지 않으면 계속해서 다른 명제형식을 줄기나 가지에 그려나간다. 더이상 그려질 명제형식이 없고 통로가 닫히지 않은 곳의 뿌리는 ○로 표시된다. ○표가 그려진 통로는 "열렸다"(opened)라고 불린다. 나무그림의 맨 하단에는 ×나 ○가 표시되는데 이것들은 나무의 뿌리들에 해당된다. 만약 뿌리들이 모두 ×로 장식되면 논증은 타당한 것으로 판정된다. 반면에 나무의 뿌리들 중 적어도 하나에 ○가 있으면 논증은 부당하게 된다. 뿌리들 중 적어도 하나가 열려 있다는 것은 곧 전제들이 참이고 결론이 부정이 되는 경우 즉 논증이 부당한 경우를 만족시켜주는 경우가 적어도 한 번 있다는 것을 의미하기 때문이다.

166. 진리나무를 그릴 때 결론을 부정해서 얻은 것과 전제들 중 아무 것이나 먼저 그려도 된다. 어느 것을 먼저 그리는가에 따라서 나무의 모양이 달라진다. 보다 단순한 나무를 그리려면 통로를 닫히게 하는 것부터 그리는 것이 좋다. 가지보다 줄기를 먼저 그릴 때 그렇게 그리지 않을 때보다 더 간단한 그림이 그려지는 경우가 많다.

가령 p∨q와 r과 s∧t—즉 (p∨q)∧r∧(s∧t)—를 여러 개의 다른 모양의 나무들로 그릴 수 있다. 그 중 세 개는 다음과 같다.

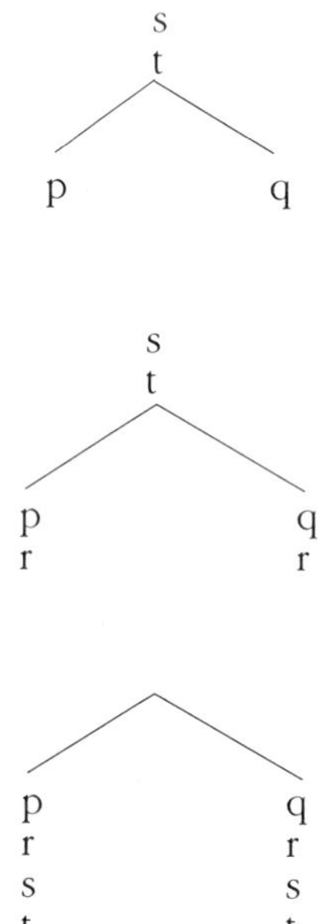

위의 세 개의 그림들 중 어느 것이 단순해보일까? 되도록이면 단순한 그림을 그려 문제를 빨리 푸는 것이 바람직하다.

이제 다음의 사각테를 만들 수 있다.

167. 진리나무로 논증의 타당성 여부를 판정하는 과정을 다음의 다섯 단계로 정리할 수 있다.

① 전제의 명제형식을 적고 결론의 명제형식을 부정해서 얻은 명제형식을 적는다.
② 이것들을 명제변항기호, 명제변항 앞의 부정기호, 선접기호, 연접기호, 괄호 이외의 다른 기호들—가령 쌍조건기호나 조건기호 또는 괄호 앞에 있는 부정기호—이 들어 있지 않은 동치명제형식들로 바꾼다. 물론 바꿀 필요가 없는 것들은 그대로 둔다. 바꿀 때 드모르간법칙이나 조건법칙을 이용한다.
③ ②를 적용한 명제형식들을 진리나무로 그린다. 연접지들은 줄기에 그려주고 선접지들은 가지에 그려준다. 그리는 과정에서 이미 그린 명제형식에다 점검표 ✔를 하여 또다시 그리는 일이 없도록 한다.
④ 모순이 발생하는 통로—예를 들어 p와 ~p가 공존하는 통로—의 하단에 ×표로 뿌리를 내리고 모순이 발생하지 않는 통로에는 계속해서 다음의 명제형식들을 그려간다.
⑤ 명제형식들에 대한 그림이 끝난 다음에 뿌리를 관찰한다. 모든 뿌리들이 ×로 장식되어 있을 때 그리고 오직 그때만 논증은 타당하다—즉 뿌리들 중 적어도 하나에 ○가 있으면 부당하다.

(예제 1) 다음의 논증형식의 타당성 여부를 진리나무로 판별하시오.

$\sim p \vee q$

$q \rightarrow r$

∴ $p \rightarrow r$

(예제 1에 대한 풀이)

1. $\sim p \vee q$✔
2. $q \rightarrow r \equiv$ [9] $\sim q \vee r$(조건법)✔
3. $\sim(p \rightarrow r)$(결론의 부정) $\equiv \sim(\sim p \vee r)$(조건법)

   $\equiv p \wedge \sim r$(드모르간법)✔

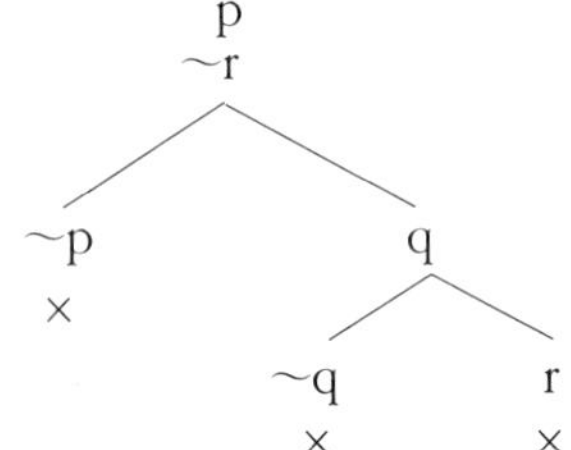

(3과 1과 2의 순서로 그렸으며 이 그림에는 세 개의 통로들—즉 p와 ~r과 ~p로 된 통로, p와 ~r과 q와 ~q로 된 통로, p와 ~r과 q와 r로 된 통로—이 있다. 첫 번째 통로를 그림으로 표시하면 다음과 같다. :

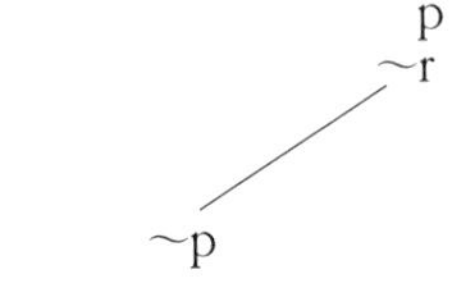

---

9) 동치기호 ≡ 의 전과 후에 한 칸 띄어 기호식을 적은 것은 동치기호의 왼편항에 오른편항이 대치된다는 것을 나타낸다는 것으로 간주하기로 한다. ≡의 전과 후에 한 칸씩 띄는 대신 오른편항과 왼편항 각각을 괄호로 묶어도 된다. 오른편항 오른편에 있는 괄호는 왼편항에 어떤 법칙을 적용했을 때 오른편항이 나오는가를 보여주고 있다.

첫 번째 통로에는 p와 ~p가 공존하므로 모순이 발생한다. 나머지 통로들 각각에도 모순이 발생한다.)

맨 하단이 모두 닫혔으므로 위의 논증은 타당하다.

(예제 2) p→(q∨r)
~(q∧r)∨~s
∴ ~s

(예제 2에 대한 풀이)

1. p→(q∨r) ≡ ~p∨(q∨r)(조건법)✔
2. ~(q∧r)∨~s ≡ (~q∨~r)∨~s(드모르간법)✔
3. ~~s ≡ s(결론의 부정, 이중부정법칙)[10]✔

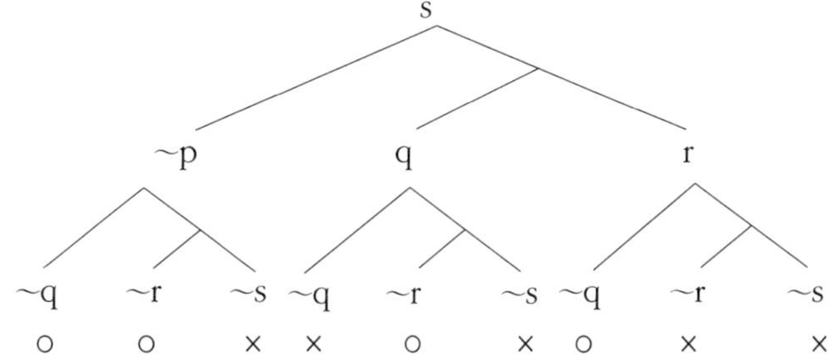

진리나무의 맨 하단에 적어도 하나의 열린 부분이 있으므로 위의 논증은 부당하다.

(3, 1, 2의 순으로 그렸다. 이 그림은 9개의 통로로 되어 있다. 그 중 첫 번째 통로를 그림으로 표시하면 다음과 같다:

10) 이중부정법칙에 대한 설명은 4장 6절에 나온다.

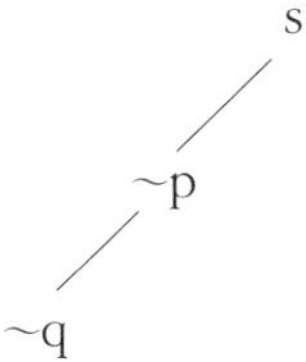

두 번째 통로를 그리면 다음과 같다:)

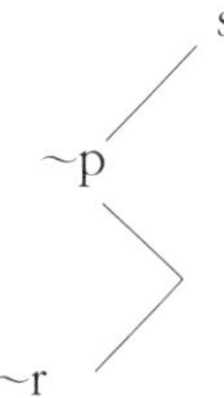

독자분들이 스스로 위의 문제들에 주어진 논증형식들의 타당성 여부를 약식진리표로도 판별하여 진리나무로 판별한 것과 동일한 답이 나오는지를 검토해보시기 바란다.

4.6. 연역적 증명

4.6.1. 연역규칙들

명제논리에서 진리표와 약식진리표 그리고 진리나무는 논증의 타당성 여부를 판별할 수 있게 하는 방법들이었다. 그 방법들은 객관적인 절차를 거쳐 판별을 내리기 때문에 논증의 타당성을 증명하는 방법이 될 수 있고 또 논증의 부당성을 증명하는 방법이 될 수도 있다. 판별을 내리기까지의 객관적인 절차를 보여줌으로써 타당한 논증에 대해서는 타당함을 증명할 수 있고 또 부당한 논증에 대해서는 부당함을 증명할 수 있다.

하나의 논증이 타당할 때 그 타당성을 연역적으로 증명하는 방법이 있는데 그 방법은 연역적 증명의 방법이다. 이 방법은 명제논리에서뿐만 아니라 술어논리에서도 사용된다.

168. 연역적 증명의 방법은 하나의 논증이 타당할 때 타당성을 연역적인 단계들을 거쳐 증명하는 방법이다. 연역의 단계들은 연역규칙들 (deductive rules)에 의해서 정당화된다.

진리표나 약식진리표 그리고 진리나무와 달리 연역적 증명법은 논증의 타당성 여부를 판별하는 데에는 그다지 적합하지 않은 방법이다. 연역적 증명의 방법으로 논증의 타당성이 증명되면 그 논증이 타당하다는 판별을 내릴 수 있다. 그런데 연역적 증명의 방법으로 논증의 부당성이 증명되면 그 논증이 부당하다는 판별을 내릴 수 있을까? 그렇지 않다. 부당한 논증의 경우에는 부당함을 연역적 증명으로 증명하는 데에 어려움이 따르기 때문이다. 연역의 방법으로 논증의 부당성을 증명하려면 연역의 과정을 만드는데 실패한다는 것을 보여주어야 한다. 그러나 연역의 과정을 만드는 데 실패한 이유가 논증 자체가 부당하기 때문인지 아니면 능력부족 때문인지를 결정하는 일이 좀처럼 쉽지 않은 경우들이 있다.

169. · 연역규칙들은 일반인들이 증명하지 않고서도 직관적으로 볼 때 당연한 것으로 받아들이는 것이다.
· 연역규칙들은 대치규칙들(rules of replacement)과 추리규칙들 (rules of inference)로 분류된다.

· 대치규칙들은 동치관계에 있는 명제형식들 사이에 성립되는 대치관계를 표현한 것들이다. 대치관계는 동치관계를 나타내는 쌍조건기호 "↔"로 표시되기도 하고 "≡"("three bar"로 읽혀짐)로도 표시된다.[11]
· 추리규칙들은 타당함을 증명하지 않고도 일반인이 직관적으로 볼 때 타당한 것으로 받아들이는 추론(또는 논증)형식들이다.

연역적 증명의 과정에서 대치규칙들을 사용하여 한 명제형식 전체나 그 일부분을 동치관계에 있는 다른 명제형식으로 대치할 수 있다. 예를 들어 "p∧(q→r)"은 대치규칙들 중 하나인 조건규칙을 사용하여 "p∧(∼q∨r)"로 부분적으로 대치될 수 있다. 그리고 "p→q"는 "∼p∨q"로 전체적으로 대치될 수 있다. 한편 연역적 증명에서 추리규칙은 연역의 단계에 있는 하나의 명제형식이나 여러 명제형식들에 적용되어 또 다른 명제형식을 도출해내는 데 사용된다. 예로 한 단계에 있는 "p→q"와 또 다른 단계에 있는 "p"에 대해 추리규칙들 중 하나인 전건긍정의 추리규칙을 적용해 또 다른 단계에 "q"를 도출할 수 있다. 또 한 예로 한 단계에 있는 "p"에다 첨가규칙을 적용해 "p∨q"를 다른 단계에서 도출할 수 있다.

연역규칙들은 수많은 타당한 논증형식(또는 추론형식들)과 수많은 상진명제형식 중 일부분이다. 대치규칙들은 진리표의 방법을 사용하면 상진이라는 것이 증명된다. 추리규칙들은 진리표나 약식 진리표 또는 진리나무를 사용하면 타당한 것으로 판별된다—즉 타당성이 증명된다. 그러나 대치규칙들이나 추리규칙들은 구태여 그런 방법을 사용하지 않고도 (일반인이) 직관적으로 상진이라거

11) 진리함수적 논리학에서 서로 동치관계에 있는 것들은 서로 대치될 수 있다.

나 타당하다는 것을 알 수 있는 것들이다. 연역규칙들은 일반인들이 증명하지 않고도 직관적으로 받아들이는 것이므로 개수가 정해진 것이 아니며 책에 따라 차이가 나기도 한다. 흔히 논리학책들에는 다음 사각테에 있는 19개의 연역규칙이 소개되고 있다.

170. 연역규칙들 19개

〈대치규칙들 10개〉

(대치관계를 나타내는 대치기호 "≡" 대신 동치기호 "↔"을 사용해도 된다. 대치관계에 있는 것들은 또한 동치관계에 있고 그 역도 성립된다. 그러나 "대치"라는 단어와 "동치"라는 단어는 의미상의 차이를 지니므로 여기서는 "≡"를 사용하기로 한다.

1. 이중부정(double negation)

$p \equiv \sim\sim p$

2. 동어반복(tautology)

$p \equiv (p \vee p)$

$p \equiv (p \wedge p)$

3. 교환(commutation)

$(p \vee q) \equiv (q \vee p)$

$(p \wedge q) \equiv (q \wedge p)$

4. 결합(association)

$(p \vee (q \vee r)) \equiv ((p \vee q) \vee r)$

$(p \wedge (q \wedge r)) \equiv ((p \wedge q) \wedge r)$

5. 분배(distribution)

$(p \wedge (q \vee r)) \equiv ((p \wedge q) \vee (p \wedge r))$

$(p \vee (q \wedge r)) \equiv ((p \vee q) \wedge (p \vee r))$

6. 드모르간(De Morgan ' s therem)

$\sim(p \wedge q) \equiv (\sim p \vee \sim q)$

$\sim(p \vee q) \equiv (\sim p \wedge \sim q)$

7. (단순)조건(material implication)

$(p \rightarrow q) \equiv (\sim p \vee q)$

8. 대우(transposition)

$(p \rightarrow q) \equiv (\sim q \rightarrow \sim p)$

9. 쌍조건(material equivalence)

$(p \leftrightarrow q) \equiv ((p \rightarrow q) \wedge (q \rightarrow p))$

$(p \leftrightarrow q) \equiv ((p \wedge q) \vee (\sim p \wedge \sim q))$

10. 수출(exportation)

$((p \wedge q) \rightarrow r) \equiv (p \rightarrow (q \rightarrow r))$

$((p \wedge q) \rightarrow r) \equiv (q \rightarrow (p \rightarrow r))$

〈추리규칙들 9개〉

11. 전건긍정(modus ponens)
(약자: MP))

$p \rightarrow q$

p

$\therefore q$

12. 후건부정(modus tollens)
(약자: MT))

$p \rightarrow q$

$\sim q$

$\therefore \sim p$

13. 조건삼단(hypothetical syllogism)

$p \rightarrow q$

$q \rightarrow r$

$\therefore p \rightarrow r$

14. 선접삼단(disjunctive syllogism)

$p \vee q$

$\sim p$

$\therefore q$

15. 양도(dilemma)

5.1. 구성적 양도(constructive dilemma)

$(p \rightarrow q) \wedge (r \rightarrow s)$

$p \vee r$

$\therefore q \vee s$

5.2. 파괴적 양도(destructive dilemma)

$(p \rightarrow q) \wedge (r \rightarrow s)$

$\sim q \vee \sim s$

$\therefore \sim p \vee \sim r$

16. 흡수(absorption)

$p \rightarrow q$

$\therefore p \rightarrow (p \wedge q)$

17. 분리(simplification)

$p \wedge q$

$\therefore p$

18. 연접(conjunction)

p

q

$\therefore p \wedge q$

19. 첨가(addition)

p

$\therefore p \vee q$

위의 규칙은 최소한의 것들이 아니다. 다른 규칙들로부터 도출될 수 있는 것들이 있기 때문이다. 몇몇 규칙들이 없더라도 연역적 증명은 가능하다. 예를 들어 후건부정의 규칙으로부터 선접삼단도 유도해 낼 수 있다. 후건부정의 첫 번째 전제인 조건명제형식에 조건규칙을 적용시키면 선접삼단의 규칙이 만들어진다. 또 선접삼단규칙의 첫 번째 전제에 조건규칙을 적용시키면 후건부정의 규칙이 만들어진다. 조건규칙과 교환규칙으로부터 대우규칙을 유도해 낼 수 있다. 왜 그런지 스스로 답변해보기 바란다.

최소한의 규칙들만을 연역규칙들로 허용한다고 해서 단순함이 얻어지는 건 아니다. 위의 19개의 규칙들 중 최소한의 규칙들만을 채택하게 되면 연역적 증명을 구성하는 데 증명단계들을 늘어나게 하여 증명이 길어지게 된다.

연역규칙들 중 몇 가지에 대해 언급하고 넘어가기로 한다. 전건긍정은 위의 사각테에 나온 기본형으로 표현될 뿐만 아니라 기본형을 응용한 다음의 형식들로도 표현된다.

$\sim p \rightarrow q$	$p \rightarrow \sim q$
$\sim p$	p
$\therefore q$	$\therefore \sim q$

전건긍정 외의 다른 규칙들도 나름의 응용된 형식들을 지닌다. 다음을 전건긍정의 형식으로 착각하는 잘못이 자주 일어난다.

$p \rightarrow q$

q

$\therefore p$

위의 논증형식은 부당하다.

171. 다음의 논증형식이 범한 오류를 "후건긍정의 오류"(fallacy of affirming the consequent)라 부른다.

$p \rightarrow q$

q

$\therefore p$

전건긍정의 한 예인 다음 논증은 타당하다. "만약 내가 학생이라면 나는 취업을 하지 않을 것이다. 나는 학생이다. 고로 나는 취업을 하지 않을 것이다." 그러나 다음은 후건긍정의 오류를 범한 부당한 논증이다. "만약 내가 학생이라면 나는 미취업자이다. 나는 미취업자이다. 고로 나는 학생이다." 이 논증의 전제는 내가 학생인 경우에 나는 반드시 미취업자라는 것은 주장하고 있지만 내가 미취업자이면 나는 반드시 학생이다라는 주장을 하고 있지는 않다.

후건부정규칙의 기본형의 응용된 형식으로 다음을 들 수 있다.

$p \rightarrow \sim q$

q

$\therefore p$

다음의 형식을 후건부정으로 착각하면 안 된다.

$p \rightarrow q$

$\sim p$

$\therefore \sim q$

172. 다음의 논증형식이 범한 오류를 "전건부정의 오류"(fallacy of negating the antecedent)라 부른다.

$p \rightarrow q$
$\sim p$
$\therefore \sim q$

선접삼단의 규칙은 하나의 선접항을 부정하면 다른 선접항에 대한 긍정이 도출되는 형식이다. 다음을 선접삼단의 대입 예로 들 수 있다.

나는 여학생이거나 남학생이다.
나는 남학생이 아니다.
고로 나는 여학생이다.

다음의 논증형식들은 선접삼단의 기본형에 대치규칙을 적용시킨 것들로서 응용된 형식들 중 일부이다.

$p \vee q$	$(p \vee q) \vee r$
$\sim q$	$\sim r$
$\therefore p$	$\therefore p \vee q$

양도논증은 조건명제형식의 전건이 긍정되는가 아니면 후건이 부정되는가에 따라서 구성식과 파괴식으로 이분된다. 양도논증은 일종의 변론술로 고대에서 논쟁을 하는 데에 이용되었다. 이 논증은 상대방이 어떤 선택을 하더라도 궁지에 몰리게 하는 데에 유용

하게 사용할 수 있다. 궤변들—즉 얼핏 보기에는 타당하거나 참인 것처럼 보이지만 내용상으로는 부당하거나 거짓인 주장—중에는 양도논증의 형식을 지닌 것들이 있다. 내용상의 잘못을 범하지 않는 양도논증을 만들기 위해서는 적어도 다음의 두 가지들을 지켜야 한다. 하나는 전제에 있는 선접명제의 선접지들이 모든 가능한 선택의 경우들을 망라하고 있는 것인지를 검토해야 한다는 것이다. 다른 하나는 전제에 있는 조건명제의 전건과 후건 간에 필연적인 관계가 있는지를 검토해야 한다는 것이다.

173. 내용에 있어 잘못된 양도논증을 받아들이는 상황을 "딜레마(또는 양도논증)의 뿔에 걸렸다"(To be on the horn of dilemma)라고 부른다.

여기서 "뿔"이란 선접지들을 가리킨다.

174. 딜레마의 뿔에서 벗어나기 위한 방법들로 세 가지가 있다: "뿔 사이로 피하기"(escaping between horns), "뿔로 잡기"(taking the dilemma by horns), "반례논증으로 논박하기"(rebutting a dilemma by a counter-dilemma)

175. 뿔 사이로 피하기: 전제에 있는 선접지들이 모든 가능한 선택의 경우들을 망라하고 있지 못할 때 간과된 선접지를 지적하는 방법이다.

다음은 내용에 있어서 잘못을 범한 논증이므로 이런 논증에 걸려들어서는 안 된다.

운동을 많이 하면 관절통이 생기고 운동을 적게 하면 뼈가 약해진다. 운동을 많이 하든가 아니면 운동을 적게 할 수밖에 없다. 고로 관절통이 생기거나 아니면 뼈가 약해질 수밖에 없는 진퇴양난에 당면하게 된다.

과연 진퇴양난에 당면한 것일까? 그렇지 않다. 이 논증의 전제에 있는 선접지들은 운동을 적절하게 하는 가능성을 간과하고 있다는 것을 지적함으로써 위의 논증의 내용상의 잘못을 지적할 수 있다.

176. 뿔로 잡기: 전제의 전건과 후건 사이에 필연적인 연결이 없다는 것을 지적하는 방법이다.

다음 논증은 내용상 잘못된 논증이다.

만약 어떤 의사가 치료될 수 없는 환자들을 안락사시킨다면 그의 행동은 무책임하다. 만약 그가 그런 환자들을 그대로 방치해둔다면 그의 행동은 무책임하다. 그런데 그는 그런 환자를 안락사시키든가 아니면 그대로 방치하는 수밖에 없다. 그러므로 그는 어떤 경우건 무책임할 수밖에 없다.

위의 논증의 첫 번째 전제에 대해서 이의를 제기할 수 있다. 안락사시키는 것이 단순히 무책임하다고는 볼 수 없는 경우가 있다. 의사는 치료불가능한 환자의 고통을 덜기 위해 또는 환자의 의도를 반영해서 또는 환자가 살아있음으로 해서 끼치는 악영향을 고려해서 나름대로 책임감을 가지고 안락사를 행할 수 있다. 위의 논증 두 번째 전제 역시 이의가 제기될 수 있다. 어떤 이의일까?

177. 반례논증으로 논박하기: 반례논증을 다음과 같이 만들어 논박한다. : 구성적 양도논증의 경우에는 두 개의 조건명제들 각각에 있는 후건들을 부정시킨 다음에 부정된 후건들의 위치를 서로 바꾼다. 파괴적 양도논증의 경우에는 두 개의 조건명제들 각각에 있는 전건들을 부정시킨 다음에 부정된 후건들의 위치를 서로 바꾼다.

비관에 빠져 푸념을 하는 한 학생의 말을 들어보자.

> 만일 내가 거짓말을 하면 신이 나를 미워할 것이고 내가 참말을 하면 친구들이 나를 미워할 것이다. 내가 하는 말은 거짓말이든가 아니면 참말이다. 고로 나는 신의 미움을 받든가 아니면 친구들의 미움을 받을 것이다.

선생이 다음 논증으로 그 학생을 위로했다는 얘기가 전해진다.

> 네가 거짓말을 하면 친구들이 너를 미워하지 않을 것이고 네가 참말을 하면 신이 너를 미워하지 않을 것이다. 그런데 네가 하는 말은 거짓말이든가 아니면 참말이다. 그러므로 신이 너를 미워하지 않든가 아니면 친구들이 너를 미워하지 않을 것이다.

조건규칙 "$(p \rightarrow q) \equiv (\sim p \vee q)$"의 한 예문으로 다음을 들 수 있다. "'만약 그가 낙제를 한다면 그는 졸업을 할 수 없다'는 '그는 낙제를 하지 않거나 아니면 졸업을 할 수 없다'와 동치이며 따라서 서로 대치가능하다".

쌍조건법들 중 두 번째 형식인 “(p↔q)≡((p∧q)∨(~p∧~q))”에 대해 설명해보자. 왼편항 “(p↔q)”가 의미하는 바는 p와 q가 둘 다 참이거나 아니면 둘 다 거짓일 때 그리고 오직 그때에만 참이 된다는 것이다. p와 q가 둘 다 참이라는 것은 “p∧q”라는 것을 의미하고, p와 q가 둘 다 거짓이라는 것은 “~p∧~q”라는 것을 의미한다. 따라서 “p↔q”는 “(p∧q)이든가 (~p∧~q)이든가이다”일 때 그리고 오직 그때에만 참이 된다. 이것을 기호화하면 동치규칙의 두 번째 형식이 만들어진다.

4.6.2. 직접증명, 간접증명, 조건증명

진리표방법이나 약식진리표방법 그리고 진리나무방법은 정해진 과정을 거친다. 반면에 연역적 증명법은 일정하게 정해진 과정에 따라 기계적으로 구성할 수 있게 하는 어떤 규칙 또는 지침이 주어져 있지 않다. 그래서 연역적 증명을 하기 위해서는 개인의 직관력을 발휘해야 한다. 또 연역적 증명과정이 유일한 하나가 아니라 여러 가지가 있을 수 있다. 어느 과정을 택하느냐에 따라서 연역의 단계들의 수가 많아질 수도 있고 또 적어질 수도 있다. 연역의 과정을 보다 짧게 구성하기 위해서는 앞에서 배운 연역규칙들에 익숙하게 하고 많은 연습과 시행착오를 통해 직관력을 키워나가는 것 외에는 별다른 요령이 없다.

연역적 증명을 구성할 때 일정한 방식의 형식적인 표기를 함으로써 연역의 단계들을 일목요연하게 객관화시켜야 한다.

178. 연역적 증명의 표기법

논증의 전제들을 왼편에 번호를 달아 세로로 나열하고 마지막 전제의 오른편에 사선표시 /를 하고 그 옆에 결론지시어기호 ∴와 논증의 결론을 적는다. 전제들 아래에 계속 번호들을 왼편에 매겨가면서 다음 단계들로 진행한다. 전제들에 이은 각 단계들마다 오른편에 괄호를 만들어 그 안에다 어떤 번호의 단계들에 어떤 연역규칙이 적용되어 나온 것인가를 표기한다.

위의 표기법에 따라 다음 논증을 연역의 방법으로 증명해보자.

B→C

~A∨B

∴ ~A∨C

(증명)

① B→C

② ~A∨B/∴ ~A∨C

③ A→B(② 조건)

④ A→C(①③ 조건삼단)

⑤ ~A∨C(④ 조건)

이 증명법은 직접증명(direct proof)의 방법을 따른 것이다. 연역적 증명방법으로 직접증명 외에 간접증명(indirect proof)과 조건증명(conditional proof)이 있다. 어느 증명법을 택하느냐에 따라서 연역의 과정이 더 간단하게 될 수 있다.

1. 직접증명

> **179.** 직접증명은 전제로부터 출발하여 연역의 단계들을 거쳐 결론을 직접적으로 유도해내는 방법이다.

(예제 1) 다음 논증의 타당성을 직접증명법으로 증명하시오.

A∧B∧C

(A∧B)→(A→(D∧E))

∴D∧E

(예제 1에 대한 풀이)

① A∧B∧C

② (A∧B)→(A→(D∧E))/∴D∧E

③ A∧B(① 분리)

④ A→(D∧E)(②③ 전건긍정)

⑤ A(③ 분리)

⑥ D∧E(④⑤ 전건긍정)

(예제 2) 다음 논증의 타당성을 직접증명법으로 증명하시오.

A→(B∧C)

D∨A

~D

∴C∨E

(예제 2에 대한 풀이)

① A→(B∧C)

② D∨A

③ ~D/∴C∨E

④ A(②③ 선접삼단)

⑤ B∧C(①④ 전건긍정)

⑥ C(⑤ 분리)

⑦ C∨E(⑥ 첨가)

(예제 3) 다음 논증의 타당성을 직접증명법으로 증명하시오.

~A∨B

C∨(D→E)

A∨C∨D

~C

∴B∨E

(예제 3에 대한 풀이)

① ~A∨B

② C∨(D→E)

③ A∨C∨D

④ ~C/∴B∨E

⑤ D→E(②④ 선접삼단)

⑥ A∨D(③④ 선접삼단)

⑦ A→B(① 조건)

⑧ (A→B)∧(D→E)(⑦⑤ 연접)

⑨ B∨E(⑥⑧ 양도)

2. 간접증명

> **180.** 간접증명법은 한 논증의 결론을 부정해서 얻은 명제를 받아들인 다고 가정했을 때 그 결론부정명제와 전제들 사이에서 모순명제—가령 "A∧~A"—가 유도된다는 것을 연역의 단계들을 통해 보여줌으로써 논증의 타당성을 증명하는 방법이다.

간접증명법은 "귀류법"(reductio ad absurdum)의 한 유형이라고 할 수 있다.

> **181.** 귀류법은 주어진 주장이 참이라는 것을 증명하기 위해서 다음의 과정을 밟는 증명법이다
> 1) 주어진 주장을 거짓이라고 가정한다.
> 2) 이 가정이 받아들여질 때 모순에 봉착하게 된다는 것을 보여준다.
> 3) 이 모순은 1)이 잘못된 것이라는 것을 보여준다.
> 4) 따라서 주어진 주장은 참이다.

간접증명법은 약식진리표방법이나 진리나무방법과 마찬가지로 "한 논증은 전제가 참일 때 결론도 참이어야만 타당하고 결론이 거짓이고 전제가 참일 때는 부당하다는 데에 근거해 있다. 또 약식진리표방법이나 진리나무방법과 마찬가지로 이 증명법은 타당한 논증은 부당한 경우—즉 결론이 거짓이고 전제가 참인 경우—를 가정할 때 모순을 발생시킨다는 데에 근거하고 있다.

간접증명의 단계에서 모순의 발생은 결론부정명제를 가정한 데서 비롯된 것이라는 것을 모순명제로부터 결론부정명제에로 이어

지는 구부린 화살모양 ⌈→ 을 그어 표시하기로 한다. 이 화살표 아래에는 모순명제가 놓이게 된다.

간접증명은 모순명제를 유도함으로써 끝맺을 수 있다. 또한 간접증명은 유도된 모순명제로부터 논증의 결론을 도출하는 것으로 끝맺을 수도 있다. 모순명제로부터 논증의 결론을 도출할 수 있다. 모순명제로부터는 아무 명제나 도출될 수 있다. 모순명제는 상위 즉 항상 거짓이고, 상위명제를 전제로 하는 논증은 타당하기 때문이다.

(예제 1) 다음논증의 타당성을 간접증명법으로 증명하시오.

A

(B∨C)→~A

∴ ~B

(예제 1에 대한 풀이)

① A

② (B∨C)→~A/∴ ~B

→③ B(결론의 부정가정)

④ B∨C(③ 첨가)

⑤ ~A(②③ 전건긍정)

⑥ A∧~A(①⑤ 연접)

⑦ A(⑥ 분리)

⑧ A∨~B(⑦ 첨가)

⑨ ~A(⑥ 분리)

⑩ ~B(⑧⑨ 선접삼단)

(⑥번의 모순명제는 결론의 부정을 ③에서 가정함으로써 도출된 것이라는 것을 구부린 화살표로 표시한다. ⑥번의 모순명제로부터 ③-⑤에 의존하지 않고 논증의 결론을 도출해냄으로써 증명을 마무리한다. 증명에서 ⑦-⑩은 생략해도 된다.)

(예제 2) 다음 논증의 타당성을 간접증명법으로 증명하시오.

(A∧B)→C

~(A∧C)

A→B

∴ ~A

(예제 2에 대한 풀이)

① (A∧B)→C

② ~(A∧C)

③ A→B/∴ ~A

→④ A(결론의 부정가정)

⑤ B(③④ 전건긍정)

⑥ A∧B(④⑤ 연접)

⑦ C(①⑥ 전건긍정)

⑧ ~A∨~C(② 드모르간)

⑨ ~C(④⑧ 선접삼단)

⑩ C∧~C(⑦⑨ 연접)

⑪ C(⑩ 분리)

⑫ C∨~A(⑪ 첨가)

⑬ ~C(⑩ 분리)

⑭ ~A(⑫⑬ 선접삼단)

(⑪-⑭은 생략해도 된다.)

(예제 3) 간접증명법을 이용해 다음 논증이 타당함을 보이시오.

~A∨B

B→C

A∨~C

C→~A

∴ ~A∧~C

(예제 3에 대한 풀이)

① ~A∨B

② B→C

③ A∨~C

④ C→~A/∴ ~A∧~C

→⑤ ~(~A∧~C)(결론의 부정가정)

⑥ A→B(① 조건)

⑦ A→C(②⑥ 전건긍정)

⑧ ~A→~C(③ 조건)

⑨ C→A(⑧ 대우)

⑩ (A→C)∧(C→A)(⑦⑨ 연접)

⑪ A↔C(⑩ 쌍조건)

⑫ (A∧C)∨(~A∧~C)(⑪ 쌍조건)

⑬ A∧C(⑤⑫ 선접삼단)

⑭ A(⑬ 분리)

⑮ C(⑬ 분리)

⑯ ~A(④⑮ 전건긍정)

⑰ A∧~A(⑭⑯ 연접)

⑱ A(⑰ 분리)

⑲ A∨(~A∧~C)(⑱ 첨가)

⑳ ~A(⑰ 분리)

㉑ ~A∧~C(⑲⑳ 선접삼단)

(⑱-㉑의 단계는 생략해도 된다.)

3. 조건증명

결론이 조건명제 또는 조건명제로 변형될 수 있는 명제로 된 논증의 타당성을 증명할 때 조건증명법을 사용하면 다른 증명법들을 사용하는 것에 비해 훨씬 간편한 경우가 있다.

182. 조건증명법은 조건명제로 된 결론의 전건을 전제들 중 하나로 가정한 다음에 그 가정된 전제와 논증에 나온 전제들로부터 결론의 후건을 연역의 단계들을 통해 유도해냄으로써 논증의 타당성을 증명하는 방법이다.

이 증명법은 다음의 내용에 근거해 있다.

183. 한 논증의 전제들에서 조건문인 결론이 귀결된다는 것은 전제들이 모두 참일 때에 그 조건문도 참이 된다는 것을 의미한다.

그 조건문이 참이려면 전건이 참일 때 후건도 반드시 참이 되어야 한다. 그러므로 타당한 논증에서 결론의 전건과 전제들이 모두 참일 때 결론의 후건은 참이 된다—즉 결론의 전건과 전제들에서부터 결론의 후건이 도출된다.

조건증명을 할 때 결론의 전건을 가정함으로써 결론의 후건이 도출된다는 것을 굽은 화살표로 표시해주고 그 화살표 밑에다 결론에 있는 조건명제를 적음으로써 증명을 완료한다. 조건명제 옆의 괄호 안에는 어떤 단계들에 걸쳐 조건증명이 행해졌는가를 적는다. 만약 결론에 있는 연접명제의 연접지들이 조건명제들일 때는 연접지들의 수만큼 조건증명을 한다. 그러고 나서 조건증명을 통해 얻은 결론들을 연접시킨다.

(예제 1) 다음 논증의 타당성을 조건증명법으로 증명하시오.

$\sim A \vee B$

$(B \wedge C) \rightarrow D$

$A \rightarrow (E \wedge C)$

$\therefore A \rightarrow D$

(예제 1에 대한 풀이)

① $\sim A \vee B$

② $(B \wedge C) \rightarrow D$

③ $A \rightarrow (E \wedge C) / \therefore A \rightarrow D$

→④ A(결론의 전건가정)

⑤ $E \wedge C$(③④ 전건긍정)

⑥ B(①④ 선접삼단)

⑦ C(⑤ 분리)

⑧ B∧C(⑥⑦ 연접)

⑨ D(②⑧ 전건긍정)

⑩ A→D(④-⑨ 조건증명)

(예제 2)

~A∨B

B→C

(D∨E)→F

(C∧F)→G

∴A→((D∨E)→G)

(예제 2에 대한 풀이)

① ~A∨B

② B→C

③ (D∨E)→F

④ (C∧F)→G/∴A→((D∨E)→G)

→⑤ A(결론의 전건가정)

⑥ B(①⑤ 선접삼단)

⑦ C(②⑥ 전건긍정)

→⑧ D∨E(결론의 후건 안에 있는 전건가정)

⑨ F(③⑧ 전건긍정)

⑩ C∧F(⑦⑨ 연접)

⑪ G(④⑩ 전건긍정)

⑫ (D∨E)→G(⑧-⑪ 조건증명)

⑬ A→((D∨E)→G)(⑤－⑫ 조건증명)

(예제 3) 다음 논증의 타당성을 조건증명법으로 증명하시오.

A→B

A∨(∼C∧D)

∴(A∧B)↔A

(예제 3에 대한 풀이)

① A→B

② A∨(∼C∧D)/∴((A∧B)→A)∧(A→(A∧B))(결론에 쌍조건법적용)

→③ A∧B(결론의 연접지의 전건가정)

④ A(③ 분리)

⑤ (A∧B)→A(③－④ 조건증명)

→⑥ A(결론의 연접지의 전건가정)

⑦ B(①⑥ 전건긍정)

⑧ A∧B(⑥⑦ 연접)

⑨ A→(A∧B)(⑥－⑧ 조건증명)

⑩ ((A∧B)→A)∧(A→(A∧B))(⑤⑨ 연접)

⑪(A∧B)↔A(⑩ 쌍조건)

(요령: 논증의 결론이 쌍조건명제 "(A∧B)↔A"이므로 두 개의 조건명제들 "(A∧B)→A"와 "A→(A∧B)" 각각을 결론으로 삼아 조건증명한다. 그 다음에 조건증명을 통해 얻은 조건명제들을 연접시킨다. 마지막으로 이 연접명제에 쌍조건법을 적용시켜 결론의 형태를 도출함으로써 증명을 끝맺는다.)

연습문제

1. 다음 용어들에 대해 설명하시오.

(1) 명제변항과 명제의 차이 (2) 논리적 정항 (3) 진리함수적기능 (4) 포괄적 선접명제와 배타적 선접명제 (5) 함축관계 (6) 단순조건명제 (7) 단순동치명제 (8) 논리적 동치명제 , (9) 진리조건적 의미론 (10) 상진, 상위, 우연 (11) 동일률, 모순률, 배중률 (12) 후건긍정의 오류 (13) 전건부정의 오류 (14) 귀류법 (15) 딜레마의 뿔에서 벗어나기

2. 다음의 합성명제들을 명제변항기호들과 논리적연결사들을 사용해 기호로 바꾸시오.

(1) 오징어는 단백질은 풍부하지만 콜레스테롤이 많다.

(2) 만약 내일 눈이 온다면 나는 산책을 한 후에 영화관에 갈 것이다.

(3) 현호와 서영이는 학생이 아니다.

(4) 그는 이 시간에 식당에 있거나 사무실에 있다.

(5) 커피가루에 습기가 가해졌을 때 오직 그때만 커피가루는 녹게 된다.

3. 명제 A가 참이고 명제 B가 거짓이고 C가 참인 경우에 다음 합성명제들의 진리값을 구하시오.

(1) $\sim(A \wedge B)$ (2) $C \rightarrow ((A \vee B) \vee (B \wedge C))$ (3) $(A \wedge C) \leftrightarrow C$

(4) $(A \wedge (B \leftrightarrow C)) \rightarrow ((A \wedge C) \rightarrow B)$

4. 진리표방법으로 다음의 명제형식들이 상진인지, 상위인지, 아니면 우연인지를 판단하시오.

(1) $\sim(\sim p \wedge p)$ (2) $(p \vee q) \rightarrow p$ (3) $p \vee (\sim q \wedge r)$

(4) $((p \leftrightarrow q) \wedge (r \rightarrow q)) \leftrightarrow (p \rightarrow r)$

5. 다음의 논증형식과 논증의 타당성 여부를 판별하시오. (1)과 (2)는 진리표와 약식진리표 그리고 진리나무를 사용하고 (3)과 (4)와 (5)는 진리나무를 사용하시오.

(1)	(2)	(3)	(4)
$p \rightarrow q$	$p \rightarrow (q \vee r)$	$p \vee (q \vee r)$	$p \rightarrow (q \wedge r)$
q	$p \rightarrow q$	$\therefore (p \vee q) \wedge (p \vee r)$	$(q \wedge r) \rightarrow \sim s$
$\therefore p$	$\therefore p \rightarrow r$		$\therefore s$

(5) 만약 내가 한 걸음만 더 나간다면 절벽에서 떨어질 것이다. 또 만약 내가 그대로 서 있게 되면 나는 적군에게 잡힐 것이다. 나는 절벽에서 떨어지지 않거나 적군에게 잡히지 않아야 한다. 고로 나는 한걸음 더 나가지 않든가 아니면 그대로 서 있지 않든가 해야 한다.

6. 다음 논증들의 타당성을 직접증명법이나 간접증명법 또는 조건증명법으로 증명하시오 단, (1)은 직접증명과 조건증명으로 (2)는 직접증명과 간접증명을 하시오.

(1)	(2)	(3)
$\sim A \vee B$	$\sim A \vee B$	$(\sim A \rightarrow B) \rightarrow (C \rightarrow D)$
$B \rightarrow C$	$B \rightarrow (A \rightarrow (C \vee D))$	$(C \rightarrow (C \wedge D)) \rightarrow E$
$\sim B \vee D$	$C \leftrightarrow D$	$E \rightarrow ((\sim F \vee \sim\sim F) \rightarrow (A \wedge F))$
$\sim A \rightarrow B$	$\sim C \wedge \sim D$	$\therefore A \leftrightarrow E$
$\therefore C \vee D$	$\therefore \sim A$	

(4)	(5)	(6)
$\sim A \vee B$	$\sim A \vee (B \wedge C)$	$A \vee \sim B$
$\sim C \vee D$	$B \rightarrow (D \wedge E)$	$(B \rightarrow (\sim A \vee C)) \wedge \sim C$
$\sim C \rightarrow A$	$(A \rightarrow D) \rightarrow (F \leftrightarrow G)$	$\therefore \sim B$

$\therefore (C \lor A) \land (B \lor D)$ $(A \rightarrow B) \rightarrow \sim F$

$F \lor G \lor E$

$\therefore E$

제5장 단항술어논리학

5.1. 단항술어와 논리학

아래의 논증들은 타당할까?

(1) 모든 인간은 유기체이다. 김씨는 인간이다. 고로 김씨는 유기체이다.

(2) 모든 철학자는 지성적이다. 모든 지성인은 논리적이다. 고로 모든 철학자는 논리적인 사람이다.

(3) 어떤 학생들은 모든 과학자들을 존경한다. 고로 만일 김씨가 과학자라면 어떤 학생들은 김씨를 존경한다.

(4) 철숙이는 책을 좋아한다. 책을 좋아하는 모든 사람들은 여행을 좋아한다. 고로 철숙이는 여행을 좋아한다.

앞의 물음에 대한 답은 "그렇다"이다. 논리학을 배운 적이 없더라도 정상인 정도의 직관력을 갖춘 분들은 위의 논증들을 타당한 것으로 받아들인다.

4장에서 배운 명제논리체계는 위의 논증들이 타당한 것으로 판별될 수 있게 하는 기준을 갖추고 있을까? 답은 "아니다"이다. 명제논리학에서는 진리표로나 약식진리표 또는 진리나무로도 위의 논증들에 대해서 타당성 여부를 판별할 수도 없고 또 타당성을 증명할 수도 없다. 명제논리학은 위의 논증들을 다룰 수 없다는 점에서 제한성을 지닌다.

만약 명제논리의 기본기호들인 명제변항기호들과 조건기호를 사용해 위의 논증들을 기호화하면 어떻게 될까? 논증(1)과 (2)와 (4)는 (5)와 동일한 구조로 기호화될 것이다. 그리고 논증 (3)은 (6)으로 기호화될 것이다.

(5) p	(6) p
q	∴q→r
∴r	

이 명제형식들에다 진리표나 약식진리표 또는 진리나무를 사용해 검토하면 모두 부당한 논증이라는 판정이 나온다. 이것은 얼마나 어처구니 없는 결과인가? 이 결과는 우리의 직관에 위배되고 있다. 아리스토텔레스의 논리학에서 제시한 삼단논증의 규칙은 논증 (1)과 (2)와 (4)를 다룰 수 있는 틀을 마련해주고 있다. 그러나 논증 (3)과 같이 합성명제를 포함하는 논증에 대해서는 그 틀이 적용되지 않는다. 그래서 우리의 직관에 위배되지도 않고 또 합성명제를 포함하는 논증에 대해서도 다룰 수 있는 새로운 논리체계

가 요구된다.

논증들 (1)–(4)의 타당성 여부는 논증을 구성하는 명제들 사이의 관계에 의해 결정되는 것이 아니다. 이 논증들은 요소명제들의 내부구조를 반영하는 체계 안에서 다루어져야 한다. 그래서 기호논리학은 명제논리의 기본적인 기호들 외의 새로운 기호들을 도입해야 위의 네 개의 논증들에 대해 다룰 수 있게 된다. 그 새로운 기호들 중에는 명제의 내부구조들을 나타내는 기호들이 있어야 한다. 본 장과 다음 장에서 다룰 술어논리학(predicate logic)은 이런 요구에 부응해서 만들어진 것이다. 다음의 사각테들 184와 185는 명제논리학과 술어논리학의 차이를 보여준다.

184. 명제논리학은 요소명제를 최소단위로 삼아 명제기호들이나 명제변항기호들을 도입한다. 명제논리학은 요소명제의 내부구조를 분석하지 않고 또 요소명제의 내부요소들을 기호화하기 위한 기호들을 들여오지도 않는다.

185. 명제의 내부구조를 기호로 표현하기 위해서는 요소명제의 구성요소들을 대신하는 기호들이 필요한데 그것들 중 하나는 술어(predicate)[1]를 나타내는 술어기호이다. 술어기호의 도입은 명제논리학이나 아리스토텔레스의 논리학에서는 찾아볼 수 없으며, 술어논리학만이 지니는 한 특징을 이룬다. "술어논리학"이란 명칭은 술어기호를 도입하는 논리학에 붙여진 이름이다.

1) 술어(predicate)를 아리스토텔레스의 논리학에서 나온 술어명사(predicate term)와 혼동해서는 안 된다.

술어논리학은 명제기호나 명제변항기호를 도입하지 않는다. 그 논리학에서 술어기호는 영어의 알파벳 대문자들로 표시된다. 독자 분들은 이 대문자들이 명제논리학에서는 이와 달리 명제를 나타내는 기호로 사용되었다는 것을 기억할 것이다. 앞의 논증들 (1)-(4)가 술어기호들을 사용하여 어떻게 기호화되는가에 대해서는 5장 3절과 6장 2절을 통해 알게 될 것이다.

술어논리학은 단항술어논리학(one-placed predicate logic)과 다항술어논리학(many-placed predicate logic)으로 구분된다.

186. 단항술어논리학은 술어가 단항술어로 된 명제들로만 구성된 논증들에 적용된다. 반면에 다항술어논리학은 다항술어를 지니고 있는 명제들이 적어도 하나 들어 있는 논증들에 적용된다.

187. 단항술어는 특정한 한 대상이나 불특정한 소수의 대상들 또는 불특정한 모든 대상들이 지니는 성질을 나타내는 술어이다. 반면에 다항술어는 둘 이상의 대상들 간에 성립하는 관계적 성질을 나타내는 술어이다. ("다항술어"를 "관계술어"라고도 부른다. 또 다항술어논리학을 "관계논리학" 또는 "관계술어논리학"이라고도 부른다.)

단항술어의 예로 "학생이다"나 "논리적이다" 또는 "성실하다" 그리고 "아름답다" 등을 들 수 있다. 다항술어의 예로는 "좋아한다"나 "친구이다" 또는 "주다" 그리고 "사이에 있다" 등을 들 수 있다. 예를 들어 "모든 인간은 유기체이다"에서 "유기체이다"라는 술어는 불특정 인간들 각각이 지니는 성질을 나타낸다. 또 "김씨는 인간이다"에서 "인간이다"라는 술어는 특정한 대상인 김씨가 지니는 성질을 나타낸다. 한편 "철숙이는 책을 좋아한다"에서 "좋아한다"는 철숙이와 책 사이에 성립하는 관계를 나타내는 술어이다. 본 절의 맨 앞에서 든 논증 (1)과 (2)는 단항술어논리학에서 다룰 수 있고 논증 (3)과 (4)는 다항술어논리학에서 다룰 수 있다. 관계술어에 대해서는 다음 장에서 자세하게 다루어질 것이다.

5.2. 단칭명제, 양화명제, 정언명제

술어논리학에서 다루는 논증들을 구성하는 명제들은 단칭명제(singular proposition)와 양화명제((quantified proposition), 또는 일반명제(general proposition))로 분류된다. 또 각각은 긍정과 부정으로 구분된다. 다음의 사각테들 188과 190은 긍정단칭명제와 긍정일반명제(또는 긍정양화명제)에 국한해서 내린 정의들이다.

188. · 단칭명제는 특정한(definite) 한 개의 대상이 어떠어떠하다고 주장하는 명제이다.[2]
· 단칭명제의 주어는 특정한 한 개의 대상에 적용되는 구(phrase)나 단수명사(singular term)가 되고 술어는 그 대상이 지니는 성질을 가리킨다.

예를 들어서 "김철숙씨는 인간이다"는 "김철숙씨"라는 고유명사로 불리는 특정한 한 개의 대상이 인간이라는 속성을 지니고 있다

2) 이 정의는 긍정단칭명제에 해당된다. 부정단칭명제는 특정한 한 개의 대상이 어떠어떠하다는 것을 부정하는 명제이다.

고 주장하는 단칭명제이다. 단칭명제의 예로 그 외에도 "철숙이는 책을 좋아한다"나 "서울은 한국의 수도이다" 등을 들 수 있다.

이번에는 "모든 인간은 유기체이다"나 "어떤 철학자들은 논리적이다" 또는 "어떤 철학자들은 모든 과학자들을 존경한다"라는 명제들에 주목해보자. 이 명제들 중 첫 번째 명제는 아리스토텔레스 논리학에서 소개된 정언명제이다. 이 정언명제에는 나머지 두 개의 명제들과 달리 술어명사인 "유기체"가 명시되어 있다. 또 술어 논리에서는 정언명제들을 포함해 모든 명제들을 기호화할 때 술어명사를 도입하지 않고 술어기호를 도입한다는 점을 잊어서는 안 된다. 위의 세 개의 명제들 안에는 "모든"이나 "어떤"과 같이 양을 표현하는 단어들이 있다.

189. "모든"과 "어떤"과 같이 양을 표현하는 양수사들을 나타내는 기호를 "양화기호"(quantifier)라 부른다. "모든"이라는 양수사를 나타내는 양화기호를 "전체양화기호"(또는 보편양화기호, universal quantifier)라 부르고 "어떤"이라는 양수사를 나타내는 양화기호를 "부분양화기호"(particular quantifier) 또는 "존재양화기호"(existential quantifier)라 부른다. 단칭명제에는 주어명사 앞에 양수사가 없고 일반명제에는 주어명사 앞에 양수사가 있다. 따라서 단칭명제들을 기호화할 때는 양화기호들이 불필요하지만 일반명 제들을 기호화할 때는 양화기호가 필요하다.

앞의 세 개의 명제들은 불특정한 대상들 전부나 일부에 대해서 어떠어떠하다는 주장을 하고 있다. 이런 명제들을 "일반명제들"(general propositions) 또는 "양화명제들"(quantified propositions)이라 부른다. 이제 다음의 사각테들을 만들 수 있다.

190. 일반명제(또는 양화명제)는 전체명제(universal proposition)와 부분 명제(particular proposition)로 구분된다. 전자는 불특정한 대상들 전부에 대해서 어떠어떠하다는 주장을 하는 명제이고 후자는 불특 정한 대상들 중 일부에 대해서 어떠어떠하다는 주장을 하는 명제이다.[3] 정언명제도 일반명제에 속한다.

191. · 술어논리학 중에서 전제나 결론에 일반명제(또는 양화명제)가 적어도 하나 들어 있는 논증을 다루는 논리학을 "양화논리학"(quantified logic)[4]이라 부른다. 양화논리학은 술어논리학의 일부이다.
· 술어논리학 중에는 단칭명제들로만 구성된 논증을 다루는 부분도 있다.

5.3. 기호로 바꾸기

1. 기본기호들

술어논리에서 명제들을 기호로 바꿀 때 다음의 기본기호들을 사용하면 된다.

---

3) 전체부정명제는 불특정한 대상들 전부에 대해서 어떠어떠하다는 것을 부정하는 명제이고 부분부정명제는 불특정한 대상들 중 일부에 대해서 어떠어떠하다는 것을 부정하는 명제이다.
4) 양화논리학을 처음 도입하는 데 이바지한 사람들로 퍼스(charles S. Peirce, 1839-1914)와 프레게(Gottlob Frege, 1848-1925)를 들 수 있다.

192. 술어논리의 기본적인 기호들

- 개체기호들(즉 개체를 나타내는 기호들)[5]: a, b, c, … [6]
- 개체변항기호들(individual variables): x, y, z, …
- 술어기호들: A, B, C, …
- 양화기호들: 존재양화기호들[7]: (∃x), (∃y), (∃z), …
  전체양화기호들(또는 보편양화기호들): (x), (y), (z), … (또는 (∀x), (∀y), (∀z), …)
- 연결사기호들: ~, ∧, ∨, →, ↔
- 괄호기호: ( )

2. 단칭명제를 기호로 바꾸기

단항술어논리에서 단칭명제를 기호로 바꾸기 위해서는 특정한 개체를 이름하기 위해 사용되는 개체기호(또는 개체상항기호)와 개체에 부여되는 성질을 나타내기 위해 사용되는 술어기호가 필요하다. 단항술어논리학이건 다항술어논리학이건 간에 술어논리에서 술어기호로 영어알파벳 대문자 A, B, C 등이 일반적으로 사용된다. 영어알파벳 대문자들이 명제논리에서는 명제기호로 사용되는 반

5) "개체기호"는 "개체상항기호"라고도 불린다.

6) 기호들의 수가 많을 때는 하위숫자—가령 b_2—를 사용한다. 개체변항기호나 술어기호 그리고 양화기호에 대해서도 하위숫자를 사용해 무한히 많은 기호들을 만들 수 있다.

7) "존재양화기호"는 "특수양화기호" 또는 "개체양화기호" 또는 "부분양화기호"로도 불린다.

면 술어논리에서는 술어기호로 사용되고 있다. 개체기호로는 영어 알파벳 소문자 a, b, c 등이 사용된다. 개체기호는 술어기호 뒤에 적는 것이 통례이다.

예를 들어 "철희는 화가이다"라는 단칭명제는 "철희"를 나타내는 개체기호로 c를 사용하고 "화가이다"를 나타내는 술어기호로 P를 사용하는 경우에 Pc로 기호화된다. "서울은 미국의 수도가 아니다"는 "서울"을 나타내는 개체기호 s와 "미국의 수도이다"를 나타내는 기호 A 그리고 부정기호 ~를 사용하면 ~As로 기호화된다. 단칭명제들로 이루어진 합성명제인 "만약 철희가 화가라면 철희는 예술가이다"는 "철희"를 c로 "화가이다"를 P로 그리고 "예술가이다"라는 술어를 A로 기호화할 때 Pc→Ac로 기호화된다.

3. 단칭명제, 명제함수

술어논리학에서 개체(상항)기호들과 대조되는 기호들로 개체변항기호들이 있는데 그것들은 일반적으로 영어알파벳 소문자들 중 x로부터 시작하는 x, y, z, …이다.

> 193. 개체변항기호는 특정한 한 개의 개체가 아닌 불특정한 임의의 개체를 나타낸다. 개체변항기호에는 어떤 특정한 개체에 대한 이름이나 개체기호가 대입될 수 있다.

가령, Hx의 x자리에는 a, b, c 등이 대입될 수 있다.

앞에서 기호화된 Pc나 Ac는 명제를 표현한 기호들이다. 이 기호들은 명제들에 대한 약식표현들로 볼 수 있으며, 일정한 내용을 지니고 있는 것들이다. 따라서 이 기호들은 참이 되거나 아니면 거짓이 될 수 있다—즉 진리값을 지닌다. 반면에 가령 "x는 인간이다"나 Hx나 ~Ax, Px→Ax 또는 Hx→Py 등은 명제들이 아니라 단칭명제함수들(propositional functions)이다.

194. 단칭명제함수는 변항을 지니고 있는 명제형식이다. 변항에 상항 또는 이름이 대입될 경우에 단칭명제가 된다. 명제만이 진리값을 지니고 명제함수는 진리값을 지니지 않는다.

Hx는 명제함수이다.[8] Hx의 개체변항기호 x에 어떤 이름이 대입되는가에 따라서 진리값이 결정된다. 만약 술어기호 H가 "인간이다"를 나타내는 술어기호인 경우에 Hx에서의 변항기호 x에 "백두산"이 대입되면 Hx는 Hb가 되고 Hb는 거짓이 된다.

195. 명제함수의 변항자리에 개체상항을 대입해서 만들어진 명제들을 명제함수의 "대입 예들"(substitutional instances)이라 부른다.

명제함수 Hx에 대해서 Hb는 대입예가 된다. 또 명제함수 "x는 인간이다"에 대해서 "철숙이는 인간이다"나 "지구는 인간이다"는 대입 예가 된다. 대입 예들 중에는 참인 진리값을 지니는 것도 있고 거짓인 진리값을 지니는 것도 있다.

196. 술어논리의 규칙들을 공식화할 때 흔히 술어변항기호들(predicate variabes) Φ나 Ψ 등이 사용된다. 이 희랍문자들은 술어(상항)기호들과 다른 기호들로서 불특정한 임의의 성질을 나타내며, 어떤 술어이건 대입될 수 있는 자리를 나타내는 것들이다.

8) 술어논리학에서 명제함수는 "열린 명제"(open proposition)라고도 불리는데

개체변항기호 x와 술어변항기호 Φ를 사용하여 Φx라는 형식을 만들 수 있는데, 나중에 몇 가지 규칙을 언급할 때 사용될 것이다.

> 197. 명제함수 Φx는 임의적인 개체가 임의적인 성질을 지니고 있다는 것을 나타낸다.

> 198. 개체(상항)와 개체변항을 "개체용어"(individual term)라 부르기도 한다. 그리고 술어(상항)와 술어변항을 "술어용어"(predicate term)라 부르기도 한다.

4. 일반명제를 기호로 바꾸기

일반명제들 중에서 보다 단순한 형식으로 기호화될 수 있는 것부터 출발해보자. 다음의 일반명제는 어떻게 기호화될 수 있을까?

(1) 모든 것[9]은 변한다.

이 명제의 "모든 것"은 특정한 한 개의 개체가 아니라 불특정한 개체들 각각을 가리킨다. 그래서 "모든 것"은 개체(상항)기호로 기호화될 수 없다. (1)은 다음의 (1′)으로 대치될 수 있다.

(1′) 모든 개체들 각각에 있어서[10] 그 개체가 무엇이든 간에

열린 명제에 대해서는 뒤에서 설명될 것이다.

9) 영어의 "all things", "every thing", "each thing"에 해당된다.

10) 영어의 "for every x" 또는 "for all x" 또는 "for any x"에 해당된다.

그것은 변한다.

(1′)은 다음의 (1″)으로 대치될 수 있다.

(1″) 각각의 임의의 개체들에 있어서, 그것은 변한다.

(1″) 안의 "그것"이라는 대명사는 그 앞에 나온 "각각의 임의의 개체"라는 표현을 지시한다. "그것"과 "임의의 개체"라는 표현들을 불특정한 임의의 대상을 가리키는 개체변항기호 x를 사용하여 표시하면 다음의 (1‴)이 된다.

(1‴) 각각의 x에 있어서(또는 어떤 x에 있어서건), x는 변한다.

이 명제함수 안에 있는 "변한다"를 술어기호 "C"로 기호화하면 (1⁗)이 만들어진다.

(1⁗) 각각의 x에 있어서, Cx.

199. 보편양화기호 (x)는 "각각의 x에 있어서"(또는 "모든 x에 있어서")라는 표현으로 독해된다.

200. 보편양화기호는 개체변항기호 x, y, z 등에 괄호를 치거나 또는 괄호 안의 변항기호 왼편에 대문자 A를 거꾸로 한 모양 ∀를 넣은 기호 로 표현된다.
예) (x) 또는 (∀x), (y) 또는 (∀y), (z) 또는 (∀z) 등[11]

이제 사각테들 199와 200에 의해 (1)은 다음의 (1′′′′′)로 완전히 기호화된다.

(1′′′′′) (x)Cx

201. 보편양화기호 (x)는 개체변항기호 *x*에 대한 양화기호이다. 보편양화기호 (x) 안에 있는 변항 x를 "양화변항"이라 부른다.

술어논리에서 또 다른 종류의 양화기호가 있는데 그것은 "존재양화기호"이다.

202. 존재양화기호는 개체변항기호 x, y, z 등의 왼편에 영어 알파벳 대문자 E를 거꾸로 한 모양의 ∃를 쓰고 괄호를 단 기호로 표현된다. 예) (∃x), (∃y), (∃z) 등

203. 존재양화기호 (∃x)는 개체변항기호에 대한 양화기호이다. 존재양화기호 (∃x) 안에 있는 변항 x를 "양화변항"이라 부른다.

204. 존재양화기호 (∃x)는 "적어도 하나의 *x*가 존재하는데"(there is at least one x)로 독해된다.

---

11) 이와 같이 개체변항들 x, y, z, 등에만 양화기호가 작용하는 논리학을 "일차술어논리학"(first-order predicate logic)이라 부른다. 그리고 가령 "(x)(C)Cx"처럼 술어기호 C에도 양화가 작용하는 논리학은 "이차술어논리학"(second-order predicate logic)이라 불린다. 이 책의 내용은 일차술어논리학에 국한되어 있다.

다음의 일반명제는 어떻게 기호화될 수 있을까?

(2) 어떤 것들은 예술품이다.

우선 (2)를 (2′)으로 표현해보자.

(2′) 적어도 하나의 대상이 있는데, 그것은 예술품이다.

(2′) 안에 있는 대명사 "그것"과 그 대명사가 지시하는 표현인 "대상"을 개체변항기호 x로 대치하면 다음의 (2″)이 된다.

(2″) 적어도 하나의 x가 있는데, x는 예술품이다.

(2″)을 존재양화기호와 "예술품이다"를 나타내는 술어기호 A를 사용하여 다음의 (2‴)으로 기호화한다.

(2‴) $(\exists x)Ax$

5. 양화기호의 영역

205. "영역"(scope)이란 양화기호가 미치는 범위이다.

206. 부정기호 ~가 양화기호 앞에 있는지 아니면 양화기호 뒤에 있는지에 따라 양화기호의 영역이 다르게 정해진다.

207. 양화기호를 포함하여 양화기호의 영역에 있는 기호식을 "양화명제"(quantified proposition)라 부른다. 보편양화기호로 시작되는 양화명제를 "보편양화명제"(universal quantified proposition)라 부르고,[12] 존재양화기호로 시작되는 양화명제를 "존재양화명제"(existential quantified proposition)라 부른다.
보편양화명제의 한 예로 (x)Cx를 들 수 있고 존재양화명제의 한 예로 (∃x)Ax를 들 수 있다.

부정기호가 양화기호의 뒤에 나올 때는 부정기호는 양화기호의 영역 안에 있게 된다. 반면에 부정기호가 양화명제의 앞에 나올 때는 양화기호의 영역 밖에 있게 된다. 가령 ~(x)Ax는 보편양화명제에 대한 부정인 반면에 (x)~Ax는 부정명제형식에 대한 보편양화이다.

208.
ㄱ) ~(x)Ax는 보편양화명제 (x)Ax를 부정한 명제이며, "모든 것이 A 인 것은 아니다" 또는 "A가 아닌 것이 있다"로 독해된다.
ㄴ) (x)~Ax는 "모든 것은 A가 아니다"로 독해된다.
ㄷ) ~(∃x)Ax는 존재양화명제 (∃x)Ax를 부정한 명제이며, "A 인 것은 존재하지 않는다", "모든 것은 A가 아니다"로 독해된다.
ㄹ) (∃x)~Ax는 "어떤 것은 A가 아니다"로 독해된다.

이제 다음의 사각테를 만들 수 있다.

---

12) "보편양화기호"라는 단어 대신 "전체양화기호"를 사용해도 되고 "보편양화명제"라는 표현 대신 "전체양화명제"라는 단어를 사용해도 된다.

209. 양화기호의 영역을 밑금으로 표시하면 다음과 같다.

~(x)Φx,　　　　(x)~Φx

(여기서 Φ는 임의의 성질을 나타내는 술어변항기호임)[13]

~(x)Φx와 (x)~Φx의 차이를 다음과 같이 정리할 수 있다.

210. ㄱ) ~(x)Φx는 보편양화명제형식 (x)Φx를 부정한 것인 반면 (x)~Φx는 부정명제형식 ~Φx를 보편양화한 것이다.

ㄴ) 담화세계(universe of discourse) 안의 개체들로 a와 b가 있다고 가정할 때,

~(x)Φx는 ~(Φa∧Φb)[14]일 때, 오직 그때에만 참이 된다.

(x)~Φx는 ~Φa∧~Φb일 때, 오직 그때에만 참이 된다.

다음의 밑금들은 괄호의 위치에 따라서 양화기호의 영역이 달라진다는 것을 보여준다.

(3) (x)(Sx→Px)

(4) (x)Sx→Px

(5) (x)(Sx→Px)→Pa

(6) (x)(Sx→Px)→(x)Px

(3)은 보편양화명제이다. (4)는 보편양화명제와 단항명제형식으로 구성된 조건합성형식이다. 한편 (6)은 하나의 양화기호 (x)의 영역 안에 있는 "Sx→Px"와 또 다른 양화기호 (x)의 영역인 "Px"

13) 사각테 196을 참고바람.

14) ~(Φa∧Φb)는 드모르간법에 의해 ~Φa∨~Φb와 동치이다.

가 조건기호로 연결된 합성명제이다. 그래서 (6)은 "(y)(Sy→Py)→(z)Pz"와 동치이다.

211. 양화기호의 영역 안에 있는 변항으로서 양화기호 안에 있는 변항과 동일한 변항은 양화기호에 대한 "속박변항"(bound variable)이라 불린다. 반면에 어떠한 양화기호의 영역 안에도 있지 않은 변항은 "자유변항"(free variable)이라 불린다.

(3)에서 보편양화기호 (x)는 Px와 Sx에 있는 x들을 속박한다(binds). 그리고 (4)의 Px에서의 x는 자유변항이다.

6. 양화명제, 명제함수

212. 자유변항이 들어있는 명제형식은 "열린 명제"(open proposition)라 부르고 자유변항이 없는 명제형식을 "닫힌 명제"(closed proposition)라 부른다. 열린 명제는 명제함수이고 닫힌 명제는 명제이다.

(3)과 (5) 그리고 (6)은 닫힌 명제들이고 (4)는 열린 명제이다. 열린 명제의 또 다른 한 예로 (4)의 후건인 Px와 같은 단칭명제형식도 들 수 있다. 앞에서 Px는 명제가 아니라 "명제함수"라고 불리었던 것을 기억할 것이다.[15] Px의 x는 어떠한 양화기호에도 속박되지 않는 자유변항이다. (4)와 Px는 둘 다 자유변항이 한 개라는 점에서 "1항의 열린 명제"라 불린다.

---

15) 사각테 194 참고 바람.

213. 자유변항이 한 개면 "1항 열린 명제(one placed open proposition), 자유항이 n개면 "n항의 열린 명제"라 부른다.
(닫힌 명제는 자유변항이 없다는 점 때문에 "0항의 열린 명제"라고 불리기도 한다.)

앞의 (1) – (1′′′′′)와 (2) – (2′′′) 그리고 사각테 208로부터 다음의 사각테를 만들 수 있다.

214. "C"를 "변한다"를 나타내는 술어기호로 정할 때 일반명제들(①-④)을 다음과 같이 기호화하고 독해할 수 있다.
① 모든 것은 변한다(보편긍정명제)
· 기호화: (x)Cx
· 독해: 모든 (각각의) x에 있어서 그 x는 C이다.
② 모든 것은 변하지 않는다(보편부정명제)
· 기호화: (x)~Cx
· 독해: 모든 x에 있어서 그 x는 C가 아니다.
③ 어떤 것은 변한다(존재긍정명제)
· 기호화: (∃x)Cx
· 독해: 적어도 하나의 x가 존재하는데, 그 x는 C이다.
④ 어떤 것은 변하지 않는다(존재부정명제)
· 기호화: (∃x)~Cx
· 독해: 적어도 하나의 x가 존재하는데, 그 x는 C가 아니다.
(일반명제들인 ①-④는 아리스토텔레스의 논리학에서의 정언명제들과 구분된다. 명제들 ①-④에는 술어명사가 명확하게 표기되어 있지 않기 때문이다.)

위의 사각테에 있는 양화명제 (x)Cx에서 변항기호 x에 대입될 수 있는 것들은 "모든 것"이란 단어가 지칭하는 개체들의 전체집합의 원소들이 된다.

아리스토텔레스의 논리학에서 배운 정언명제들인 A, E, I, O 명제들은 어떻게 기호화될까? 정언명제는 주어명사와 술어명사를 지니고 있는 것들이고 주어명사가 가리키는 것은 모든 것들 중 인간들이나 철학자들, 지성인들, 국가들 등으로서 그 범위가 국한된 것들이다. 다음의 A명제 (7)을 기호화해보자.

(7) 모든 인간은 변하는 것이다.

(7)의 주어명사는 "인간"이고 술어명사는 "변하는 것"이다. "인간이다"를 나타내는 술어기호 H와 "변한다"를 나타내는 술어기호 C를 사용하여 (7)을 다음과 같이 기호화할 수 있다.

(x)(Hx→Cx)

위의 Hx나 Cx의 변항 x에 대입될 수 있는 것들은 인간들의 집합으로 국한된다. (7)을 기호화하는 과정을 다음과 같이((7′)-(7′′′′)) 정리할 수 있다.

(7)을 (7′)으로 대치한다.

(7′) 모든 (각각의) 개체들에 있어서, 만일 그것이 인간이라면 그것은 변한다.

(7′)의 "개체"라는 단어와 두 번 나오는 대명사 "그것"은 동일한 불특정 대상을 지칭하므로 개체변항 x로 대치된다. 개체변항 x를 사용해 (7′)을 (7′′)으로 대치한다.

(7′′) 모든 x에 있어서, 만일 x가 인간이면 그 x는 변한다.

"인간이다"를 나타내는 술어기호로 H를 사용하고 "변한다"를 나타내는 술어기호로 C를 사용하고 조건연결사 →와 보편양화기호 (x)와 괄호를 사용하면 (7′′)은 (7′′′)으로 대치된다.

(7′′′) (x)(Hx→Cx)

"모든 인간은 변하는 것이 아니다"라는 E명제는 다음의 명제로 대치될 수 있다.

모든 개체에 있어서, 만일 그것이 인간이면 그것은 변하지 않는다.

이 명제를 보편양화기호와 변항기호, 조건기호, 부정기호, 괄호, 그리고 앞에 나온 술어기호들 H와 C를 사용해 기호화하면 다음과 같다.

(x)(Hx→~Cx)

한편 "어떤 인간은 변하는 것이다"라는 I명제는 다음의 명제로 대체된다.

> 적어도 하나의 개체가 존재하는데, 그것은 인간이고 또 변하는 것이다. (또는 "인간이면서 변하는 그런 개체가 적어도 하나 존재한다.")

"적어도 하나의 개체가 있는데"를 나타내는 존재양화기호 $(\exists x)$와 변항기호 x, 연접연결사 ∧, 앞에 나온 술어기호들 H와 C 그리고 괄호를 사용해 위의 명제를 다음과 같이 기호화할 수 있다.

$$(\exists x)(Hx \land Cx)$$

마지막으로, "어떤 인간들은 변하지 않는다"라는 O명제는 다음의 명제로 대치된다.

> "적어도 하나의 개체가 존재하는데, 그 개체는 인간이고 또 변하지 않는다." (또는 "인간이면서 변하지 않는 그런 개체가 적어도 하나 존재한다.")

위의 명제를 기호화하면 다음과 같다.

$$(\exists x)(Hx \land \sim Cx)$$

잘못된 기호화를 하는 경우들을 몇 가지 지적하고 넘어가자. 만약 "모든 인간은 변하는 것이다"라는 A명제를 위에서처럼 "$(x)(Hx \rightarrow Cx)$"로 기호화하지 않고 "$(x)(Hx \land Cx)$"로 기호화한다면 그것은 잘못된 것이다. "$(x)(Hx \land Cx)$"는 "모든 것은 인간이면서 동시에 변한다"에 대한 기호화이다. "모든 것은 인간이면서 동시에 변한다"라는 명제는 "모든 인간들은 변하는 것들이다"라는 명제와 아주 다른 의미를 지니고 있다는 것은 두말할 필요도 없다.

또 "모든 인간은 변하는 것이 아니다"라는 E명제는 "(x)(Hx→~Cx)"로 기호화해야 하며, "(x)~(Hx→Cx)"로 기호화해서는 안 된다. "(x)~(Hx→Cx)"에 대치규칙들인 조건법과 드모르간법칙을 적용시키면 "(x)(Hx∧~Cx)"를 얻을 수 있다. "(x)(Hx∧~Cx)"는 "모든 것은 인간이면서 동시에 변하지 않는다"라는 명제에 대한 기호화이다. 그런데 이 명제는 "모든 인간은 변하는 것이 아니다"라는 명제와 전혀 다른 의미를 지닌다.

"어떤 인간들은 변한다"라는 I명제를 "(∃x)(Hx→Cx)"로 기호화하는 잘못을 범해서도 안 된다. "(∃x)(Hx→Cx)"에 조건법을 적용시키면 "(∃x)(~Hx∨Cx)"가 된다. "(∃x)(~Hx∨Cx)"는 인간이 아니거나 또는 변하는 것이 적어도 하나 있다"라는 명제에 대한 기호화이다. 이 명제가 "어떤 인간들은 변한다"와 아주 다른 의미를 지니고 있다는 것을 의심할 분은 없을 것이다.

여태까지 정언명제들인 A, E, I, O 명제들에 대해서 기호화했다. 이것을 기초로 해서 다음의 사각테를 만들 수 있다.

215. 정언명제들(A, E, I, O명제)의 기본형식에 대한 기호화와 독해

◈ A: 모든 S는 P이다.

· 기호화: (x)(Φx→Ψx)

· 독해: 모든 (각각의) x에 대해, 만약 x가 Φ이면 그 x는 Ψ이다.

◈ E: 모든 S는 P가 아니다

· 기호화: (x)(Φx→~Ψx)

· 독해: 모든 x에 대해서, 만일 x가 Φ이면 그 x는 Ψ가 아니다.

◈ I: 어떤 S는 P이다

· 기호화: (∃x)(Φx∧Ψx)

· 독해: 적어도 하나의 x가 존재하는데, x는 Φ이면서 동시에 Ψ이다(또는 Φ이면서 동시 Ψ인 그런 x가 적어도 하나 존재한다.)

◈ O: 어떤 S는 P가 아니다

· 기호화: (∃x)(Φx∧~Ψx)

· 독해: Φ

이면서 동시에 Ψ가 아닌 그런 x가 적어도 하나 존재한다.

(S: 주어명사기호, P:술어명사기호

Φ와 Ψ: 어떤 술어건 대입될 수 있는 술어변항기호

기호논리학에서는 주어명사와 술어명사를 나타내는 기호들이 사용되지 않고 있다.)

7. 여러 종류의 양화변항들이 필요한 경우의 기호화

216. 양화기호 안에 있는 변항과 양화기호에 대한 속박변항을 "양화변항"(quantified variable)이라 부른다.

예를 들어 "(x)Cx"에서 변항 x는 두 번 나온다. 한 번은 양화기호 x 안에 나오고 다른 한 번은 Cx 안에 나온다. 이 x들을 "양화변항들"이라 부른다.

여태까지 나온 기호화들은 모두 x라는 한 가지 종류의 양화변항을 사용한 경우들이다. 그러나 x라는 양화변항 외에 y나 z 등의 여러 개의 다른 종류의 양화변항들이 요구되는 경우가 있다. 양화기호의 영역 안에 또 다른 양화기호가 겹쳐져 있는 양화명제의 경우가 그렇다.

만약 이런 경우에 동일한 종류의 양화변항만을 사용하면 양화기호의 영역을 명확하게 정하지 못하게 된다.

217. 양화기호의 영역 안에 또 다른 양화기호가 겹쳐져 있는 경우에는 양화기호들의 영역을 분명하게 나타내기 위해서 각각 다른 종류의 양화변항기호들을 사용해야 한다.

"학생이다"를 S로 "현명하다"를 W로 그리고 "지성인이다"를 I로 표현해 다음의 명제 (8)을 기호화해보자.

(8) 만일 모든 학생들이 현명하고 또 일부의 지성인들이 학생들이라면, 학생들은 지성인이다.

(8)의 일부분에 일반명제인 "어떤 지성인들은 학생들이다"가 포함되어 있다는 것을 염두에 두고 기호화해야 한다. 만약 한 개의 양화변항 x만을 사용하면 (8)은 다음의 (8′)로 기호화된다.

(8′) $(x)(((Sx \wedge Wx) \wedge (\exists x)(Ix \wedge Sx)) \rightarrow Ix)$

양화명제 (8′)를 양화기호들의 영역별로 밑금을 그면 다음(①, ②)과 같다.

$$\frac{\underline{(x)(((Sx \wedge Wx) \wedge (\exists x)(Ix \wedge Sx)) \rightarrow Ix)}\ ①}{\qquad ②}$$

밑금 ①은 보편양화기호 (x)의 영역이고 ②는 존재양화기호(∃x)의 영역이다.

“(∃x)(Ix∧Sx)”의 양화변항 x가 맨 앞에 있는 보편양화기호 x에 대한 속박변항이 되는지의 여부가 선명하지 않다. 즉 양화기호들의 영역설정에서 애매함이 발생한다. 이는 동일한 종류의 양화변항 x를 사용한 데서 비롯되었다. 이런 애매함을 제거하려면 양화기호가 새로 등장할 때마다 새로운 종류의 양화변항을 사용한다. 기호 y를 사용하여 (8′) 대신 다음의 (8″)으로 기호화해야 한다.

(8″) $(x)(((Sx \wedge Wx) \wedge (\exists y)(Iy \wedge Sy)) \rightarrow Ix)$

각각 한 개의 양화기호를 지닌 양화명제들이 합성명제를 구성하는 경우에도 기호화하면 여러 개의 양화기호들이 등장하게 된다. 양화명제들로 구성된 명제는 양화명제가 아니라 합성명제이다. 이 때에도 양화기호들의 수만큼 서로 다른 종류의 양화변항들을 들여와야 할까? 답은 “그래도 되고 안 그래도 된다”이다. 이 경우에는 양화기호들마다 영역들이 각각 달리 정해지며, 또 영역설정에 있어 애매함이 발생하지 않기 때문이다.

> **218.** 각각 한 개의 양화기호들을 지니는 양화명제들이 합성된 경우에는 양화기호들의 수만큼 서로 다른 종류의 양화변항을 들여와도 되지만 모두 동일한 종류의 양화변항을 사용해도 무방하다.

양화명제들로 구성된 다음의 합성명제 (9)를 (8)의 경우와 동일한 기호들(S, W, I)을 사용해 기호화해보자.

(9) 만약 모든 학생이 지성인이라면, 어떤 지성적인 학생은 현명하다.

만약 (9)를 한 종류의 양화변항기호 x를 사용해 기호화하면 (9′)이 된다.

(9′) $(x)(Sx \rightarrow Ix) \rightarrow (\exists x)((Ix \wedge Sx) \wedge Wx)$

(9′)의 주된 연결사기호는 →이다. 조건합성명제 (9′)에는 다음의 밑금과 같이 두 개의 서로 다른 영역(①②)이 정해져 있다.

$$\underbrace{(x)(Sx \rightarrow Ix)}_{①} \rightarrow \underbrace{(\exists x)((Ix \wedge Sx) \wedge Wx)}_{②}$$

(9′)의 전건과 후건의 속박변항들은 동일한 기호로 되어 있지만 각각 다른 양화기호들의 영역 안에 있다. 이 점을 강조하기 위해서 새로운 종류의 양화변항 y를 들여와 (9′) 대신 다음의 (9″)으로 기호화해도 된다.

(9″) $(x)(Sx \rightarrow Ix) \rightarrow (\exists y)((Iy \wedge Sy) \wedge Wy)$

두 개의 서로 다른 영역을 인정한다는 조건하에서 (9′)으로 기호화해도 무방하다. 기호화작업에 익숙해지지 않는 한 양화문을 기호화하기는 어렵다. 또 다른 일반명제를 한 부분으로 지니는 일반명제를 기호화할 때가 특히 그렇다. 이런 경우를 기호화하면 양화기호의 영역 안에 또 다른 양화기호가 나오기 때문에 양화기호들의 영역이 겹치는 부분이 있게 된다. 그러나 이 경우에도 독자분들은 다음과 같은 요령을 만들어 무난히 대처해 나가야 한다.

219. 또 다른 일반명제를 일부분으로 지니는 일반명제를 기호로 바꾼다. 한꺼번에 기호화하는 것은 무리이므로 다음과 같이 단계적으로 기호화한다. 우선, 기호화하려는 문장 전체를 하나의 표준명제나 일반명제로 번역한 후 기호화한다. 이때 기호화한 것의 일부분은 일상언어를 일부분으로 담고 있도록 한다. 그 다음에 일부분인 일상언어를 표준명제로 번역한 후 앞에서 기호화할 때 사용한 변항기호와 다른 변항기호를 지니는 양화기호를 사용해 기호화한다.

(예제) 술어기호들을 사용하여 다음 명제들을 기호로 바꾸시오.

(1) 사회철학 전공자라고 해서 다 진보적인 것은 아니다.

(S: 사회철학 전공자이다 P: 진보적인 사람이다)

(2) 대학생들 중에는 한국의 전통문화를 잘 아는 학생들도 있다.

(U: 대학생이다 T: 한국의 전통문화를 잘 아는 학생들이다)

(3) 도서회원들만 도서할인을 받을 수 있다.

(M: 도서회원이다 D: 도서할인을 받을 수 있는 사람이다)

(4) 150세 이상 산 사람은 한 명도 없다.

(H: 사람이다 O: 150세 이상 산 사람이다)

(5) 공장지역과 도심지역에는 매연이 많다.

(S: 공장지역이다 I: 도심지역이다 P: 매연이 많은 곳이다)

(6) 어떤 여성들은 자존심이 강하고 독립심이 있다.

(W: 여성이다 S: 자존심이 강하다 I: 독립심이 있는 사람이다)

(7) 모든 자동차들이 매연가스를 많이 내뿜고 다닌다는 건 거짓이지만 많은 자동차들은 매연가스를 많이 방출하면서 다닌다.

(C: 자동차이다 G: 매연가스를 많이 내뿜고 다니는 것이다)

(8) 폐쇄적인 학생도 있고 또 개방적인 학생도 있다.

(S: 학생이다 C: 폐쇄적인 사람이다 O: 개방적인 사람이다)

(9) 만약 모든 국가들이 핵무기를 제조하지 않는다면 어떤 국가들은 강대국이면서도 핵무기를 지니지 않는 국가가 된다.

(C:국가이다 N: 핵무기를 제조하는 국가이다 P: 강대국이다 W: 핵무기를 지닌 국가이다)

(10) 모든 박쥐들은 음파를 낼 때 그리고 오직 그때에만 어둠 속에서 날 수 있다.

(B: 박쥐이다 W: 음파를 내는 동물이다 F: 어둠 속에서 날 수 있는 동물이다)

(11) 만약 은행들 중에 부실경영하는 은행이 많다면 금융감독원은 비난을 받아 마땅하다.

(B: 은행이다 W: 부실경영을 하는 은행이다 f: 금융감독원 C: 비난받아 마땅하다)

(12) 시민단체들이 정직한 정치하기 운동에 관여하고 또 모든 시민들이 정직한 정치하기 운동에 관심을 기울인다면 정치부패는 사라질 것이다.

(O: 시민단체이다 A: 정직한 정치하기 운동에 관여하는 것이다 C: 시민이다 I: 정직한 정치하기 운동에 관심을 기울이는 것이다

P: 정치가 부패한 것이다 D: 사라지게 될 것이다)

(예제 풀이)

명제들의 원래의 의미를 우선 잘 반영하여 단칭명제나 표준형식의 명제로 번역한 후 기호로 표현하면 된다.

(1)에 대한 기호화: "어떤 사회철학전공자는 진보적인 사람이 아니다"라는 정언명제로 번역한 후 다음과 같이 기호화하면 된다.

(∃x)(Sx∧~Px)

(2)에 대한 기호화: (∃x)(Ux∧Tx)

(3)에 대한 기호화: "…만 …이다"의 의미를 잘 살려서 (3)을 해석하면 "도서할인을 받을 수 있는 사람들은 오로지 도서회원들에 국한되며 도서회원이 아닌 모든 사람들은 도서할인을 받을 수 없다"가 된다. 이 해석을 반영하여 위의 문제를 표준형식의 명제로 번역하면 "도서할인을 받을 수 있는 모든 사람들은 도서회원들이다"가 된다. 이 명제는 도서할인을 받을 수 있는 사람들 중에 도서회원이 아닌 사람들은 없다는 내용을 지니고 있다. 이 명제를 기호화하면 "(x)(Dx→Mx)"가 되고 이것이 (3)에 대한 기호화이다. 만약 (3)을 "모든 도서회원들은 도서할인을 받을 수 있는 사람들이다"라는 표준형식의 명제로 번역하고 "(x)(Mx→Dx)"로 기호화한다면 잘못된 것이다. 이 번역은 도서할인을 받을 수 있는 사람들 중에 도서회원이 아닌 사람이 있을 가능성을 배제하고 있지 않기 때문이다. 도서할인을 받을 수 있는 사람들 중에 도서회원은 물론이고 도서회원이 아닌 사람이 있는 경우에도 위의 번역이 가능하다는 것을 유념해야 한다.

(4)에 대한 기호화: "모든 사람은 150세 이상 산 사람들이 아니다"라는 E명제로 번역한 후 "(x)(Hx→~Ox)"로 기호화하면 된다.

(5)에 대한 기호화: 다음 세 가지들 중 어느 것으로 기호화해도 상관없다.

(x)(Sx→Px)∧(x)(Ix→Px)

(x)(Sx→Px)∧(y)(Iy→Py)

(x)((Sx∨Ix)→Px)

(5)를 "(x)((Sx∧Ix)→Px)"로 기호화해서는 안 된다. 이 기호는 공장지역이면서 동시에 도심지역인 모든 곳들은 매연이 많은 곳들이다"라는 명제에 대한 것이기 때문이다.

(6)에 대한 기호화: (6)은 여성이면서 동시에 자존심이 강하고 또한 독립심이 있는 그런 사람이 적어도 하나 있다는 내용을 지니므로 다음과 같이 기호화하면 된다. (∃x)(Wx∧Sx∧Ix)

(7)에 대한 기호화: ~(x)(Cx→Gx)∧(∃x)(Cx∧Gx)

또는 ~(x)(Cx→Gx)∧(∃y)(Cy∧Gy)

(8)에 대한 기호화: (∃x)(Sx∧Cx)∧(∃x)(Sx∧Ox)

또는 (∃x)(Sx∧Cx)∧(∃y)(Sy∧Oy)

(9)에 대한 기호화: (x)(Cx→~Nx)→(∃x)(Cx∧Px∧~Wx)

또는 (x)(Cx→~Nx)→(∃y)(Cy∧Py∧~Wy)

(10)에 대한 기호화: (x)(Bx→Wx)↔(x)(Bx→Fx)

또는 (x)(Bx→Wx)↔(y)(By→Fy)

(11)에 대한 기호화: (∃x)(Bx∧Wx)→C_f

(12)에 대한 기호화: (x)((Ox∧Ax)∧(y)(Cy→Iy))→(x)(Px→Dx)

또는 (x)((Ox∧Ax)∧(y)(Cy→Iy))→(z)(Pz→Dz)

5.4. 구문론, 의미론

1. 구문론

앞에서 다룬 단항술어논리로부터 구문론체계를 읽어낼 수 있다. 앞 장에서 지적한 바와 같이 구문론체계는 두 가지로 구성된다. 하나는 명제기호식을 구성하는 어휘들의 목록이다. 다른 하나는 그 기호들 간의 형식적인 관계로 제대로 형성된 식 즉 적형식을 형성하기 위한 규칙들이다. 사각테 192에서 제시한 기본어휘들은 구문론의 기본어휘들의 목록에 속한다. 술어논리의 기본식들은 이 기호들 간의 관계로 만들어진다. 한편 구문론의 규칙들은 어떤 표현들이 술어논리의 적형식이 되는가를 보여준다. 앞 장에서 명제논리의 구문론을 제시했을 때 문장들에 관해 이야기하면서 상위변항들을 도입한 바 있다. 이와 마찬가지로 단항술어논리의 구문론에서도 구문론적 규칙에서 언어의 표현들에 대해 이야기할 때 상위변항들 P, t, α, β, γ 등을 도입하기로 한다.

220. 단항술어논리의 구문론

· 기본어휘들[16)]

개체상항기호들(individual constants): a, b, c, …

개체변항기호들(individual variables): x, y, z, …

술어기호들(predicate): A, B, C, …

양화기호들(quantifiers): 존재양화기호들(existential quantifiers):

(∃x), (∃y), (∃z), … 보편양화기호들: (x), (y), (z), …

연결사기호들: ~, ∧, →, ↔

괄호기호: ( )

· 구문론적 규칙들[17] (①-⑥)

(P는 1항 술어용어(즉 술어상항이나 술어변항)를 나타내는 상위변항이다.

t는 개체용어(즉 개체상항이나 개체변항)를 나타내는 상위변항이다. α, β, γ 는 적형식을 나타내는 상위변항이다.)

① 만약 t가 개체용어이고 P가 술어용어이면, Pt는 적형식이다.

② 만약 x가 개체변항이고 α는 x를 자유변항으로 지니고 있는 적형식이라면 (x)α는 적형식이다.

③ 만약 x가 개체변항이고 α는 x를 자유변항으로 지니는 적형식이라면 ($\exists$x)α는 적형식이다.

④ 만약 α와 β가 적형식들이라면 다음의 식들도 적형식들이다.

$\sim\alpha, \sim\beta, \alpha \wedge \beta, \alpha \vee \beta, \alpha \rightarrow \beta, \alpha \leftrightarrow \beta$

⑤ 어떠한 자유변항도 지니지 않는 적형식은 문장(또는 명제)이다.

⑥ 이상의 규칙들에 따라 형성된 식들만이 적형식들이다.

---

16) 만약 술어논리에 명제논리를 포함시키고자 한다면 다음 두 개의 목록을 기본 어휘들의 목록에 보탤 수 있다.

명제상항기호들: $A^1, B^2, C^3, \cdots$
명제변항기호들: p, q, r,…

명제(상항)기호의 오른편에 상위숫자를 적은 것은 술어(상항)기호와 명제(상항)기호를 구분하기 위해서이다.

17) 만약 명제논리가 술어논리의 일부라는 것을 보여주고자 한다면 술어논리의 구문론에 다음의 내용을 보태면 된다. "모든 명제변항들은 적형식들이다."

2. 의미론

앞 장에서 다룬 명제논리의 의미론(semantics)은 다음의 내용에서 출발했다.

> 한 문장의 의미를 안다는 것은 그 문장이 참이 되는 조건, 즉 진리조건(truth condition)을 아는 것이다. 한 문장의 진리조건을 안다는 것은 그 문장이 참이려면 세계가 어떠해야 하는가를 아는 것이다.

명제논리와 달리 술어논리에는 문장의 내부구조를 반영하는 표현들이 도입된다. 그러므로 술어논리에서는 한 문장이 참인지의 여부에 대해 알기 위해서는 그 표현들이 어떻게 세계에 관련되어 있는가에 대해 알아야 한다. 언어표현들이 세계와 관계맺는 방식을 보여주기 위한 한 방법은 언어표현들이 지칭하는 대상들 즉 외연(extension)을 제시하는 것과 관련되어 있다. 예를 들어 "철희는 학생이다"라는 문장이 참인지의 여부를 알기 위해서는 적어도 "철희"라는 표현이 지칭하는 대상이 "학생"이라는 표현의 외연(extension)—즉 "학생"이라 이름되는 대상들—에 속하는지의 여부를 아는 것이다.

단항술어논리의 구성요소들 중 개체상항으로부터 시작해보자. 우선 다음 상황을 설정하자. 즉 논의세계가 철희와 영희와 복희라는 세 개의 개체들로만 구성되어 있다고 가정하자. 그리고 개체상항들 a, b, c는 그 개체들 각각에 대응되는 표현들이라고 가정해보자. 이 경우에 개체상항 a는 철희를 지칭하고 b는 영희를 지칭하고 c는 복희를 지칭하는 방식으로 세계와 관계를 맺고 있다.

다음으로 단항술어상항의 경우를 보자. "학생이다"를 나타내는 S와 "남성이다"를 나타내는 M이라는 두 개의 단항술어기호들을 도입해보자. 기호 S에 할당된(assigned) 개체들의 집합 즉 S의 외연은 {a, b}와 같이 두 개의 원소들의 합이고 M의 외연은 {a, c}라고 가정해보자. 이 외연들에 속하는 원소들은 세계 안에 존재하는 개체들의 이름들을 나타내는 기호들로 구성되어 있다. 외연에 속하는 원소들을 세계 안에 존재하는 사물들과 구분하여 "대상들"이라 부르기로 하자. 이런 상황에서 단칭문장식들[18]의 진리값과 단칭문장들을 구성요소로 하는 합성문장식들의 진리값, 그리고 양화문장식들의 진리값을 결정할 수 있게 된다.

우선, 앞에서 설정한 상황에서—즉 논의세계와 기호들에 대해서 약속이 정해진 상황에서—단칭문장식들 Sa, Ma, 그리고 Sc의 진리값들은 다음과 같이 결정된다.

Sa는 참이다.

Mb는 거짓이다.

Sc는 거짓이다.

단칭문장식의 진리조건을 다음의 공식으로 일반화할 수 있게 된다.

Pt는 설정된 상황에서 t에 할당된 개체가 P가 적용되는 개체들 중에 있을 때 그리고 오직 그때에만 참이 된다.(P: 술어용어에 대한 상

18) "단칭문장식"은 단칭문장을 기호로 나타낸 것을 가리킨다.

위변항 t: 개체용어에 대한 상위변항)

위의 공식의 한 예로 다음을 들 수 있다.

설정된 상황에서 Sa는 a에 할당된 개체가 S의 외연에 속할 때 그리고 오직 그때에만 참이 된다.

앞에서 설정된 상황에서 합성문장식들 "Sa∧Sb", "Sa∨Mb", "Sc→Mb", "Sa↔Mc"의 진리값들은 다음과 같다.

Sa∧Sb는 참이다.
Sa∨Mb는 참이다.
Sc→Mb는 참이다.
Sa↔Mc는 참이다.

한 단계 더 나아가서, 앞에서 설정된 것과 같은 상황에서 보편양화문들 (x)Sx, ~(x)Sx, (x)~Mx, (x)(Sx→Mx)의 진리값들을 구해보자. 이 양화문들의 진리조건들은 설정된 상황에서 다음과 같이 주어진다.

(x)Sx는 모든 개체들이(즉 a와 b와 c가) S의 외연에 속할 때 그리고 오직 그때에만 참이다.

~(x)Sx는 모든 개체들이 S의 외연에 속한다는 것이 거짓일 때 그리고 오직 그때에만 참이다.

(x)~Mx는 모든 개체들이 M의 외연에 속하지 않는 경우에 그리

고 오직 그때에만 참이다.

(x)(Sx→Mx)는 S의 외연에 속한 모든 개체들이 M의 외연에 속할 때 그리고 오직 그때에만 참이다.

이 진리조건들에 비추어 볼 때 위의 양화문들의 진리값은 다음과 같다.

(x)Sx는 거짓이다.

~(x)Sx는 참이다.

(x)~Mx는 거짓이다.

(x)(Sx→Mx)는 거짓이다.

다음으로 존재양화문들 (∃x)Sx, ~(∃x)Sx, (∃x)~Sx, ~(∃x)~Sx, (∃x)(Sx∧Mx)의 진리조건들을 다음과 같이 만들어보자.

(∃x)Sx는 S의 외연 안에 적어도 하나의 개체가 있을 때 그리고 오직 그때에만 참이다.

~(∃x)Sx는 S의 외연 안에 아무 개체도 없을 때 즉 S의 외연이 공집합일 때 그리고 오직 그때에만 참이다.

(∃x)~Sx는 S의 외연에 속하지 않는 개체가 적어도 하나 있을 때 그리고 오직 그때에만 참이다.

~(∃x)~Sx는 S의 외연에 속하지 않는 개체가 없을 때 즉 모든 개체들이 S의 외연에 속할 때 그리고 오직 그때에만 참이다.

(∃x)(Sx∧Mx)는 S의 외연에 속하면서 동시에 M의 외연에 속하는 개체가 적어도 하나 있을 때 그리고 오직 그때에만 참이다.

이 진리조건들에 비추어 볼 때 위의 존재양화문들의 진리값이 다음과 같이 주어진다.

(∃x)Sx는 참이다.
~(∃x)Sx는 거짓이다.
(∃x)~Sx는 참이다.
~(∃x)~Sx는 거짓이다.
(∃x)(Sx∧Mx)는 참이다.

지금까지의 내용을 토대로 하여 단항술어논리의 의미론을 다음의 사각테로 구성할 수 있다.

221. 단항술어논리의 의미론

(P: 술어용어들을 나타내는 상위변항 t: 개체용어들을 나타내는 상위변항 *α*, *β*: 적형식들(wffs)을 나타내는 상위변항들)
① Pt는 P의 외연에 속하는 하나의 개체를 t가 지칭할 때 그리고 오직 그때에만 참이다.
② (x)Px는 모든 개체들이 P의 외연에 속할 때 그리고 오직 그때에만 참이다.
③ (∃x)Px는 적어도 하나의 개체가 P의 외연에 속할 때 그리고 오직 그때에만 참이다.
④ ~*α*는 *α*가 참이 아닐 때 그리고 오직 그때에만 참이다.
⑤ *α*∧*β*는 *α*와 *β* 모두 참일 때 그리고 오직 그때에만 참이다.
⑥ *α*∨*β*는 *α*와 *β* 적어도 하나가 참일 때 그리고 오직 그때에만

참이다.
⑦ $\alpha \rightarrow \beta$는 α가 참이 아니거나 β가 참일 때 그리고 오직 그때에만 참이다.
⑧ $\alpha \leftrightarrow \beta$는 α와 β 둘 다 참이거나 둘 다 거짓일 때 그리고 오직 그때에만 참이다.

위의 사각테의 ②와 ③에 주목해보자. 그리고 상황설정을 다음과 같이 구성해보자.

a, b, c: 논의세계를 구성하는 개체들에 대한 기호들
S: "학생이다"를 나타내는 술어기호
M: "남성이다"를 나타내는 술어기호

이 경우에 보편양화문인 (x)Sx의 진리조건은 무엇이 될까? 이 양화문에 대한 독해는 모든 개체들 즉 a, b, c 각각이 학생이라는 것이다. 따라서 (x)Sx의 진리조건은 다음의 (1)이 된다.

(1) (x)Sx는 모든 대상들 즉 a, b, c 각각이 S일 때 그리고 오직 그때에만 참이다.

(1)은 다음의 (1´)으로 대체된다.

(1´) (x)Sx는 a가 S이고 b가 S이고 그리고 c가 S일 때 그리고 오직 그때에만 참이다.

(1´)은 다음의 (1´´)으로 대치된다.

(1′′) (x)Sx는 "Sa∧Sb∧Sc"일 때 그리고 오직 그때에만 참이다.

존재양화문 (∃x)Sx의 진리조건은 다음의 (2)가 된다.

(2) (∃x)Sx는 a, b, c 중 적어도 하나가 S일 때 그리고 오직 그때에만 참이다.

(2)는 다음의 (2′)으로 대치될 수 있고 (2′)은 다음의 (2′′)으로 대치될 수 있다.

(2′) (∃x)Sx는 a가 S이든가 b가 S이든가 또는 c가 S일 때 그리고 오직 그때에만 참이다.

(2``) (∃x)Sx는 "Sa∨Sb∨Sc"일 때 그리고 오직 그때에만 참이다.

한편 (x)(Sx→Mx)라는 보편명제는 만약 개체변항 x에 대입될 수 있는 상항들이 a 하나라면 즉 논의세계에 a라고 불리는 개체가 하나만 존재한다면 (x)(Sx→Mx)는 Sa→Ma가 참일 때 그리고 오직 그때에만 참이 된다. 또 만약 x에 대입될 수 있는 상항이 a와 b 두 개라면 그 양화문은 Sa→Ma와 Sb→Mb 둘 다 참일 때 그리고 오직 그때에만 참이 된다. 이것을 일반화하면 다음과 같다.

a, b, c, … n의 개체들이 있는 논의세계에서(x)(Sx →Mx)는 "(Sa → Ma)∧(Sb→Mb)∧(Sc→Mc)∧ … ∧(Sn→Mn)"이 참일 때 그리고 오직 그때에만 참이다.

존재양화문인 (∃x)(Sx∧~Mx)는 한 개의 개체 a만 존재하는 논의세계에서 Sa∧~Ma가 참일 때 그리고 오직 그때에만 참이 된다. 그리고 두 개의 개체들 a와 b가 존재하는 논의세계에서 이 존재양화문은 Sa∧~Ma나 Sb∧~Mb 둘 중 하나가 참일 때 그리고 오직 그때에만 참이 된다.

위의 내용을 토대로 양화문형식들의 진리조건들을 다음과 같은 기호식으로 일반화할 수 있다.

222. 양화문형식들의 진리조건들

(a, b, c, …, n: 논의세계의 개체를 나타내는 상항기호들
Φ, Ψ: 술어변항기호들[19])

(x)Φx는 "Φa∧Φb∧Φc∧…∧Φn"이 참일 때 그리고 오직 그때에만 참이다.

(∃x)Φx는 "Φa∨Φb∨Φc∨…∨Φn"이 참일 때 그리고 오직 그때에만 참이다.

위의 사각테는 의미론의 내용이 함축하고 있는 것들이다. 또 사각테의 내용에는 다음의 식들도 포함되어 있다.

(x)(Φx→Ψx)는 "(Φa→Ψa)∧(Φb→Ψb)∧(Φc→Ψc)∧…(Φn→Ψn)"이 참일 때 그리고 오직 그때에만 참이다.

(∃x)(Φx∧Ψx)는 "(Φa∧Ψa)∨(Φb∧Ψb)∨(Φc∨Ψc)∨…∨(Φn∨Ψn)"이 참일 때 그리고 오직 그때에만 참이다.

---

19) 앞에서 지적한 바처럼 그리스문자 Φ, Ψ는 어떤 술어이건 대입될 수 있는 술어변항이다.

사각테 222는 다음의 사각테에서와 같은 동치관계가 성립된다는 것을 의미하고 있다. 동치관계에 있는 식들은 서로 대치가능하다.

223. (a, b, c, ⋯, n: 논의세계의 개체들을 나타내는 상항기호들
Φ: 술어변항기호)
(x)Φx는 "Φa∧Φb∧Φc∧⋯∧Φn"와 동치이며 따라서 서로 대치가능하다.
(∃x)Φx는 "Φa∨Φb∨Φc∨⋯∨Φn"와 동치이며 따라서 서로 대치가능하다.

위의 사각테에서의 보편양화문형식인 (x)Φx와 동치관계에 있는 합성문형식인 "Φa∧Φb∧Φc∧⋯∧Φn"은 연접기호의 진리함수적인 특성상 각각의 연접지들—즉 Φa, Φb, Φc, ⋯, Φn—이 참일 때 그리고 오직 그때에만 참이 된다. 또 (∃x)x와 동치관계에 있는 선접문형식인 "Φa∨Φb∨Φc∨⋯∨Φn"은 선접기호의 진리함수적인 특성상 각 선접지들 중 적어도 하나가 참일 때 그리고 오직 그때에만 참이 된다. 보편양화문형식과 동치인 연접문형식의 연접지들 각각은 연접문 형식으로부터 도출된다. 연접합성문형식이 참일 때 연접지들 각각도 참이 되기 때문이다. 가령 논의세계의 개체상항이 a와 b일 때 양화문 (x)(Px→Qx)로 부터 Pa→Qa이 도출되고 또 Pb→Qb도 도출될 수 있다. 반면에 사각테 223에서의 존재양화문형식인 (∃x)Φx로부터는 Φa나 Φb 또는 Φc 또는 ⋯ 또는 Φn 중 적어도 하나 이상이 도출된다.

5.5. 대당관계, 양화동치규칙

1. 대당관계

사각테 215에서 정언명제들의 기본형식들을 기호화했다. 그 형식들 사이에 모순관계만 성립되고 있는 다음의 대당사각형이 성립한다.

224. 대당사각형

A: $(x)(\Phi x \rightarrow \Psi x)$
또는 $(x)\Phi x$
· 독해: 모든 x에 있어서 x는 Φ이다.

E: $(x)(\Phi x \rightarrow \sim \Psi x)$
또는 $(x)\sim \Phi x$
· 독해: 모든 x에 있어서 x는 Φ가 아니다.

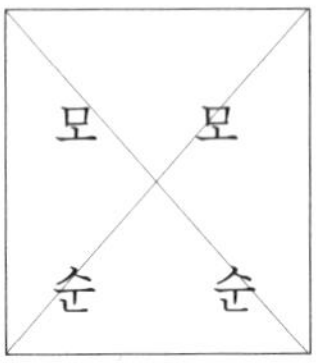

모 모
순 순

I: $(\exists x)(\Phi x \wedge \Psi x)$
또는 $(\exists x)\Phi x$
· 독해: 적어도 하나의 x가 있는데, 그 x는 Φ이다.

O: $(\exists x)(\Phi x \wedge \sim \Psi x)$
또는 $(\exists x)\sim \Phi x$
· 독해: 적어도 하나의 x가 있는데, 그 x는 Φ가 아니다.

(Φ, Ψ: 술어변항기호)

논의세계의 개체들의 수가 둘인 경우에 A형식과 O형식 간에 모순관계가 성립된다는 것을 사각테 223의 대치관계와 명제논리학에서 배운 대치의 규칙들[20]을 사용하여 검토할 수 있다.

A형식은 사각테 223에 의해 "$(\Phi a \rightarrow \Psi a) \wedge (\Phi b \rightarrow \Psi b)$"가 된다. O형식은 사각테 223에 의해 "$(\Phi a \wedge \sim \Psi a) \vee (\Phi b \wedge \sim \Psi b)$"가 된다. A형

20) 사각테 170을 참고할 것.

식과 O형식이 모순관계에 있다는 것은 "(Φa→Ψa)∧(Φb→Ψb)"를 모순시키면 즉 부정하면 "(Φa∧~Ψa)∨(Φb∧~Ψb)"가 된다는 것을 의미한다. "(Φa→Ψa)∧(Φb→Ψb)"를 모순시키면 "~((Φa→Ψa)∧(Φb→Ψb))"가 된다. 이 식에 조건법을 적용시키면 "~((~Φa∨Ψa)∧(~Φb∨Ψb))"가 된다 그 다음에 이 식에 드모르간법을 적용하면 "~(~Φa∨Ψa)∨~(~Φb∨Ψb)"가 된다. 이 식에 드모르간법을 재차 적용하면 "(Φa∧~Ψa)∨(Φb∧~Ψb)"가 된다. 따라서 "(Φa→Ψa)∧(Φb→Ψb)"에 대한 모순은 "(Φa∧~Ψa)∨(Φb∧~Ψb)"가 된다.

위의 검토는 아직 예화규칙에 대해 배우지 않은 단계에서 한 것이기 때문에 다소 엉성해보일 수도 있겠지만 유효하다. E형식과 I형식 간에도 마찬가지로 모순관계가 성립된다. 여러분이 두 개의 개체들로 구성된 세계를 가정하여 직접 검토해보기를 바란다.

술어논리에서는 아리스토텔레스의 논리학에서 있었던 대소(대당)관계가 성립되지 않는다. 논의세계에 있는 개체가 하나라고 가정할 때 A명제형식과 I명제형식 간에 대소관계가 성립되지 않는다는 것을 다음과 같이 보여줄 수 있다.

아리스토텔레스의 논리학에서는 A명제형식이 참이라고 가정할 때 I명제형식은 반드시 참이 된다. A명제형식인 "(x)(Φx→Ψx)"는 사각테 223에 의해 "Φa→Ψa"로 대치될 수 있다. Φ인 것이 하나도 없는 경우에 전건인 "Φa"는 거짓이 되며 따라서 "Φa→Ψa"는 진리함수적인 특성때문에 참이 된다. I명제형식인 "(∃x)(Φx∧Ψx)"는 사각테 223에 의해 "Φa∧Ψa"로 대치된다. "Φa"가 거짓이면 "Φa∧Ψa"도 진리함수적인 특성때문에 거짓이 된다. 따라서 아리스토텔레스의 논리학에서와 달리 A명제가 참인 경우에 I명제가 거짓이 되는 경우가 발생한다.

E와 O의 대소관계도 성립되지 않으며 또 반대(대당)관계와 부분반대(대당)관계도 성립되지 않는다는 것을 마찬가지의 방식으로 검토해보기를 바란다.

2. 양화동치규칙

앞에서 다룬 모순대당관계를 적용시켜 보편양화기호 (x)와 존재양화기호 (∃x) 간에 모종의 동치규칙을 만들 수 있다.

사각테 224에서 (x)Φx에 대해 (∃x)~Φx는 모순대당관계에 있다. (x)Φx는 그 자체를 부정시킨 ~(x)Φx와도 모순관계에 있다. 따라서 (∃x)~Φx는 ~(x)Φx와 동치이다.

(x)~Φx에 대해 (∃x)Φx는 모순대당관계에 있다. (x)~Φx는 그 자체를 부정시킨 ~(x)~Φx와도 모순대당관계에 있다. 따라서 (∃x)Φx는 ~(x)~Φx와 동치이다.

(∃x)Φx에 대해 (x)~Φx는 모순대당관계에 있다. (∃x)Φx는 그 자체를 부정시킨 ~(∃x)Φx와도 모순대당관계에 있다. 따라서 (x)~Φx는 ~(∃x)Φx와 동치이다.

(∃x)~Φx에 대해 (x)Φx는 모순대당관계에 있다. (∃x)~Φx는 그 자체를 부정시킨 ~(∃x)~Φx와도 모순대당관계에 있다. 따라서 (x)Φx는 ~(∃x)~Φx와 동치이다.

위의 내용으로부터 양화기호들로 이루어진 양화문들 간에 성립하는 다음의 동치규칙 — 이른바 "양화동치"(quantifier equivalence) — 을 다음과 같이 정리할 수 있다.

225. 양화동치규칙 네 가지

$(\exists x)\sim\Phi x \equiv \sim(x)\Phi x$[21](즉 $(\exists x)\sim$와 $\sim(x)$는 대치가능하다)

$(\exists x)\Phi x \equiv \sim(x)\sim\Phi x$(즉 $(\exists x)$와 $\sim(x)\sim$는 대치가능하다)

$(x)\sim\Phi x \equiv \sim(\exists x)\Phi x$(즉 $(x)\sim$과 $\sim(\exists x)$는 대치가능하다)

$(x)\Phi x \equiv \sim(\exists x)\sim\Phi x$(즉 (x)와 $\sim(\exists x)\sim$는 대치가능하다)

(Φ: 술어변항기호
Φx 대신 어떤 명제형식이 나오더라도 마찬가지의 동치규칙이 성립한다)

위의 동치규칙에서의 Φx 대신 $\Phi x \rightarrow \Psi x$ 나 $\Phi x \land \Psi x$를 비롯한 어떤 형식이 나오더라도 마찬가지의 공식이 성립된다. 한 예로 "$(\exists x)\sim(Kx \land Qx)$"는 "$\sim(x)(Kx \land Qx)$"와 동치이다. 또 한 예로 "$(x)(Kx \lor Qx)$"는 "$\sim(\exists x)\sim(Kx \lor Qx)$"와 동치이다. 또 이러한 동치규칙을 사각테 222와 대치규칙(사각테 170)을 사용하여 검토할 수 있다. "$(\exists x)\sim\Phi x \equiv \sim(x)\Phi x$"라는 동치규칙을 검토해보자. 논의세계에 두 개의 개체들만이 있다고 가정하자. 이런 상황에서 왼편 동치항인 $(\exists x)\sim\Phi x$ 는 "$\sim\Phi a \lor \sim\Phi b$"와 동치가 되고 오른편 항인 $\sim(x)\Phi x$는 "$\sim(\Phi a \land \Phi b)$"와 동치가 된다. "$\sim(\Phi a \land \Phi b)$"에 드모르간법을 적용시키면 "$\sim\Phi a \lor \sim\Phi b$"가 된다. 따라서 위의 동치규칙이 성립된다. 다음으로 동일한 논의세계를 상정하여 "$(\exists x)\Phi x \equiv \sim(x)\sim\Phi x$"라는 동치규칙을 검토해보자. 이 규칙의 왼편항은

21) $\sim(x)\Phi x$는 보편양화문형식이 아니라 보편양화문에 대한 부정문의 형식이라는 것을 잊지 말기로 하자.

"$\Phi a \vee \Phi b$"와 동치가 된다. 오른편항은 "$\sim(\sim\Phi a \wedge \sim\Phi b)$"와 동치가 된다. 후자의 식에 드모르간법을 적용시키면 $\Phi a \vee \Phi b$가 되므로 위의 동치규칙이 성립된다. 나머지 두 개의 동치규칙들에 대한 검토는 독자분들에게 남기기로 한다.

5.6. 논증의 타당성 여부 판별하기

5.6.1. 예화규칙, 예화요령

양화논증의 타당성 여부를 판별하기 위한 한 유효한 방법으로 명제논리에 관한 장에서 소개한 바 있는 진리나무방법을 들 수 있다. 뒤에서 예를 통해 보여주겠지만 진리표방법이나 약식진리표방법은 개체상항들의 수가 많아질수록 그리고 술어기호들의 수가 많아질수록 진리나무방법에 비해 대단히 번거로와진다는 점에서 효과적이지 않다. 진리나무방법을 양화논증의 타당성 여부를 판별하는 데 사용하려면 명제논리에서는 없었던 두 개의 규칙들 즉 양화동치규칙과 예화규칙을 적용할 수 있어야 한다. 양화동치규칙에 대해서는 사각테 225에서 소개했다. 본 항에서는 예화규칙들 두 개와 예화규칙들을 적용하는 요령 세 개를 소개하기로 한다.

226. · "예화"(instantiation)란 불특정한 임의의 개체를 나타내는 개체변 항기호들(x, y, z, …)을 개체상항기호들(a, b, c, …)로 대입하는 것을 의미한다.

· 예화는 두 종류 즉 보편예화(universal instantiation, 약어: UI)와 존재예화(existential instantiation, 약어: EI)가 있다.

보편양화문, 가령 "(x)(Px→Qx)"가 의미하는 바 즉 진리조건은 사각테 222를 통해 알 수 있는 바처럼 다음과 같다. "논의세계에 있는 모든 개체상항들에 대해서 만약 그것들이 P이면 그것들은 Q가 된다는 것이다." 따라서 가령 두 개의 개체상항들로 구성된 논의세계를 가정할 때 "(x)(Px→Qx)"를 예화하면 "(Pa→Qa)∧(Pb→Qb)"가 된다. 반면에 존재양화문, 가령 "(∃x)(Px∧Qx)"가 의미하는 바 즉 진리조건은 사각테 222가 말해주고 있듯이 다음과 같다. "논의세계에 있는 개체상항들 중 적어도 하나에 대해서 만약 그것들이 P이면 그것들은 Q가 된다." 그래서 두 개의 개체상항들로 이루어진 세계를 가정할 때 "(∃x)(Px∧Qx)"를 예화하면 "(Pa∧Qa)∨(Pb∧Qb)"가 된다.

이제 보편예화의 규칙과 존재예화의 규칙을 다음과 같은 논증의 형식으로 만들 수 있다.

227. 예화규칙
(a, b, c, …, n의 개체상항들로 구성된 논의세계
Φ: 술어변항기호)

보편예화규칙(UI규칙)
(x)Φx
∴ Φa∧Φb∧Φc∧…∧Φn

존재예화규칙(EI규칙)
: (∃x)Φx
∴ Φa∨Φb∨Φc∨…∨Φn

노파심에서 하는 말인지 모르지만 예화할 때 다음과 같은 두 개의 잘못들을 범하지 않도록 주의해야 한다.

하나의 잘못은 가령 두 개의 개체상항들 a와 b로 된 논의세계를 가정할 때 보편양화문 ~(x)(Ax→Bx)를 ~(Aa→Ba)∧~(Ab→Bb)로 잘못 예화하는 것이다. ~(x)(Ax→Bx)는 보편양화문이 아니고 보편양화문 (x)(Ax→Bx)에 대한 부정문이라는 것을 잊지 말아야 한다.[22] ~(x)(Ax→Bx)에서 부정기호를 없앤 다음에 보편양화문을 예화하든가 아니면 보편양화문을 예화한 것을 부정하든가 해야 한다. 부정기호를 없애는 요령은 양화동치규칙을 적용시키는 것이다. ~(x)(Ax→Bx)에 양화동치규칙을 적용하면 (∃x)~(Ax→Bx)로 대치된다. (∃x)~(Ax→Bx)에서 양화기호 뒤에 있는 부정기호는 조건법칙과 드모르간법칙을 이용해 제거되어 존재양화문 (∃x)(Ax∧~Bx)가 된다. 이 존재양화문을 다음과 같이 존재예화한다. "(Aa∧~Ba)∨(Ab∧~Bb)"

다른 하나의 잘못은 양화기호의 범위를 혼동하여 예화하는 것이다. 한 예로 (∃x)Ax∧Cx를 (Aa∧Ca)∨(Ab∧Cb)로 잘못 예화하는 경우를 들 수 있다. (∃x)Ax∧Cx는 존재양화문이 아니라 존재양화문 (∃x)Ax와 단칭명제형식 Cx의 합성식이라는 것을 잊어서는 안 된다.

논의세계를 구성하는 개체의 수가 정해지지 않은 경우에는 논증을 구성하는 양화문들을 예화할 때 알아두면 좋은 요령들이 있다.

---

22) 사각테 210 참고바람.

228. 논의세계를 구성하는 개체들의 수가 정해지지 않은 경우에 양화논증에 있는 양화명제를 예화하는 요령

요령 ①: 양화논증에 있는 존재양화문을 예화할 때 사용하는 개체상 항기호의 종류는 그 논증에 있는 다른 존재양화문을 예화할때 사용된 적이 없는 새로운 것이어야 한다. 따라서 양화논증에서 존재예화(EI)할 때 사용되는 개체상항의 종류의 수는 존재양화문의 수에 따라서 결정된다.

요령 ②: 한 논증 안에 예화해야 하는 존재양화문과 보편양화문이 함께 있을 때
ㄱ) EI에 사용된 개체상항들을 모두 다 사용하여 UI를 한다.
ㄴ) EI를 먼저 한 다음에 UI를 할 때 사용된 개체상항들을 모두 사용하여 UI를 한다. 따라서 존재예화에 사용된 개체상항들의 수는 보편예화에 사용되는 개체상 항들의 종류의 수를 결정한다.

요령 ③: 논증을 구성하는 양화문들이 모두 다 보편양화문인 경우에 는 개체상항을 한 개만 사용해서 예화하거나 또는 어떤 개체상항이건 대입될 수 있는 변수 x를 사용해 예화한다.

요령 ①이 필요한 이유를 설명해보자. 논의세계를 구성하는 개체의 수가 정해지지 않았을 때 두 개의 양화문들로 된 논증을 예로 들어보자. 그 중 한 양화문은 불특정한 한 사람이 한국에 산다는 주장을 담고 있다고 해보자. 이 주장은 동일한 한 사람에 대해 성립되는 것일 수도 있지만 서로 다른 두 사람들에 대해 성립되는

것일 수도 있다. 한 논증이 타당하려면 그 논증은 어떠한 상황을 상정하더라도—즉 모든 가능한 세계에서—타당해야만 한다. 즉, 한 논증이 타당하려면 한 사람으로 구성된 세계에서뿐 아니라 둘 이상의 사람들로 구성된 세계에서도 타당해야 한다. 그렇기 때문에 이런 경우 두 개의 존재양화문들을 예화할 때 요령 ①을 받아들여 두 개의 개체들로 된 세계를 상정하고 두 개의 양화문들을 각기 다른 개체상항들을 사용하여 예화해야 한다. 하나의 논증에 두 개의 문장들 즉 "어떤 사람은 여학생이다"와 "어떤 사람은 여학생이 아니다"라는 문장들이 있다고 가정해보자. "사람이다"를 M으로 "여학생이다"를 W로 기호화할 때 이 문장들에 대한 기호화는 각각 $(\exists x)(Mx \wedge Wx)$와 $(\exists x)(Mx \wedge \sim Wx)$가 된다. 만약 요령 ①을 어겨 이 존재양화문들을 모두 동일한 개체상항기호 a를 사용해서 예화한다면 잘못된 것이다. 다음의 논증을 예로 들어보자.

(10) 어떤 사람은 여성이다.
어떤 사람은 건축가이다.
고로 어떤 여성은 건축가이다.

논증 (10)이 부당하다는 것을 독자분들은 직관적으로 알 수 있을 것이다. 이 논증에 대한 기호화는 다음과 같다.

(10′) $(\exists x)(Hx \wedge Wx)$
$(\exists x)(Hx \wedge Ax)$
$\therefore (\exists x)(Wx \wedge Ax)$
(H: 사람이다 W: 여성이다 A: 건축가이다)

(10′)에 있는 존재양화문들을 동일한 개체상항기호 a로 예화한다고 가정해보자. 이 가정은 요령 ①을 어긴 것이다. 이때 예화는 다음과 같이 된다.

Ha∧Wa

Ha∧Aa

∴Wa∧Aa

이 논증은 타당하다. 구태여 증명하지 않고도 직관적으로 타당하다는 것을 알 수 있다. 명제논리에서 배운 연역적 증명의 방법으로 위의 논증의 타당성을 다음과 같이 입증할 수 있다.

① Ha∧Wa

② Ha∧Aa/∴Wa∧Aa

③ Wa(① 분리)

④ Aa(② 분리)

⑤ Wa∧Aa(③④ 연접)

위의 예화는 잘못된 것이다. (10)의 문장들의 주어들인 "사람"이 각기 다른 개체를 지칭할 수 있는 가능성을 무시하고 있기 때문이다. 요령 ①을 받아들여 (10′)을 예화하면 다음과 같다.

(10″) Ha∧Wa

Hb∧Ab

∴Wc∧Ac

(10″)이 부당하다는 것을 독자분들은 직관적으로 알 수 있을 것이다. 논증 (10)이 타당하려면 한 개의 개체로 이루어진 세계에서뿐만 아니라 두 개 이상의 개체들로 이루어진 세계에서도 타당해야만 한다. 그러나 논증(10)은 전자의 세계에서만 타당할 뿐이고 후자의 세계에서는 부당하다. 따라서 논증 (10)은 부당하다.

요령 ②는 다음과 같은 이유에서 성립된다. 예화할 양화문들 중에 보편양화문은 모든 임의의 대상에 대해서 적용되기 때문에 보편양화문은 존재양화문을 예화할 때 사용하는 상항기호들로도 예화된다. 예화할 양화문들에 있어서, 만약 존재양화문이 한 개이고 보편양화문이 여러 개일 경우에 보편예화할 때 사용하는 개체상항기호는 하나—가령 a—가 된다. 예를 들어 한 양화논증에서 예화할 양화문들이 (∃x)(Ax∧Bx)와 (x)(Bx→Cx) 그리고 (x)(Cx∧Dx)일때 다음과 같이 예화한다. 즉 (∃x)(Ax∧Bx)는 Aa∧ba로, (x)(Bx→Cx)는 Ba→Ca로, (x)(Cx∧Dx)는 Ca→Da로 예화한다. 한편 한 양화논증에서 예화해야 할 보편양화문이 한 개이고 존재양화문이 두 개일 때는 두 개의 개체상항들—가령 a와 b—을 사용해 예화해야 한다. 예를 들어 양화논증에 있는 (x)(Ax→Bx)와 (∃x)(Bx∧Cx) 그리고 (∃x)(Cx∧Dx)를 예화하면 다음과 같다. 즉 (∃x)(Bx∧Cx)는 Ba∧Ca로, (∃x)(Cx∧Dx)는 Cb∧Db로, 그리고 (x)(Ax→Bx)는 (Aa→Ba)∧(Ab→Bb)로 예화된다.

요령 ③이 성립되는 것은 보편양화문은 아무 개체상항으로도 예화되기 때문이다. 가령 양화논증에서 예화할 양화문들이 (x)(Ax→Bx)와 (x)(Bx→Cx) 그리고 (x)(Cx→Dx)일 때 다음과 같이 예화한다. 즉 (x)(Ax→Bx)는 Ax→Bx(또는 Aa→Ba)로, (x)(Bx→Cx)는 Bx→Cx(또는 Ba→Ca)로, (x)(Cx→Dx)는 Cx→Dx(또는 Ca→

Da)로 예화된다.

5.6.2. 진리표, 진리나무, 약식진리표

1. 진리표, 약식진리표

앞 장에서 배운 명제논리학에서 진리표방법은 합성명제가 상진인지 상위인지 아니면 우연인지를 결정하는 데 한몫을 했고 진리표와 약식진리표 그리고 진리나무는 논증의 타당성 여부를 판별하는데 사용되었다. 명제논리의 경우에 진리표와 약식진리표에서 명제(상항)기호나 명제변항기호들에 진리값이 할당되었다. 명제논리에서 합성명제들은 진리값이 요소명제들의 진리값과 연결사의 의미에 따라서 결정된다는 점에서 "진리함수적 합성명제"라고도 불리어졌다.

술어논리의 경우, 단칭명제들로 구성된 합성명제 역시 진리함수적이다. 그 합성명제의 진리값은 요소명제들—가령 Aa, Ba와 같은 명제상항들—의 진리값과 연결사의 의미에 따라 결정되기 때문이다. 술어논리의 Aa나 Ba와 같은 명제상항기호들은 술어논리의 명제상항기호들인 P, Q, R, …에 대응된다. 반면에 술어논리에 등장하는 양화명제들은 진리함수적인 합성명제들이 아니다. 가령 (x)(Ax →Bx)나 (∃x)(Ax∧Bx)와 같은 양화명제들의 진리값은 구성요소들인 Ax와 Bx의 진리값 그리고 →의 의미에 따라서 결정되지 않는다. 그렇기 때문에 양화명제들은 합성명제들이 아니다.

논의세계를 구성하는 개체들의 수가 정해지지 않은 경우에 양화명제들을 예화하면 무한개수의 요소항들을 지니는 합성명제가 만들어진다. 이것은 논의세계가 정해지지 않은 경우에 해당되는 말이다. 만약 논의세계의 개체들의 수가 정해져 있는 경우라면 양화명제를 예화하면 유한한 개수의 요소항들을 지니는 합성명제가 만들어지며 그 합성명제의 진리값은 진리표를 사용하여 결정된다. 예를 들어 (x)(Ax→Bx)는 무한개의 명제상항들로 구성되어 있는 다음의 연접합성명제와 동치이다.

(Aa→Ba)∧(Ab→Bb)∧(Ac→Bc)∧…∧(An→Bn)∧…

위의 합성명제에 나오는 명제상항들은 Aa, Ba, Ab, Bb, Ac, Bc,… 등의 무한한 개수의 명제상항들이 된다. 진리표로 (x)(Ax→Bx)의 진리값을 결정하려면 명제상항들의 종류들이 가질 수 있는 진리값들의 모든 가능한 조합을 작성해야 하는데 그 조합들의 수는 무한개이다. 무한개의 조합들의 작성이 불가능하므로 결국 진리표는 완성될 수 없게 된다. 이제 다음의 사각테가 만들어진다.

229. 술어논리에서,

ㄱ) 단칭명제의 경우에는 진리표로 진리값—즉 상진인지 상위인지 아니면 우연인지—을 결정할 수 있다.

ㄴ) 양화명제의 경우에는 논의세계의 개체들의 수가 정해지지 않은 경우에 진리값결정에 진리표가 유효하지 않다. (단,논의세계의 개체들의 수가 정해진 경우에는 유효하다.)

사각테 229의 ㄱ)은 술어논리에서 단칭명제들로만 구성된 논증의 경우에 진리표와 약식진리표는 논증의 타당성 여부를 판별하는데 사용될 수 있다는 내용을 함축한다. 양화논증들의 경우에는 어떠한가? 양화논증의 경우에는 예화요령(사각테 228)을 사용하여 예화한 후에 진리표와 약식진리표를 사용하면 된다.

230. 술어논리에서 논증의 타당성 여부를 판별하는 데 진리표와 약식진리표를 사용할 수 있다.(비록, 명제상항의 종류들의 수가 많아질수록 감당하기 어려운 엄청난 불편이 따르겠지만)

다음의 양화논증의 타당성 여부를 진리표와 약식진리표로 판별해보자.

(11) 모든 소는 채식성동물이다.
모든 채식성동물은 고기를 먹지 않는다.
고로 모든 소는 고기를 먹지 않는다.

(11)을 기호화하면 다음의 (11′)이 된다.

(11′) $(x)(Cx \rightarrow Vx)$
$(x)(Vx \rightarrow Mx)$
$\therefore (x)(Cx \rightarrow Mx)$
(C: 소이다 V: 채식성동물이다. M: 고기를 먹지 않는다)

(11′)을 예화하면 다음의 (11″)이 된다.

(11″) $Ca \rightarrow Va$
$Va \rightarrow Ma$
$\therefore Ca \rightarrow Ma$

진리표로 타당성 여부를 판별하면,

Ca	Va	Ma	Ca→Va	Va→Ma	Ca→Ma
T	T	T	T	T	T
T	T	F	T	F	F
T	F	T	F	T	T
T	F	F	F	T	F
F	T	T	T	T	T
F	T	F	T	F	T
F	F	T	T	T	T
F	F	F	T	T	T

타당 (전제가 모두 T이고 결론이 F인 경우가 한 번도 없으므로)

약식진리표로 판별하면,

Ca→Va	Va→Ma	Ca→Ma
(T)F(F) T	(F) (F) T	(T) (F) F

* (모순발생)

타당 (항상 모순이 발생하므로)

(11)의 경우에 진리표와 약식진리표 사용에 큰 불편이 없었다. 이번에는 다음의 논증의 타당성 여부를 진리표와 약식진리표로 판별해보자.

(12) 어떤 정의론자들은 공리주의자이다.

모든 정의론자들은 이상주의자이다.

고로 어떤 공리주의자들은 이상주의자이다.

위의 논증은 타당하다. 아리스토텔레스의 논리학은 위의 논증이 오류를 범하고 있지 않다는 것을 쉽게 판단하게 한다. 그래서 기호논리학의 방법들인 진리표나 약식진리표 또 진리나무의 방법을 사용하는 것은 오히려 이 경우에는 거추장스럽다. 그러나 지금 우리는 술어논리의 방법들에 대해 배우고 있다는 것을 기억하자. (12)를 기호화하면 다음의 (12′)이 된다.

(12′) $(\exists x)(Jx \wedge Ux)$

$(x)(Jx \rightarrow Ix)$

$\therefore (\exists x)(Ux \wedge Ix)$ (J: 정의론자이다 U: 공리주의자이다 I: 이상주의자이다)

(12′)을 예화하면 다음의 (12″)이 된다.

(12″) $Ja \wedge Ua$

$(Ja \rightarrow Ia) \wedge (Jb \rightarrow Ib)$

$\therefore Ub \wedge Ib$

(12″)에 나오는 명제상항들의 종류들의 개수는 6개—즉 Ja, Ua, Ia, Jb, Ib, Ub—이다. 따라서 진리값의 모든 가능한 조합들은 무려 2^6개, 즉 64개라는 큰 수가 된다. 이 경우에 진리표방법이나 약식진리표방법을 사용한다는 것이 얼마나 감당하기 어려운 불편감을 지니며 또 무모해보이기조차 하는가를 독자분들은 느끼고 계실 것이다. (12″)와 같이 비교적 단순한 논증인 경우에도 그러한데 하물며 명제상항의 개수가 더 많은 논증들의 경우에는 어떠할지를 미

루어 짐작할 수 있다. 이 난감한 상황에서 술어논리의 유효한 구제책은 진리나무방법을 사용하는 것이다.

2. 진리나무

진리나무방법은 술어논리에서 진리표나 약식진리표에 비해 논증의 타당성 여부를 훨씬 간단하게 판별하게 하는 효과적인 하나의 방법이다. 명제논리와 달리 술어논리에서는 양화논증의 경우에 진리나무를 그려 타당성 여부를 판별할 때 앞에서 배운 항목들 즉 예화규칙들과 예화요령 그리고 양화동치규칙이 새로 첨가된다. 양화동치규칙은 양화기호 앞에 있는 부정기호를 없애는 데 필요하다. 그리고 예화요령 228은 진리나무를 길게 그리지 않고 되도록이면 짧은 단계에서 종료하는 데 도움이 된다.

보편양화명제형식 $(x)\Phi x$(Φ: 술어변항기호)의 예화는 다음과 같이 무수한 연접지들로 구성되어 있다.

$$\Phi a \wedge \Phi b \wedge \Phi c \wedge \cdots \wedge \Phi n \wedge \cdots$$

이 연접명제형식의 진리조건은 Φa가 참이고 Φb가 참이고 Φc가 참이고 …Φn이 참이고 …이다. 진리나무에서 이 무수한 항의 진리조건을 기둥모양으로 나열하면 다음과 같이 된다.

Φa

Φb

Φc

⋮

Φn

⋮

한편 존재양화명제형식 $(\exists x)\Phi x$의 예화는 다음과 같이 무수한 선접항들로 구성된다.

$$\Phi a \vee \Phi b \vee \Phi c \vee \cdots \vee \Phi n \vee \cdots$$

이 선접명제형식의 진리조건은 Φa가 참이거나 Φb가 참이거나 Φc가 참이거나 … Φn이 참이거나 …이다. 진리나무에서 이 무수한 항의 진리조건을 가지로 나열하면 다음과 같이 된다.

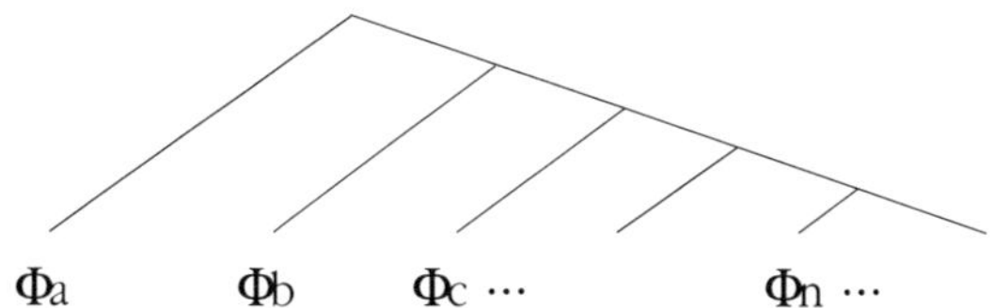

이와 같이 무한히 뻗은 그림들로는 논증의 타당성 여부를 판별할 수 없으므로 유한한 개수의 상항을 사용하는 예화요령이 필요하다.

231. 양화논증 타당성 여부를 진리나무로 판별하는 과정(①-⑦)

① 결론을 부정해서 얻은 식과 전제식들을 적는다.
② 양화동치규칙과 대치규칙을 이용해서 결론을 부정해서 얻은 식과 전제식의 괄호 앞에 있는 부정기호와 조건기호 그리고 쌍

조건기호를 없앤다.
③ 예화요령에 따라 예화한다.
④ 연접명제식의 연접지들은 기둥에다 나열하고 선접명제식의 선접지들은 가지들에다 나열한다.
⑤ ②를 적용한 명제식들을 진리나무로 그린다. 진리나무를 그리는 과정에서 이미 그려진 명제식을 또다시 그리지 않게 하기 위해서 그려진 명제식에는 ✔표시를 한다.
⑥ 기둥이나 가지의 통로에 모순이 발생하면 ×표를 뿌리에 적고 기둥이나 가지의 통로에 모순이 발생하지 않으면 계속해서 나머지의 명제식들을 그려나간다. 통로에 모순이 발생하지 않고 더 이상 그릴 명제식이 없는 경우에는 뿌리에 ○표를 적는다.
⑦ 명제식들을 다 그린 후 모든 뿌리들에 ×표가 달려 있을 때 그리고 오직 그때에만 타당한 것으로 판정한다. 즉 적어도 한 번 ○표가 있으면 부당하다.

(예제 1) 다음 논증의 타당성 여부를 진리나무의 방법으로 판별하시오.

$(\exists x)(Ax \wedge Bx)$

$(x)(Bx \rightarrow Cx)$

$\therefore (\exists x)(Ax \wedge Cx)$

(예제 1에 대한 풀이)

① $(\exists x)(Ax \wedge Bx)$

② $(x)(Bx \rightarrow Cx)$

③ $\sim(\exists x)(Ax \wedge Cx)$(결론의 부정)

④ (x)(~Bx∨Cx)(② 조건법)[23]

⑤ (x)~(Ax∧Cx)(③ 양화동치규칙)

⑥ (x)(~Ax∨~Cx)(⑤ 드모르간법)

⑦ Aa∧Ba(①EI) ✔

⑧ ~Ba∨Ca(④UI) ✔

⑨ ~Aa∨~Ca(⑥UI) ✔

⑩

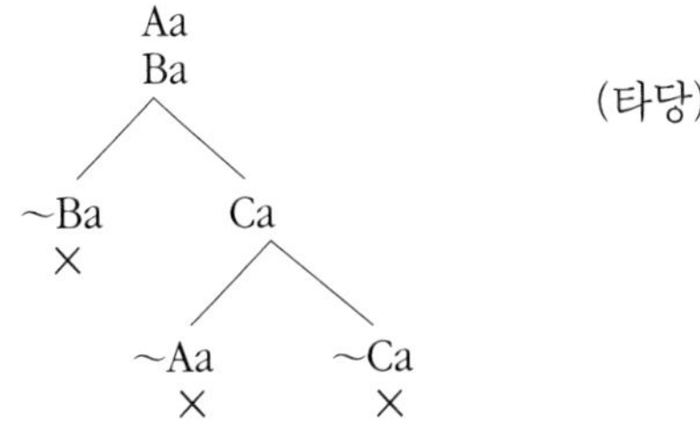

(타당)

(예제 2) 진리나무방법을 사용해 다음 논증의 타당성 여부를 판별하시오.

(x)(Ax→Bx)

(∃x)(Cx∧Bx)

(∃x)(Ax∧Cx)

∴(x)(Ax→Cx)

(예제 2에 대한 풀이)

① (x)(Ax→Bx)

② (∃x)(Cx∧Bx)

23) 예화한 후에 조건법을 적용해도 상관없다.

③ $(\exists x)(Ax \land Cx)$

④ $\sim(x)(Ax \rightarrow Cx)$(결론의 부정)

⑤ $(\exists x)\sim(Ax \rightarrow Cx)$(④ 양화동치규칙)

⑥ $(\exists x)\sim(\sim Ax \lor Cx)$(⑤ 조건법)

⑦ $(\exists x)(Ax \land \sim Cx)$(⑥ 드모르간법)

⑧ $(x)(\sim Ax \lor Bx)$(① 조건법)

⑨ $Ca \land Ba$(② EI) ✔

⑩ $Ab \land Cb$(③ EI) ✔

⑪ $Ac \land \sim Cc$(⑦ EI) ✔

⑫ $(\sim Aa \lor Ba) \land (\sim Ab \lor Bb) \land (\sim Ac \lor Bc)$(⑧ UI) ✔

⑬

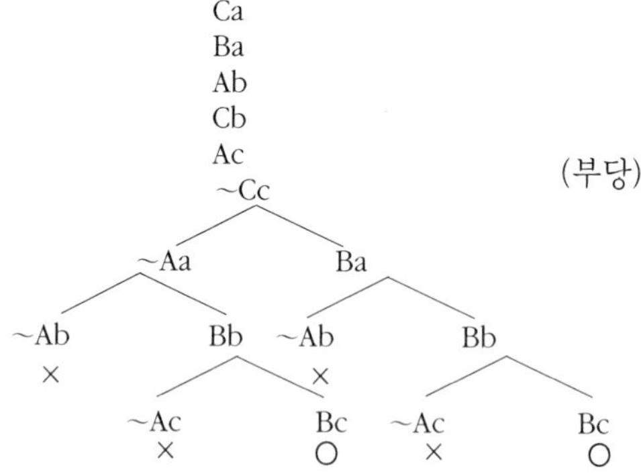

(예제 3) 다음 논증의 타당성 여부를 진리나무의 방법으로 판별하시오.

객관적인 의미를 지니는 모든 문장들은 진리값을 지닌다. 도덕적인 규칙을 담은 문장치고 진리값을 지니는 것은 없다. 고로 도덕규칙을 담은 어떤 문장들은 객관적인 의미를 지니지 않는다.

(예제 3에 대한 풀이)

: 우선 다음과 같이 기호화한다.

(x)(Ox→Tx)

(x)(Ex→~Tx)

∴(∃x)(Ex∧~Ox)

(O: 객관적인 의미를 지닌 문장이다 E: 도덕규칙을 담은 문장이다

T: 진리값을 지닌다)

① (x)(Ox→Tx)

② (x)(Ex→~Tx)

③ ~(∃x)(Ex∧~Ox)(결론의 부정)

④ (x)~(Ex∧~Ox)(③ 양화동치규칙)

⑤ (x)(~Ex∨Ox)(④ 드모르간법칙)

⑥ (x)(~Ox∨Tx)(① 조건법)

⑦ (x)(~Ex∨~Tx)(② 조건법)

⑧ ~Ea∨Oa(⑤ UI) ✔

⑨ ~Oa∨Ta(⑥ UI) ✔

⑩ ~Ea∨~Ta(⑦ UI) ✔

⑪

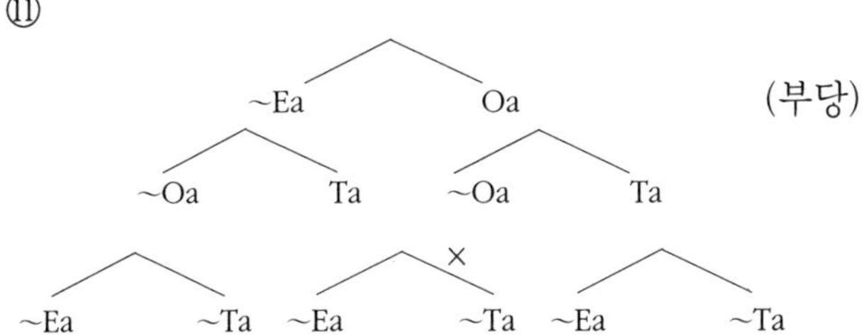

5.7.1. 양화규칙

명제논리에서 배운 세 가지의 연역적 증명법들은 연역규칙들—즉 대치규칙들과 추리규칙들—을 이용해 논증의 타당성을 증명하는 방법이었다. 술어논리에서 다루는 논증들 중 양화명제가 없이 단칭명제들로만 구성된 논증들에는 명제논리에서 배운 연역적 증명법이 그대로 적용된다. 그러나 술어논리에서 다루는 논증들 중 양화논증의 경우에는 타당성증명을 하기 위해서는 연역규칙들 외에 양화동치규칙, 예화규칙, 양화규칙 세 가지가 더 필요하다.

여기서는 앞에서 다루지 않은 양화규칙에 대해서만 소개하면 된다. 이 규칙은 두 가지 즉 보편양화(universal quantification)와 존재양화(existential quantification)로 나뉜다. 전자의 약자는 UQ이고 후자의 약자는 EQ이다.[24)]

UQ는 여러 개체들 중 무작위로 하나를 선택하더라도 그 개체가 어떤 속성 P를 지닌다고 할 때 여기서부터 모든 개체들은 각각 속성 P를 지닌다라는 일반화가 논리적으로 도출된다는 내용을 지닌다. 만약 특정 개체를 나타내는 개체상항 a가 속성 P를 지닌다면 여기서부터 "모든 대상들은 P라는 속성을 지닌다"라는 보편명제가 도출되지 않는다. "한 특정개체가 속성 P를 지닌다"라는 명제로부터 "모든 개체들 각각이 다 그 속성 P를 지닌다"는 보편명제가 논리적으로 도출되지 않는다. 그 한 특정 개체 외의 다른 개체들 중에 속성 P를 지니지 않는 것들이 있을 가능성이 있기 때문이다.

한편 EQ가 주장하는 바는 하나의 특정 개체가 어떤 속성을 지

---

24) UQ 대신 "universal generalization"의 약자 UG를 사용하기도 한다. 그리고 EQ 대신 "existential-generalization"의 약자 EG를 사용하기도 한다.

한편 EQ가 주장하는 바는 하나의 특정 개체가 어떤 속성을 지니고 있다는 주장으로부터 적어도 하나의 개체가 그 성질을 가지고 있다는 주장을 도출할 수 있다는 것이다.

양화규칙은 다음과 같은 논증형식으로 공식화된다.

232. 양화규칙

보편양화(UQ)

Φx

$\therefore (x)\Phi x$

존재양화(EQ)

Φa

$\therefore (\exists x)\Phi x$

(Φ: 술어변항기호

x: 임의의 개체를 나타내는 개체변항기호 즉 Φ가 되는 모든 개체들 중 아무것이나 무작위로 택한 개체

a: 특정개체를 나타내는 개체상항기호)

5.7.2. 직접증명, 간접증명, 조건증명

233. 술어논리에 나오는 논증들이 타당함을 연역적으로 증명하기 위해서 필요한 규칙들

: 연역규칙, 양화동치규칙, UI, EI, UQ, EQ

(예제 1) 다음 논증들의 타당성을 직접증명법으로 증명하시오.

(1) 만약 철숙이가 대학생이라면 철숙이는 학생표를 사용할 수 있다. 철숙이는 대학생이다. 따라서 그녀는 학생표를 사용할 수 있다.

(2) $\sim(\exists x)(Hx \land \sim Ox)$

Hk

$\therefore Ok$

(3) 모든 발명가는 호기심이 많다. 어떤 물리학자는 발명가이다. 고로 어떤 물리학자는 호기심이 많다.

(4) $(x)(Ax \rightarrow Bx)$

$(x)(Cx \rightarrow Bx)$

$\therefore (x)((Ax \lor Cx) \rightarrow Bx)$

(예제 1에 대한 풀이)

(1)에 대한 풀이

기호화: $Uc \rightarrow Tc$

Uc

$\therefore Tc$ (U: 대학생이다 T: 학생표를 사용할 수 있다 C: 철숙이)

타당성증명: ① $Uc \rightarrow Tc$

② Uc / $\therefore Tc$

③ Tc(①② MP)

(2)에 대한 풀이

① $\sim(\exists x)(Hx \land \sim Ox)$

② Hk/ $\therefore Ok$

③ (x)~(Hx∧~Ox)(① 양화동치규칙)

④ (x)(~Hx∨Ox)(③ 드모르간법)

⑤ ~Hk∨Ok(④ UI)

⑥ ~~Hk(② 이중부정)

⑦ Ok(⑤⑥ 선접삼단)

(단계 ⑤에서 개체상항기호 k를 사용해 예화한 것은 단계 ②에 k가 있기 때문이다.)

(3)에 대한 풀이

기호화: (x)(Sx→Cx)

(∃x)(Px∧Sx)

∴(∃x)(Px∧Cx)

(S: 발명가이다 C: 호기심이 많다 P: 물리학자이다)

타당성증명: ① (x)(Sx→Cx)

②(∃x)(Px∧Sx)/∴(∃x)(Px∧Cx)

③ Pa∧Sa(② EI)

④ Sa→Ca(① UI)

⑤ Sa(③ 분리)

⑥ Ca(④⑤ MP)

⑦ Pa(③ 분리)

⑧ Pa∧Ca(⑦⑥ 연접)

⑨ (∃x)(Px∧Cx)(⑧ EQ)

(4)에 대한 풀이

① (x)(Ax→Bx)

② (x)(Cx→Bx)/∴(x)((Ax∨Cx)→Bx)

③ Ax→Bx(① UI)

④ Cx→Bx(② UI)

⑤ ~Ax∨Bx(③ 조건법)

⑥ ~Cx∨Bx(④ 조건법)

⑦ (~Ax∨Bx)∧(~Cx∨Bx)(⑤⑥ 연접)

⑧ (~Ax∧~Cx)∨Bx(⑦ 분배)

⑨ ~(Ax∨Cx)∨Bx(⑧ 드모르간)

⑩ (Ax∨Cx)→Bx(⑨ 조건법)

⑪ (x)((Ax∨Cx)→Bx)(⑩ UQ)

(예제2) 다음 논증의 타당성을 간접증명법으로 증명하시오.

(x)(Ax→Bx)

Aa

∴(∃x)Bx

(예제 2에 대한 풀이)

① (x)(Ax→Bx)

② Aa/∴(∃x)Bx

→③ ~(∃x)Bx(결론의 부정 가정)

④ (x)~Bx(③ 양화동치규칙)

⑤ Aa→Ba(① UI)

⑥ ~Ba(④ UI)

⑦ ~Aa(⑤⑥ MT)

⑧ Aa∧~Aa(② ⑦ 연접)

⑨ Aa(⑧ 분리)

⑩ Aa∨Ba(⑨ 첨가)

⑪ ~Aa(⑧ 분리)

⑫ Ba(⑩⑪ 선접삼단)

⑬ (∃x)Bx(⑫ EQ)

(단계 ⑧에서 종료해도 된다.)

(예제 3) 다음 논증들의 타당성을 조건증명법을 사용하여 증명하시오.

(1) (x)(Px→Ix)

(x)(Ix→~Rx)

∴(x)(Px→~Rx)

(2) (x)((Ax∨Bx)→(Cx∧Dx))

(x)((Cx∨Dx)→(Ax∧Bx))

∴(x)(Ax↔Cx)

(3) (x)(Kx→Rx)

(x)(Cx→Mx)

∴(x)(Rx→Cx)→(x)(Kx→Mx)

(예제 3에 대한 풀이)

(1)에 대한 풀이

① (x)(Px→Ix)

② (x)(Ix→~Rx)/∴(x)(Px→~Rx)

③ Px→~Rx(결론 UI)

┌→④ Px(조건증명의 가정)

⑤ Px→Ix(① UI)

⑥ Ix(④ ⑤ MP)

⑦ Ix→~Rx(② UI)

⑧~Rx(⑥⑦ MP)

⑨ Px→~Rx(④-⑧ 조건증명)

⑩ (x)(Px→~Rx)(⑨ UQ)

(2)에 대한 풀이

① (x)((Ax∨Bx)→(Cx∧Dx))

② (x)((Cx∨Dx)→(Ax∧Bx))/∴(x)(Ax↔Cx)

③ Ax↔Cx(결론 UI)

④ (Ax→Cx)∧(Cx→Ax)(③ 쌍조건)

→⑤ Ax(조건증명의 가정)

⑥ (Ax∨Bx)→(Cx∧Dx)(① UI)

⑦ Ax∨Bx(⑤ 첨가)

⑧ Cx∧Dx(⑥⑦ MP)

⑨ Cx(⑧ 분리)

⑩Ax→Cx(⑤-⑨ 조건증명)

→⑪ Cx(조건증명의 가정)

⑫ (Cx∨Dx)→(Ax∧Bx)(② UI)

⑬ Cx∨Dx(⑪ 첨가)

⑭ Ax∧Bx(⑫⑬ MP)

⑮ Ax(⑭ 분리)

⑯ Cx→Ax(⑪-⑮ 조건증명)

⑰ (Ax→Cx)∧(Cx→Ax)(⑩⑯ 연접)

⑱ Ax↔Cx(⑰ 쌍조건)

⑲ (x)(Ax↔Cx)(⑱ UQ)

(3)에 대한 풀이

① (x)(Kx→Rx)

② (x)(Cx→Mx)/∴(x)(Rx→Cx)→(x)(Kx→Mx)

→③ (x)(Rx→Cx)(조건증명의 가정)

④ Kx→Rx(① UI)

⑤ Cx→Mx(② UI)

⑥ Rx→Cx(③ UI)

⑦ Kx→Cx(④⑥ 조건삼단)

⑧ Kx→Mx(⑤⑦ 조건삼단)

⑨ (x)(Kx→Mx)(⑧ UQ)

⑩ (x)(Rx→Cx)→(x)(Kx→Mx)(③-⑨ 조건증명)

1. 다음의 용어들에 대해 정의하시오.

(1) 단칭명제 (2) 일반명제 (3) 양화기호 (4) 양화논리학 (5) 명제함수 (6) 양화명제 (7) 속박변항과 자유변항 (8) 열린 명제와 닫힌 명제 (9) 양화변항 (10) 예화

2. 양화기호들의 영역을 밑금으로 표시하시오.

(1) ~(x)Ax (2) (x)~Ax (3) Aa∧(x)(Ax→Bx)

(4) (x)(Sx∧Tx)→Bx (5) (∃x)(Ax∧Bx)∨(x)Bx

(6)(∃x)(Ax∧Bx)→Ca

3. 술어논리의 기호들을 사용하여 다음 명제들을 기호로 바꾸시오.

(1) 인스턴트식품이라고 해서 다 방부제가 들어 있는 것은 아니다.(I: 인스턴트 식품이다 A: 방부제가 들어 있는 것이다)

(2) 어린이들과 노인들만 놀이공원 입장료를 할인받을 수 있다.(C: 어린이이다 O: 노인이다 D: 놀이공원 입장료를 할인받을 수 있다)

(3) 음주운전하는 사람은 한 사람도 없다.(H: 사람이다 D: 음주운전한다)

(4) 어떤 영화들은 속도감도 있고 영상미도 있지만 진솔함은 없다.

(M: 영화이다 S: 속도감과 영상미가 있다 I: 진솔하다)

(5) 만약 모든 식당들이 인공감미료를 사용하지 않고 위생관리를 철저하게 한다면 많은 고객들이 식당을 즐겨 찾을 것이다.(R: 식당이다 A: 인공감미료를 사용한다 S: 위생관리를 철저하게 한다 C: 식당고객이다 P: 식당을 즐겨 찾는다)

P: 식당을 즐겨 찾는다)

(6) 바람이 심하게 부딪힐 때 그리고 오직 그때에만 창문 앞의 나뭇가지들이 흔들린다.(B: 바람이 심하게 부딪힌다 W: 창문 앞의 나뭇가지이다 M: 흔들린다)

(7) 만약 철희가 매연가스를 방출하지 않는 자동차를 발명한다면 폐질환 환자가 감소할 것이다.(c:철희 I: 매연가스를 방출하지 않는 자동차를 발명한다. P: 폐질환 환자이다 D: 감소한다)

(8) 용은 실제로는 존재하지 않지만 용의 모습은 관념 속에 있다.(D: 용이다 E: 실제로 존재한다 F: 용의 모습이다 I: 관념 속에 있다)

4. 다음의 양화논증들의 타당성 여부를 진리나무의 방법으로 판별하고 타당한 것은 직접증명법이나 간접증명법 또는 조건증명법을 사용하여 증명하시오.

(1) $(x)(\sim Ax \vee \sim Bx)$
$\sim(\exists x)\sim(\sim Cx \vee Bx)$
$\therefore (x)(\sim(Ax \vee Cx) \vee Bx)$

(2) Aa
$(x)(Ax \rightarrow Bx)$
$\therefore (\exists x)Bx$

(3) $\sim(\exists x)\sim(\sim Ax \vee Bx)$
$(x)(Bx \rightarrow Cx)$
$\therefore (x)(\sim Ax \vee Cx)$

(4) 객관적인 의미를 지닌 모든 문장들은 참이거나 거짓 둘 중 하나의 진리값을 지닌다. 윤리적인 문장은 참도 거짓도 아니다. 고로 객관적인 의미를 지니는 문장들 중에는 윤리적인 문장도 있다.

(5) 모든 한국인들은 현실적인 사람들이다. 모든 유교인들은 도덕적인 사람들이다. 그러므로 현실적인 사람들이 유교인들이라면 한국인들은 모두 도덕적인 사람들이다.

제6장 다항술어논리학

6.1. 다항술어와 논리학

여태껏 다룬 논리학들은 적용범위가 제한된 것들이다. 그 논리학들은 일부의 논증들에만 적용될 수 있을 뿐이다. 다음에 든 두 개의 논증들은 타당한 논증들이지만 앞에서 배운 논리학으로는 타당성 여부를 판별하거나 타당함을 증명할 수 없는 것들이다.

(1) 평양은 서울보다 북쪽에 있다.
서울은 부산보다 북쪽에 있다.
고로 평양은 부산보다 북쪽에 있다.

(2) 어떤 학생들은 모든 혁명가들을 존경한다.
따라서 만약 최씨가 혁명가라면 어떤 학생들은 최씨를 존경한다.

위의 논증들을 구성하는 명제들은 대상들 사이의 관계를 표현하고 있는 것들이다. 가령 "평양은 서울보다 북쪽에 있다"는 평양과 서울 사이에 "북쪽에 있다"라는 관계가 성립한다는 주장을 하고 있는 명제이다. 세계 안에서 여러 대상들 간에 모종의 관계가 성립되기 때문에 관계를 나타내는 명제들은 일상언어의 많은 부분들을 이루고 있다.

위의 두 개의 논증들은 구태여 논리학에서 제시한 방법을 사용하여 타당한지의 여부를 따질 필요도 없을 정도로 직관적으로 볼 때 타당하다. 그러나 아리스토텔레스의 논리학이나 명제논리학은 말할 것도 없고 단항술어논리학으로는 위의 논증들이 타당하다는 것을 판별할 방도가 없게 된다. 만약 논증 (1)을 아리스토텔레스의 타당한 삼단논증의 규칙들로 판별하려면 먼저 다음의 정언삼단논증으로 바꾸어야 한다.

모든 평양은 서울보다 북쪽에 있는 곳이다. 모든 서울은 부산보다 북쪽에 있는 곳이다. 고로 모든 평양은 부산보다 북쪽에 있는 곳이다.

이 논증은 네 가지 종류의 명사들—즉 "평양", "서울", "서울보다 북쪽에 있는 곳", "부산보다 북쪽에 있는 곳"—을 지니고 있으므로 부당하게 된다. 논증 (2)는 정언삼단논증으로 바꿀 수도 없다. 또 만약 논증 (1)을 명제기호 A, B, C를 사용하여 명제논리 안에서 기호화하면 다음과 같이 될 것이다.

A

B

∴C

이 기호식에서 전제와 결론 사이에는 아무런 논리적인 연관성이 없다. 마지막으로, 만약 논증 (1)을 단항술어논리학의 기호화방식들로 기호화하면 다음과 같이 될 것이다.[1)]

Np

Qs

∴Qp (s: 서울 p: 평양 N: 서울보다 북쪽에 있다. Q부산보다 북쪽에 있다.)

위의 논증은 부당하다. 전제와 결론 사이에 아무런 논리적인 연관이 보이지 않기 때문이다. 논증 (2) 역시 그러하다는 것을 독자분들께서 보여주시기 바란다.

단항술어논리학이 위의 논증들에 적용될 수 없는 이유는 위의 논증들을 구성하는 명제들을 기호화하는 방식이 마련되지 않기 때문이다. 위의 논증들은 "다항술어논리학"(many-placed predicate logic) 또는 "관계논리학"(relational logic)이라 불리는 분야에서 다루어진다. 본 장에서는 다항술어논리학의 기호화방식을 학습하고 또 몇 가지의 기본적인 관계들에 적용되는 술어들의 성질들을 배우기로 한다. 그 다음에 다항술어논리학 안에서 논증들의 타당성 여부를 판별하고 타당성을 증명하기 위해서 앞에서 배운 진리나무 방법과 연역적 증명을 적용하기로 한다.

---

1) 다항술어논리에 대한 기호화는 다음 절에서 본격적으로 다룰 것이다.

234. 다항술어논리학—즉 관계논리학—에서, 관계의 성질을 나타내는명제가 생략된 논증의 경우에는 타당성 여부를 판별하거나 타당성 증명을 할 때 생략된 관계명제들을 주어진 논증에 보충해 넣어야 한다.(여러 관계들의 성질에 대해서는 6장 4절에서 다룰 것임)

235. 다항술어는 여러 개의 개체들(또는 대상들) 사이의 관계를 나타내는 술어—즉 관계술어—이다. 다항술어를 포함하는 명제를 "다항술어명제" 또는 "관계명제"라 부른다. 그리고 관계명제들을 하나 이상 포함하고 있는 논증을 "다항술어논증" 내지 "관계논증"이라 부른다. 또 관계논증을 다루는 논리학의 분야를 "관계논리학" 내지 "다항술어논리학"이라 부른다.

앞의 논증들 (1)과 (2)를 구성하는 명제들이 단항술어논리에 나왔던 명제들과 다른 점은 바로 술어들에 있다. 단항술어는 하나의 특정한 대상 또는 모든 불특정한 대상들 각각 또는 소수의 불특정한 대상들 각각이 지니는 속성을 나타내는 것으로 해석되었다. 가령, "박씨는 환경보호주의자이다"라는 단칭명제에서 "환경보호주의자이다"라는 술어는 박씨라는 특정한 대상이 지니는 속성을 나타내는 것으로 해석된다. 그리고 "모든 물체들은 질량을 지니고 있다"라는 전체명제[2)]에서 술어인 "질량을 지니고 있다"는 물체들 각각이 지니는 속성을 나타내는 것으로 해석된다. 또 "어떤 한국인들은 정직하다"라는 부분명제에서 "정직하다"라는 술어는 한국

2) "전체명제"는 "보편명제"나 "일반명제"로도 불린다.

인들 중 적어도 하나 이상인 일부의 사람들 각각이 지니는 속성을 표현한 것으로 해석된다. 반면에 다항술어들—가령 "보다 북쪽에 있다"나 "존경한다"—은 대상들 사이의 관계를 나타내는 술어들로 해석된다. 단항술어논리는 "평양은 서울보다 북쪽에 있다"라는 명제를 평양이 서울보다 북쪽에 있다는 속성을 나타내는 것으로 해석한다. 반면에 다항술어논리는 그 명제를 평양과 서울이라는 두 개의 대상들 사이에 "보다 북쪽에 있다"는 관계가 있다는 것을 나타내는 것으로 해석한다.

다항술어논리는 아리스토텔레스의 논리학이나 명제논리학이나 단항술어논리학으로는 다룰 수 없는 부분을 다룰 수 있다는 점 때문에 보다 포괄적이고 풍부한 내용을 지닌다. 또한 우리를 일상언어 이해에 좀더 가까이 가도록 하며 그만큼 더 풍성한 내용을 지닌다. 그 논리학은 너무도 많은 복잡한 내용을 지니므로 보다 충분한 설명을 위해서는 많은 지면이 할애되어야 하지만 이 책에서는 단항술어논리의 한 단면만을 간단하게 다루는 데 그치기로 한다.

236. 하나의 명제에서 술어가 몇 개의 개체들 간의 관계를 나타내느냐에 따라서 술어를 "**2**항술어"(two-placed predicate), "**3**항술어",… , n항술어 등으로 부른다. **2**항 이상의 술어들은 "다항술어들"(many-placed predicates)이라 불린다. 또 **2**항술어를 포함하는 명제는 "2항관계명제" 또는 "**2**항술어명제"라 불리고 **2**항 이상의 술어를 포함하는 명제는 "다항관계명제" 또는 "다항술어명제"라 불린다.

앞의 논증들 (1)과 (2)를 구성하는 명제 각각은 2항술어명제들 또는 2항관계명제들이다. 2항술어들의 예로 "친구이다"나 "사랑한다" 또는 "아버지이다"를 들 수 있다. 3항술어명제의 예로 "철민이는 철희에게 꽃을 주었다"나 "명동은 남산과 충무로 사이에 있다"를 들 수 있다. 이 예에서 "주었다"나 "사이에 있다"는 세 개의 개체들 사이의 관계를 나타내는 3항술어들 또는 3항관계술어들이다. 한편 4항관계명제들의 예로 "김씨는 아파트를 박씨로부터 3억원에 샀다"나 "철미와 철호와 철숙이와 철수는 동창이다"를 들 수 있다. 이 명제들에서 "샀다"와 '동창이다"는 4항관계술어들이다.

6.2. 기호로 바꾸기

237. 관계명제들을 기호로 바꿀 때 왼편에는 술어기호를 오른편에는 개체기호들을 순서대로 적는다.[3)]

"철희는 철숙이를 사랑한다" 또는 "철숙이는 철희의 사랑을 받는다"는 Lhs(L: 사랑한다 h: 철희 s: 철숙이)로 기호화된다. 만약 h와 s의 순서를 바꾸면 Lsh가 되는데 이것은 "철숙이는 철희를 사랑한다"를 기호화한 것이 된다. "명동은 남산과 충무로 사이에 있다"는 Bmnc(B: 사이에 있다 m: 명동 n: 남산 c: 충무로)로 기호화된다. 또 "만약 김씨가 이씨의 친구라면 이씨는 김씨의 친구이다"라는 합성명제는 Fki→Fik(F: 친구이다 k: 김씨 i: 이씨)로 기호화된다. 한편 "모든 사람들은 철숙이를 사랑한다"라는 관계양화명제를 기호화하면 다음과 같다.

---

3) 가령 aLb처럼 술어기호의 왼편과 오른편에 개체기호를 적는 경우도 있다. 이 기호는 bLa와 구분되어야 한다.

(x)(Mx→Lxc) (M: 사람이다 L: 사랑한다 c: 철숙이)

앞절에 나온 논증 (2)는 다음과 같이 기호화된다.

(∃x)(Sx∧(y)(Py→Rxy))

∴Pc→(∃x)(Sx∧Rxc)

(S: 학생이다 R: 존경한다 P: 혁명가이다 c: 최씨)

지금까지의 기호화들에 독자분들은 큰 어려움을 느끼지 않을 것이다. 그러나 기호화하는 데 이보다 좀더 난이한 수준을 요구하는 명제들이 많이 있다. 앞장에서 제시한 기호화요령(사각테 219)을 염두에 두고 다음의 관계명제들 ((3)-(7))을 단계적으로 기호화해보자.(M: 사람이다 L: 좋아한다)

(3) 모든 사람들은 모든 사람들을 좋아한다.

(3)에 대한 기호화

단계 1: 모든 사람들은 모든 사람들을 좋아하는 사람들이다.(A명제)

단계 2: (x)(Mx→(x는 모든 사람들을 좋아하는 사람이다))

단계 3: (x)(Mx→(y)(My→Lxy))

(4) 사람들마다 누군가를 좋아한다.[4)]

4) 영어문장 "everyone has someone whom he likes"에 해당된다.

(4)에 대한 기호화

단계 1: 모든 사람들은 각각 누군가를 좋아하는 사람들이다. (A명제)

단계 2: (x)(Mx→(x는 어떤 사람들을 좋아한다)(또는 x가 좋아하는 어떤 사람들이 존재한다))

단계 3: (x)(Mx→(∃y)(Mx∧Lxy))

(5) 어떤 사람들은 모든 사람들을 좋아한다.

(5)에 대한 기호화

단계 1: 어떤 사람들은 모든 사람들을 좋아하는 사람들이다. (I명제)

단계 2: (∃x)(Mx∧(x는 모든 사람들을 좋아하는 사람들이다.))

단계 3: (∃x)(Mx∧(y)(My→Lxy))

(6) 어떤 사람들은 누군가를 좋아한다.

(6)에 대한 기호화

단계 1: 어떤 사람들은 누군가를 좋아하는 사람들이다. (I명제)

단계 2: (∃x)(Mx∧(x는 누군가를 좋아하는 사람들이다)(또는 어떤 사람이 있는데 x는 그를 좋아한다)

단계 3: (∃x)(Mx∧(∃y)(My∧Lxy))

(7) 모든 사람들이 좋아하는 어떤 사람들이 있다.[5]

(7)에 대한 기호화

단계 1: 어떤 사람들은 모든 사람들이 좋아하는 사람들이다. (A명제)

단계 2: $(\exists x)(Mx \wedge$(x는 모든 사람들이 좋아하는 사람이다))

단계 3: $(\exists x)(Mx \wedge (y)(My \rightarrow Lyx))$

이번에는 (3)-(7)을 논의세계가 사람들로 구성된 경우들을 가정하고 "좋아한다"를 나타내는 기호 L을 사용해 기호화하면 다음과 같은 간단한 식이 만들어진다.

(3) 모든 사람들은 모든 사람들을 좋아한다: $(x)(y)Lxy$

(4) 사람들마다 누군가를 좋아한다: $(x)(\exists y)Lxy$

(5) 어떤 사람들은 모든 사람들을 좋아한다: $(\exists x)(y)Lxy$

(6) 어떤 사람들은 누군가를 좋아한다: $(\exists x)(\exists y)Lxy$

(7) 모든 사람들이 좋아하는 어떤 사람이 있다: $(\exists x)(y)Lyx$

단항양화명제들의 경우와 마찬가지로 관계양화명제들의 경우에도 양화기호의 영역을 정할 수 있어야 한다. 다음 두 개의 기호식들을 비교해보자.

$(\exists x)(Mx \wedge Lxy) \wedge (y)(My \rightarrow Lxy)$

$(\exists x)((Mx \wedge Lxy) \wedge (y)(My \rightarrow Lxy))$

이 기호식들에서 존재양화기호 $(\exists x)$의 영역을 밑줄로 그어서

5) 문장 (7)은 문장 (4)와 다르다는 점에 주의해야 한다. (7)은 영어의 "There is someone whom everyone likes"에 해당된다.

표시하면 다음과 같다.

$$\underline{(\exists x)(Mx \land Lxy)} \land (y)(My \rightarrow Lxy)$$

$$\underline{(\exists x)((Mx \land Lxy) \land (y)(My \rightarrow Lxy))}$$

첫 번째 기호식은 두 개의 연접지들 중 하나가 존재양화명제로 구성된 합성명제인 반면에 후자의 기호식은 존재양화명제이다.

양화명제들 중에는 보편양화기호와 존재양화기호가 함께 있는 있는 경우도 있고 또 양화기호들이 모두 보편양화기호들이거나 모두 존재양화기호들인 경우도 있다. 보편양화기호와 존재양화기호가 함께 있는 경우에 양화기호의 순서는 중요하다. 어느 것이 먼저 나오느냐에 따라서 기호식이 의미하는 바가 달라지기 때문이다. 논의세계를 사람들로 구성된 것으로 상정할 때 "사람들마다 (제각각) 누군가를 좋아한다"는 앞에서 $(x)(\exists y)Lxy$로 기호화되었다. 이 기호는 $(\exists y)(x)Lxy$와 다르다. $(\exists y)(x)Lxy$는 "모든 사람들이 좋아하는 어떤 사람이 있다"라는 명제를 기호화한 것이 된다. 독자분들은 "모든 사람이 좋아하는 어떤 사람이 있다"를 앞에서 $(\exists x)(y)Lyx$로 기호화했던 것을 기억하실 것이다. $(\exists y)(x)Lxy$는 $(\exists x)(y)Lyx$와 동치이므로 서로 대치(replacement)될 수 있다. 속박변항기호 x가 나오는 모든 자리들에 일률적으로 y를 넣고 또 속박변항기호 y가 나오는 모든 자리들에 일률적으로 x를 넣을 수 있기 때문이다. 같은 이치로 $(\exists x)(y)Lyx$는 새로운 변항기호 z를 y가 나오는 자리들에 일률적으로 넣은 $(\exists x)(z)Lzx$와 동치이다. "사람들마다 누군가를 좋아한다"라는 명제는 "모든 사람들이 좋아하는 어떤 사람이 있다"라는 명제와 의미가 다르며 따라서 $(x)(\exists y)Lxy$

와 (∃y)(x)Lxy는 서로 동치관계에 있지 않다. "모든 사람들이 좋아하는 어떤 사람이 있다"는 모든 사람들이 좋아하는 사람이 적어도 한 명 있다는 것을 의미한다. "사람들마다 누군가를 좋아한다"는 다음 두 가지의 가능성이 있다는 것을 함축한다. 하나는 모든 사람들이 좋아하는 사람이 적어도 한 명 있을 가능성이고 다른 하나는 각 사람들마다 각각 나름대로 사랑하는 사람이 있을 가능성이다. 따라서 "모든 사람들이 좋아하는 어떤 사람이 있다"는 "사람들마다 (제각각) 누군가를 좋아한다"를 함축하지만 그 역은 성립되지 않는다. 만약 모든 사람들이 동일한 사람을 좋아한다면 "모든 사람들이 제각각 누군가를 나름대로 좋아한다"는 문장은 참이 된다. 그러나 그 역은 성립되지 않는다.

한편, 양화명제에 나란히 나오는 양화기호들이 모두 보편양화기호들이거나 또는 모두 존재양화기호들일 경우에는 양화기호들의 순서를 서로 바꿔도 된다. 논의세계가 사람들로 구성된 경우를 가정하고 "좋아한다"를 나타내는 관계술어기호 L을 사용하여 기호화된 다음의 두 개의 식들을 살펴보자.

(x)(y)Lxy

(y)(x)Lxy

이 기호들은 둘 다 "모든 사람들은 모든 사람들을 좋아한다"에 대한 기호식들이고 서로 동치관계에 있다. 또한 두 개의 존재양화기호들로 된 다음의 기호식들 역시 서로 동치관계에 있으며 둘 다 "어떤 사람들은 어떤 사람들을 좋아한다"에 대한 기호식들이다.

$(\exists x)(\exists y)Lxy$

$(\exists y)(\exists x)Lxy$

6.3. 구문론, 의미론

5장 4절에서 제시된 단항술어논리의 구문론과 의미론에 관계명제와 관련된 조항들을 첨가하여 다항술어논리에 대한 구문론과 의미론을 만들 수 있다.

관계명제들에는 두 가지 유형 즉 특정개체들 간의 관계를 나타내는 명제유형과 관계양화명제유형이 있다. 전자의 유형과 관련된 조항들로서 다항술어논리의 구문론에 속해야 하는 것들로 다음과 같은 것들을 들 수 있다.

238. 다항술어논리의 구문론의 일부를 이루는 항목들

만약 t_1과 t_2가 개체용어들이고 P가 2항술어용어이면 Pt_1t_2는 적형식이다.
만약 t_1과 t_2 과… t_n이 개체용어들이고 P가 n항술어용어라면 $Pt_1t_2 \dots t_n$은 적형식이다.

한편 전자의 유형의 관계명제유형과 관련해서 다항술어논리의 의미론이 포함하고 있어야 할 항목들은 다음과 같은 것들이다.

239. 다항술어의 의미론의 일부를 이루는 항목들

Pt_1t_2는 $\langle t_1, t_2\rangle$가 P의 외연에 속하는 순서쌍들 중 하나를 지시할 때 그리고 오직 그때에만 참이다.
$Pt_1t_2 \cdots t_n$은 $\langle t_1, t_2 \cdots t_n\rangle$이 P의 외연에 속하는 순서쌍들 중 하나를 지시할 때 그리고 오직 그때에만 참이다.
($t_1, t_2 \cdots t_n$: 개체용어기호 P: 술어용어기호)

위의 항목들에 대한 이해를 위해서 다항술어의 외연(extension)에 대해서 설명해보자.

240. 다항술어의 외연은 다항술어가 적용되는 개체들의 순서쌍들(ordered pairs)의 집합이 된다. 순서쌍은 순서가 매겨진 원소들의 집합이다. 순서쌍기호 〈 〉 안에 원소들이 순서대로 표기된다.

한편 단항술어의 외연은 그 단항술어가 적용되는 개체들의 집합이다. 예를 들어 "한국인이다"의 외연은 {김철숙, 이철희, 박영희… }이다. 집합의 경우에는 집합기호 { } 안에 있는 원소들의 순서가 고려되지 않는다. 가령 두 개의 원소들 a와 b로 구성된 집합 {a, b}는 집합 {b, a}와 동일한 것으로 간주된다. 반면에 순서쌍의 경우에는 순서가 고려되기 때문에 〈a, b〉는 〈b, a〉와 다르다. 2항술어의 외연은 서로 관계를 맺고 있는 두 개의 개체들을 순서대로 표기한 2항순서쌍들(two places ordered pairs)의 집합이 된다. 그리고 n항 술어는 서로 관계를 맺고 있는 n개의 개체들의 이름들을 순서대로 표기한 n항 순서쌍들의 집합이 된다. 예를 들어 "더 크다"라는 2항술어의 외연은 〈경기도, 과천〉, 〈경기도, 대구〉, 〈코끼리, 개미〉 등의 순서쌍들의 집합들이 된다.

한편 양화관계명제들과 관련된 의미론과 구문론을 마련하는 데는 보다 전문적인 수준이 요구된다. 이에 대해서는 이 입문서의 범위 밖의 것으로 남겨두기로 한다.

6.4. 관계의 성질들

관계논리학은 관계들의 성질들에 대해서 다루고 있다. 이것은 관계논리가 언어사용의 맥락 안에서의 일상언어의 의미에 한층 더 가까이 다가가고 있음을 보여준다. 관계논증에 대해서 타당성 여부를 판별하거나 연역적 증명을 할 때 논증의 전제들에 생략된 내용을 보충해 넣어야 할 때가 있다. 이때 다음의 사항들에 유의해야 한다. 즉 논증에 있는 관계술어들이 지니는 성질들이 어떤 것인가를 가려내고 그 성질들에 대한 기호적 정의나 그 사례들(instances)을 전제들에 보충해 넣어야 하는지 여부를 판단해야 한다. 그러한 보충은 전제들에다 생략된 전제들을 첨가하는 것이 된다. 본 절에서는 관계들의 네 가지 성질들—즉 대칭성(symmetricity), 이행성(transitivity), 재귀성(reflexivity), 그리고 동일성(identity)—과 그와 관련된 성질들을 2항관계술어에 국한시켜 소개하기로 한다.

1. 대칭관계

241. 대칭관계(symmetrical relation)는 하나의 대상이 다른 대상에 대해서 지니는 관계가 반대방향으로도—즉 다른 대상이 하나의 대상에 대해서도—성립하는 관계이다.

두 개의 불특정대상들인 x와 y에 있어서, x가 y에 대해서 관계 R을 지닐 때마다 항상 y도 x에 대해 관계 R을 지닐 때 대칭관계가 성립한다. 이것을 기호식으로 표기하면 다음과 같다.

(x)(y)(Rxy→Ryx)

대칭관계를 지니는 관계술어의 예들로 "동창이다", "사촌지간이다", "부부이다", "이웃사람이다" 등을 들 수 있다. 만약 영희가 철희에 대해 동창이 되는 관계에 있다면 반대방향으로 철희도 영희에 대해서 동창이 되는 관계에 있게 된다.

242. 반대칭관계(asymmetrical relation)는 하나의 대상이 다른 대상에 대해서 가지는 관계가 반대방향으로는 성립하지 않는 관계— 즉 다른 대상이 하나의 대상에 대해서는 성립하지 않는 관계— 이다.

두 개의 불특정한 대상들 x와 y에 있어서, x가 y에 대해서 R의 관계를 지닐때마다 y는 x에 대해서 R의 관계를 지니지 않는 관계가 있을때 반대칭관계가 성립된다. 이것을 기호식으로 표기하면 다음과 같다.

(x)(y)(Rxy→~Ryx)

반대칭성을 지니는 관계술어의 예로 "어머니이다"나 "선배이다" 또는 "무게가 더 나간다" 등을 들 수 있다. 만약 현호가 철희의 선배이면 철희는 현호의 선배가 되지 않는 관계에 있게 된다.

243. 비대칭관계(nonsymmetrical relation)는 대칭관계도 아니고 반대칭관계도 아닌 관계 즉 어떤 경우에는 하나의 대상이 다른 대상에 대해서 가지는 관계가 반대방향으로 성립되고—즉 다른 대상이 하나의 대상에 대해서도 성립되고—또 어떤 경우에는 반대방향으로의 관계가 성립되지 않는 관계—즉 다른 대상이 하나의 대상에 대해서는 성립하지 않는 관계—이다.

비대칭성을 지니는 술어들로 "사랑한다", "손을 내민다", "무게가 더 나가지 않는다" 등을 들 수 있다. 철희가 영희를 사랑하는 경우에 영희는 철희를 사랑할 수도 있고 또 사랑하지 않을 수도 있다.

하나의 관계술어가 대칭성을 지니는지의 여부를 가려내기 위해서는 그 술어가 언어사용의 특정맥락 안에서 어떤 의미를 지니는지를 알 수 있어야 한다. 다음의 관계논증을 보자.

> 김씨는 이씨보다 나이가 적다.
> 고로 이씨는 김씨보다 나이가 적지 않다.

위의 논증은 직관적으로 볼 때 분명 타당하다. 그러나 아리스토텔레스의 논리학이나 명제논리학 그리고 단항술어논리학으로는 위의 논증의 타당성 여부를 판별할 수도 없고 또 타당성을 증명할 수도 없다. 이것은 관계논리가 아리스토텔레스의 논리학이나 명제논리학 그리고 단항술어논리학에 비해 일상언어의 의미에 한층 더 다가서고 있다는 것을 보여준다. 위의 논증에 있는 "보다 나이가 적다"라는 관계술어는 일상언어에서 반대칭성을 지닌다. 그래서 위의 논증은 다음의 전제가 생략된 것으로 볼 수 있다.

만약 김씨가 이씨보다 나이가 적다면 이씨는 김씨보다 나이가 적지 않다.

이 생략된 전제를 위의 논증의 전제에 보충해 넣으면 위의 논증이 타당하다는 것이 명백해진다. 이 생략된 전제는 "나이가 적다"라는 일상어가 의미하는 바를 알 수 있을 때에만 보충될 수 있게 된다. 관계술어의 성질이 무엇인가는 일상어의 맥락에서 관계술어가 지니는 의미를 통해 가려질 수 있다.

2. 이행관계

244. 이행관계(transitive relation)는 세 개의 대상들에 대해서 만약 한 대상이 다른 대상과 어떠한 관계를 지니고 다른 대상이 또다른 대상과 그 관계를 지니면 반드시 한 대상은 또 다른 대상과도 그 관계를 지닐 때 성립된다.

이행관계는 불특정대상들 x, y, z에 대해서, 만일 x가 y와 R의 관계에 있고 또 y가 z와 R의 관계에 있으면 반드시 x도 y와 R의 관계를 지닐 때 성립된다. 이것을 기호식으로 표기하면 다음과 같다.

$(x)(y)(z)((Rxy \wedge Ryz) \rightarrow Rxz)$

이행성을 지니는 관계술어로 "보다 나이가 적다", "의 북쪽에 있다", "보다 가볍다" 등을 들 수 있다. 평양이 서울보다 북쪽에 있고 서울이 부산보다 북쪽에 있으면 반드시 평양은 부산보다 북쪽에 있게 된다.

245. 반이행관계(intransitive relation)는 세 개의 대상들에 있어서, 만약 한 대상이 다른 대상과 어떠한 관계를 지니고 다른 대상이 또 다른 대상과 그 관계를 지니면 반드시 한 대상은 또 다른 대상과 그 관계를 지니지 않을 때 성립한다.

반이행관계는 불특정 대상들 x, y, z에 있어서, 만일 x가 y와 R의 관계에 있고 또 y가 z와 R의 관계에 있으면 반드시 x는 z와 R의 관계를 가질 수 없을 때 성립한다. 이것을 기호로 표기하면 다음과 같다.

$$(x)(y)(z)((Rxy \wedge Ryz) \rightarrow \sim Rxz)$$

반이행관계를 지니는 관계술어들로 "의 아버지이다", "의 딸이다", "보다 2kg 더 나간다" 등을 들 수 있다. 만약 갑이 을의 아버지이고 또 을이 병의 아버지일 때 반드시 갑은 병의 아버지가 될 수 없다.

246. 비이행관계(nontransitive relation)는 이행성도 반이행성도 지니지 않는 관계이다.

비이행성을 지니는 관계술어의 예로 "안다", "사랑한다", "존경한다" 등을 들 수 있다. 갑이 을을 알고 또 을이 병을 알 경우에 갑은 병을 알 수도 있고 또 모를 수도 있다.

다음 논증을 살펴보자.

평양은 서울보다 북쪽에 있다.
서울은 부산보다 북쪽에 있다.
고로 평양은 부산보다 북쪽에 있다.

이 논증은 직관적으로 볼 때 타당하다. 이 논증에 있는 "보다 북쪽에 있다"라는 술어의 이행성을 고려하여 다음의 전제를 생략된 전제로 삼을 수 있다.

만약 평양이 서울보다 북쪽에 있고 또 서울이 부산보다 북쪽에 있다면 평양은 부산보다 북쪽에 있다.

3. 재귀관계

> **247.** 재귀관계(reflexive relation)는 두 개의 대상들이 어떠한 관계를 지니는 경우에 그 대상들 각각이 자기 자신에 대해서도 그와 동일한 관계를 지닐 때 성립하는 관계이다.

재귀관계에서는 두 개의 불특정 대상들 x와 y에 있어서, x와 y가 관계 R을 지닐 때 반드시 x와 x 사이에 관계 R이 성립하고 또 y와 y 사이에도 관계 R이 성립한다. 이것을 기호식으로 표기하면 다음과 같다.

$$(x)(y)(Rxy \rightarrow (Rxx \wedge Ryy))$$

재귀관계를 나타내는 관계술어의 예로 "동일하다", "동갑이다" 또는 "같은 자동차를 소유하고 있다" 등을 들 수 있다. 만약 갑과 을이 동갑이면 반드시 갑은 갑과 동갑이고 또 을은 을과 동갑이 된다.

재귀관계는 완전재귀관계와 구분된다.

248. 완전재귀관계(total reflexive relation)는 모든 대상들 각각이 자기 자신에 대해서 항상 지니는 관계이다.

완전재귀관계를 기호식으로 표기하면 다음과 같다.

(x)Rxx

완전재귀성을 지니는 술어의 예들로 "동일하다", "일치하다", "동일한 시간과 공간상에 존재하다 등을 들 수 있다." 모든 대상들은 각각 자기 자신과 동일하다.

249. 반재귀관계(irreflexive relation)는 모든 대상들이 자기 자신에 대해서는 가질 수 없는 관계이다.

반재귀관계에 있는 불특정대상들은 그 자신에 대해 R의 관계를 맺을 수 없다. 이것을 기호식으로 표기하면 다음과 같다.

(x)~Rxx

반재귀성을 나타내는 술어의 예로 "보다 작다", "의 형이다", "의 오른편에 있다" 등을 들 수 있다. 어떤 개체도 자기 자신보다 작을 수는 없다.

250. 비재귀관계(nonreflexive relation)는 재귀적이지도 또 반재귀적이지도 않은 관계이다.

비재귀성을 지니는 술어들로 "사랑한다", "만족한다", "꾸짖는다" 등을 들 수 있다. 자기 스스로를 사랑할 수 있는 대상도 있고 자기 스스로를 사랑하지 않는 대상도 있다.

다음의 논증을 보자.

> 서로 동일한 것들 간에는 친화감이 있다.
>
> 고로 모든 것들은 각각 스스로에게 친화감을 지닌다.

이 논증에 재귀관계를 나타내는 다음의 생략된 전제를 보충하면 위의 논증은 관계논리에서 타당하게 된다.

> 모든 것들은 각각 그 자신과 동일하다.

이항관계술어들은 앞에서 설명한 관계의 성질들 중 일부와 관련을 지닌다. 예를 들어 "보다 나이가 적다"는 이행적 관계를 지니며, 반대칭적이고 또 반재귀적이다. 한편 "동일하다"라는 관계술어는 대칭적이고 동시에 이행적이며 또 재귀적이다. 주어진 논증에서 생략된 전제를 보충해야 할 경우에 관계술어의 성질을 결정하기 위해서는 관계술어가 일상언어에서 지니는 의미를 파악하여 결정하는 수밖에 없으며, 기계적으로 가려낼 만한 방법이란 따로 없다.

4. 동일관계

251. 동일관계(relation of identity)는 대칭적이고 동시에 이행적이며 또 재귀적이다.

"동일하다"를 나타내는 기호로 "="나 "I" 등이 사용된다. 예를 들어 "a는 b와 동일하다"는 "a=b"로 기호화된다. 또 "동일하지 않다"는 "≠"나 "~I"를 사용해 기호화한다. 예를 들어 "a는 b와 다르다"는 "a≠b" 또는 "~Iab"로 기호화된다.

수를 세분화하여 표현할 때 동일기호가 유용하게 사용되기도 한다. 아리스토텔레스의 논리학은 수를 나타내는 데 있어서 전체를 나타내는 "모든"(all)과 부분을 나타내는 "어떤"(some)을 사용하고 있을 뿐이며 수를 좀더 세분화하여 표시하기 위한 방안을 마련하고 있지 않다. 다음 명제들을 기호화해보자.

(1) 적어도 두 명의 학생이 합격했다.
(2) 단 한 명의 학생만이 합격했다.
(3) 많아야 두 명의 학생이 합격했다.
(4) 정확히 두 명의 학생이 합격했다.

"학생이다"를 S로 표기하고 "합격했다"를 P로 표기하고 그리고 "동일하다"를 I로 표기해보자. (1)은 (∃x)(∃y)((Sx∧Px)∧(Sy∧Py)∧~Ixy)로 기호화된다.

(2)를 기호화하기 위한 단계들은 다음과 같다(ㄱ)-ㄷ)).

ㄱ) 우선 (2)를 “적어도 한 학생이 합격했고 그리고 합격한 모든 학생은 바로 그 학생이다”로 해석한다.

ㄴ) ㄱ)을 다음과 같이 기호화한다

: $(\exists x)((Sx \wedge Px) \wedge$ 합격한 모든 학생은 그 학생과 동일하다)

ㄷ) ㄴ)을 다음과 같이 기호화한다.

: $(\exists x)((Sx \wedge Px) \wedge (y)((Sy \wedge Py) \rightarrow Ixy))$

(3)은 다음과 같이 기호화한다.

$$(x)(y)(z)(((Sx \wedge Px) \wedge (Sy \wedge Py) \wedge (Sz \wedge Pz)) \rightarrow (Ixy \vee Iyz \vee Ixz))$$

(4)는 다음의 단계들(ㄱ)－ㄴ))을 거쳐 기호화한다.

ㄱ) 적어도 두 학생이 합격했고 합격한 모든 학생들은 둘 중 한 학생이 된다.

ㄴ) $(\exists x)(\exists y)(((Sx \wedge Px) \wedge (Sy \wedge Py) \wedge \sim Ixy) \wedge (z)((Sz \wedge Pz) \rightarrow (Izx \vee Izy)))$

일상언어에서 “이다”(is)는 동일성을 나타내기 위해 사용되는 경우도 있고 그렇지 않은 경우도 있다. 그래서 기호화할 때 “이다”가 동일성을 나타내는지의 여부를 파악해야 한다. 다음의 두 개의 문장들을 비교해보자.

(5) 실학은 한국의 사상이다.

(6) 이율곡은 이이이다.

(5)의 “이다”를 동일성을 의미하는 것으로 해석해서는 안 되고 서술의 의미 즉 실학의 속성을 한국의 사상이라고 서술하는 의미로 해석해야 한다. 반면에 (6)의 “이다”는 서술의 의미로 해석되어서는 안 되고 동일성의 의미 즉 “이율곡”이라는 이름과 “이이”라는 이름은 동일한 대상을 가리킨다는 의미로 해석되어야 한다. 그래서 (5)는 “실학”을 나타내는 개체기호 s와 “한국의 사상이다”를 나타내는 술어기호 T를 사용하면 다음과 같이 기호화된다.

Ts

반면에 (6)은 “이율곡”을 나타내는 기호 i와 “이이”를 나타내는 기호 l 그리고 동일성기호 =(또는 I)를 사용할 때 다음과 같이 기호화된다.

i=l(또는 Iil)

논증의 타당성 여부를 판별하거나 논증의 타당성을 증명할 때 주어진 논증에서 동일성명제가 전제에서 생략된 경우에는 생략된 것을 보충해 넣어야 한다. 다음의 논증을 보자.

이율곡은 한국인이다.
이이는 《목민심서》의 저자이다.
고로 어떤 한국인은 《목민심서》의 저자이다.

이 논증은 “이율곡은 이이와 동일하다”라는 동일명제가 전제에서 생략되어 있을 때에만 타당하다.

동일관계와 관련해 논증의 타당성 여부를 판별하거나 연역적 증명을 할 때 알아두어야 할 사항은 "동일성규칙"이라는 것이다. 앞의 논증이 타당한 것은 동일성규칙에 의거해 있기 때문이다.

252. 동일성규칙(rule of identity)은 다음과 같은 논증형식으로 표현된다.

x=y

∴ Φx≡Φy (=: 동일성을 나타내는 기호, Φ: 술어변항기호, ≡ 동치기호)

동일성규칙이 의미하는 바는 다음과 같다.

> 임의의 대상들에 있어서 두 개의 대상들이 동일할 때 하나의 대상이 지니는 속성들은 반드시 다른 하나의 대상이 지니는 속성들이 되고 또 다른 하나의 대상이 지니는 속성들 역시 하나의 대상이 지니는 속성들이 된다.

위의 내용은 또한 다음의 내용을 함축한다.

> 만약 두 개의 특정한 대상들 a와 b가 동일하다면 a에 대한 어떠한 주장이 있을 경우에 a를 b로 대치하더라도 그 주장은 대치되어 나온 결과와 동치이다.

또 이 내용은 다음의 내용을 함축한다.

두 개의 대상들이 동일할 때 그 대상들 중 하나에 대한 주장들이 나오는 모든 맥락에서 하나의 대상을 다른 하나의 대상으로 대치할 수 있다.

6.5. 진리나무로 관계논증의 타당성 여부 판별하기

5장 6절 2항에서 양화논증의 타당성 여부를 판별할 때 진리나무방법이 진리표방법이나 약식진리표방법에 비해 훨씬 간단하게 판별하게 하는 하나의 방법이라는 지적을 한 바 있다. 앞에서 배운 진리나무의 방법을 이용하여 관계논증의 타당성 여부를 판별해 보자. 여기서는 관계명제들 중 2항관계명제만을 지니는 관계논증에만 국한하기로 한다. 진리나무를 그리기 전에 다음 사항들에 유의해야 한다.

관계명제들을 기호화한다. 필요한 경우에는 생략된 전제를 보충해 넣어야 하고 또 관계양화명제에 대해 예화방법과 예화요령을 지키도록 한다.

(예제) 진리나무방법으로 다음의 논증들의 타당성 여부를 판별하시오.

(1) 평양은 서울보다 북쪽에 있다. 서울은 부산보다 북쪽에 있다. 고로 평양은 부산보다 북쪽에 있다.

(2) 낭만적인 사람치고 음악을 좋아하지 않는 사람은 없다. 거의 모든 낭만적인 사람들이 음악을 좋아하기 때문이다.

(3) 복철이는 예술가이다. 김씨와 복철이는 동일인물이다. 고로 만약

복철이가 예술가라면 김씨도 예술가이다.

(4) 어떤 학생들은 모든 철학자들을 존경한다. 따라서 만약 최씨 가 철학자라면 어떤 학생들은 최씨를 존경할 것이다.

(5) 세 개의 대상들에 있어서 만약 하나의 대상이 다른 대상의 원인이 되고 다른 대상이 또 다른 대상의 원인이 될 때 하나의 대상은 또 다른 대상의 원인이 된다. 어느 것도 자기 자신에 대해서 원인이 되지 않는다. 따라서 하나의 대상이 다른 대상의 원인이 될 때 그 역의 관계 즉 다른 대상이 하나의 대상에 대해 원인이 되지 않는다.

(예제 풀이)

(1)에 대한 풀이

(p: 평양 s: 서울 b: 부산 N: 보다 북쪽에 있다)

① Nps✔

② Nsb✔

③ (x)(y)(z)((Nxy∧Nyz)→Nxz)(보조전제: 이행관계)

④ ~Npb(결론의 부정)✔

⑤ (x)(y)(z)(~(Nxy∧Nyz)∨Nxz)(③ 조건법)

⑥ (x)(y)(z)(~Nxy∨~Nyz∨Nxz)(⑤ 드모르간법)

⑦ ~Nps∨~Nsb∨Npb(⑥ 보편예화)✔

⑧

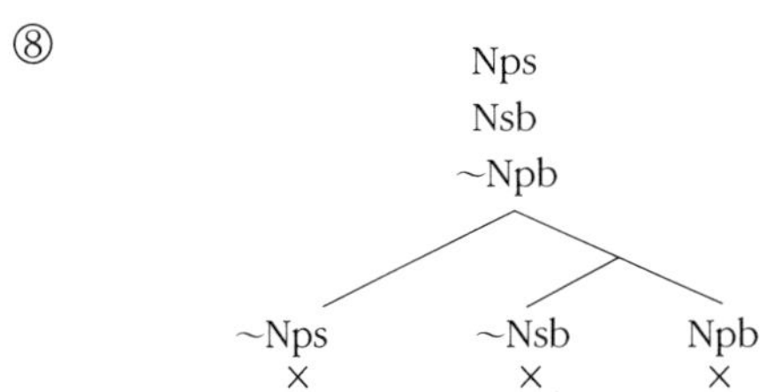

타당 (요령: ⑥을 보편예화할 때 논증에 있는 개체상수들인 p, s, b 를 사용하면 간단해진다.)

(2)에 대한 풀이

(R: 낭만적인 사람이다 m: 음악 L: 좋아한다)

① (∃x)(Rx∧Lxm)

② ~(x)(Rx→Lxm)(결론의 부정)

③ (∃x)~(Rx→Lxm)(② 양화동치규칙)

④ (∃x)~(~Rx∨Lxm)(③ 조건법)

⑤ (∃x)(Rx∧~Lxm)(④ 드모르간법)

⑥ Ra∧Lam(① 존재예화)✔

⑦ Rb∧~Lbm(⑤ 존재예화)✔

⑧ Ra

Lam

Rb

~Lbm

○ 부당

(3)에 대한 풀이

: (b: 복철이 k: 김씨 A: 예술가이다)

① Ab ② k=b

③ ~(Ab→Ak)(결론의 부정)

④ ~(~Ab∨Ak)(③ 조건법)

⑤ Ab∧~Ak(④ 드모르간법)

⑥ Ak∧~Ak(②⑤동일성규칙)✔

⑦ Ak

~Ak

× 타당

(4)에 대한 풀이

: (S: 학생이다 P: 철학자이다 R: 존경한다 c: 최씨)

① (∃x)(Sx∧(y)(~Py∨Rxy)

② ~(Pc→(∃x)(Sx∧Rxc))(결론의 부정)

③ ~(~Pc∨(∃x)(Sx∧Rxc))(②조건법)

④ Pc∧~(∃x)(Sx∧Rxc)(③드모르간법)

⑤ Pc∧(x)~(Sx∧Rxc)(④양화동치규칙)

⑥ Pc∧(x)(~Sx∨~Rxc)(⑤드모르간법)

⑦ Sa∧(y)(~Py∨Ray)(① 존재예화)

⑧ Sa∧((~Pa∨Raa)∧(~Pc∨Rac))(⑦ 보편예화)✔

⑨ Pc∧(~Sa∨~Rac)∧(~Sc∨~Rcc)(⑥ 보편예화)✔

⑩

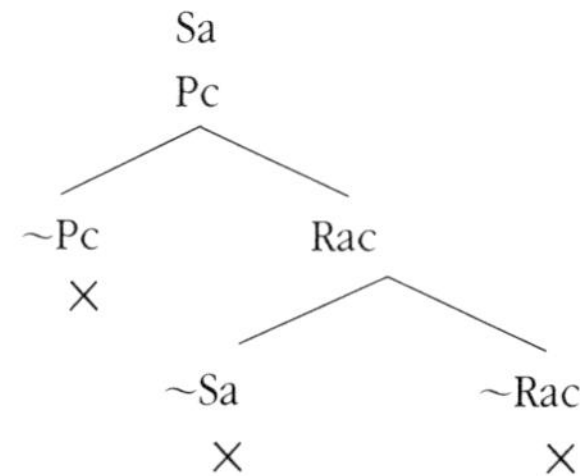

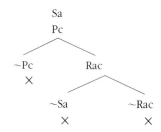

타당 (요령: Sa와 Pc를 먼저 그려줌으로써 간단한 진리나무가 그려진다.)

(5)에 대한 풀이

(R: 의 원인이다)

① (x)(y)(z)((Rxy∧Ryz)→Rxz)

② (x)~Rxx

③ ~(x)(y)(Rxy→~Ryx)(결론부정)

④ ~(x)(y)(~Rxy∨~Ryx)(③ 조건법)

⑤ (∃x)~(y)(~Rxy∨~Ryx)(④ 양화동치규칙)

⑥ (∃x)(∃y)~(~Rxy∨~Ryx)(⑤ 양화동치규칙)

⑦ (∃x)(∃y)(Rxy∧Ryx)(⑥ 드모르간법)

⑧ Rab∧Rba(⑦ 존재예화)✔

⑨ ~Raa∧~Rbb(② 보편예화)✔

⑩ (x)(y)(z)(~(Rxy∧Ryz)∨Rxz)(① 조건법)

⑪ (x)(y)(z)(~Rxy∨~Ryz∨Rxz)(⑩ 드모르간법)

⑫ (y)(z)((~Ray∨~Ryz∨Raz)∧(~Rby∨~Ryz∨Rbz))(⑪ 보편예화)

⑬ (z)((~Raa∨~Raz∨Raz)∧(~Rba∨~Raz∨Rbz)∧(~Rab∨~Rbz∨Raz)∧(~Rbb∨~Rbz∨Rbz))(⑫ 보편예화)

⑭ (~Raa∨~Raa∨Raa)∧(~Rba∨~Raa∨Rba)∧(~Rab∨~Rba∨Raa)∧(~Rbb∨~Rba∨Rba)∧(~Raa∨~Rab∨Rab)∧(~Rba∨~Rab∨Rbb)∧(~Rab∨~Rbb∨Rab)∧(~Rbb∨~Rbb∨Rbb)(⑬ 보편예화)✔

⑮

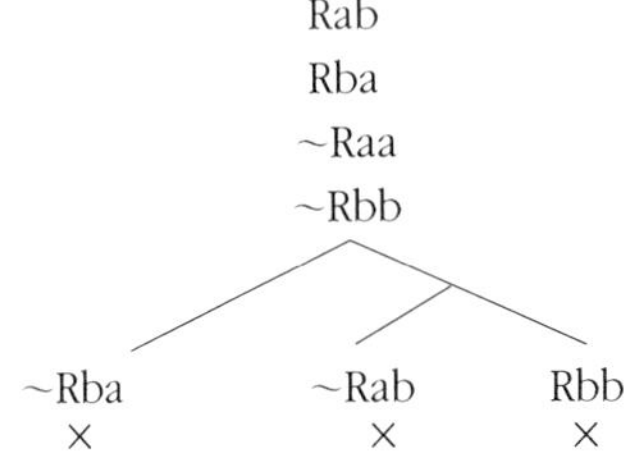

타당 (요령: ⑭의 연접지들을 모두 다 그릴 필요없이 그 중 여섯 번째 연접지인~Rba∨~Rab∨Rbb만 그려주면 나무가 간단해진다.)

6.6. 연역적 증명

연역적 증명법에 대해 5장 7절에서 배운 바 있다. 관계논증에 대해 타당성을 연역적으로 증명할 때는 연역규칙들 외에 동일성규칙(사각테 252)을 적용한다. 동일성규칙은 두 개의 대상들 사이에 성립되기 때문에 명제논리나 단항술어논리에서는 필요하지 않다.

(예제 1) 다음 논증이 타당함을 직접증명법과 간접증명법으로 증명하시오.

Nps

Nsb

(Nps∧Nsb)→Npb)/∴Npb

(예제 1에 대한 풀이)

(직접증명)

① Nps

② Nsb

③ (Nps∧Nsb)→Npb/∴Npb

④ Nps∧Nsb(①② 연접)

⑤ Npb(④③ 전건긍정)

(간접증명)

① Nps

② Nsb

③ (Nps∧Nsb)→Npb/∴Npb

┌→④ ~Npb(결론의 부정)

⑤ Nps∧Nsb(①② 연접)

⑥ Npb(③⑤ 전건긍정)

⑦ ~Npb∧Npb(④⑥ 연접)

⑧ Npb(⑦ 분리)

(⑧은 생략해도 된다.)

(예제 2) 다음 논증의 타당성을 조건증명법으로 증명하시오.

(∃x)(Sx∧(y)(~Py∨Rxy))

∴Pc→(∃x)(Sx∧Rxc)

(예제 2에 대한 풀이)

① (∃x)(Sx∧(y)(~Py∨Rxy))/∴Pc→(∃x)(Sx∧Rxc)

→② Pc(조건증명의 가정)

③ Sa∧(y)(~Py∧Ray)(① 존재예화)

④ (y)(~Py∧Ray)(③ 분리)

⑤ (~Pa∧Raa)∧(~Pc∧Rac)(④ 보편예화)

⑥ Sa(③ 분리)

⑦ Rac(⑤ 분리)

⑧ Sa∧Rac(⑥⑦ 연접)

⑨ (∃x)(Sx∧Rxc)(⑧ 존재양화)

⑩ Pc→(∃x)(Sx∧Rxc)(②-⑨ 조건증명)

(예제 3) 다음 논증의 타당성을 직접증명법으로 증명하시오.

(x)(y)(z)((Rxy∧Ryz)→Rxz)

(x)~Rxx

∴ (x)(y)(Rxy→~Ryx)

(예제 3에 대한 풀이)

① (x)(y)(z)((Rxy∧Ryz)→Rxz)

② (x)~Rxx/∴ (x)(y)(Rxy→~Ryx)

③ (y)(z)((Rxy∧Ryz)→Rxz)(① 보편예화)

④ (z)((Rxy∧Ryz)→Rxz)(③ 보편예화)

⑤ (Rxy∧Ryx)→Rxx(④ 보편예화)

⑥ ~Rxx(② 보편예화)

⑦ ~(Rxy∧Ryx)(⑤⑥ 후건부정)

⑧ ~Rxy∨~Ryx(⑦ 드모르간법)

⑨ Rxy→~Ryx(⑧ 조건법)

⑩ (y)(Rxy→~Ryx)(⑨ 보편예화)

⑪ (x)(y)(Rxy→~Ryx)(⑩ 보편양화)

(요령: 단계 ⑤에서, Rxx를 만들어냄으로써 ②와 관련시킴)

(예제 4) 다음 논증을 조건증명을 사용하여 타당함을 보이시오.

Fpb∧Fbc

(Fpb∧Fbc)→~Fpc

∴ (Rcb∧(x)(~Fxc→~Rcx))→~Rcp

(예제 4에 대한 풀이)

① Fpb∧Fbc

② (Fpb∧Fbc)→~Fpc/∴ (Rcb∧(x)(~Fxc→~Rcx))→~Rcp

→③ Rcb∧(x)(~Fxc→~Rcx)(조건증명의 가정)

④ (x)(~Fxc→~Rcx)(③ 분리)

⑤ (~Fpc→~Rcp)∧(~Fbc→~Rcb)∧(~Fcc→~Rcc)(④ 보편예화)

⑥ ~Fpc(①② 전건긍정)

⑦ ~Fpc→~Rcp(⑤ 분리)

⑧ ~Rcp(⑥⑦ 전건긍정)

⑨ (Rcb∧(x)(~Fxc→~Rcx))→~Rcp(③-⑧ 조건증명)

(예제 5) 다음 논증의 타당성을 직접증명의 방법으로 증명하시오.

Ab∧Hb

k=b

∴Hk∧(∃x)Ax

(예제 5에 대한 풀이)

① Ab∧Hb

② k=b/∴Hk∧(∃x)Ax

③ Ab(① 분리)

④ (∃x)Ax(③ 존재양화)

⑤ Hb(① 분리)

⑥ Hk(②⑤ 동일성규칙)

⑦ Hk∧(∃x)Ax(⑥④ 연접)

연습문제

1. 다음 용어들에 대해 정의하시오.

(1) 관계명제(또는 다항술어명제) (2) 관계논리학

(3) 대칭관계, 반대칭관계, 비대칭관계 (4) 이행관계, 반이행관계, 비이행관계 (5) 재귀관계, 반재귀관계, 비재귀관계 (6) 동일성규칙

2. 양화기호들의 영역을 밑금으로 표시하시오.

(1) (x)(y)(Ax→(By∧Cax))

(2) (x)(((Ax∧Ba)→(y)(Cxy∨Cyb))∨(z)(Az→Czy))

(3) (x)(Ax→Bab)∨(x)Cxa

(4) (∃x)((Ax∧~Bxy)∧(y)(Ay→Cyxa))

3. 다음 두 개의 묶음들에 있는 요소들 간에 짝짓기를 하시오.

와 동일하다	대칭적, 이행적, 재귀적
보다 나이가 적다	비대칭적, 비이행적, 비재귀적
사랑한다	반대칭적, 이행적, 반재귀적
의 할머니이다	반대칭적, 반이행적, 반재귀적

4. 관계논리의 기호들을 사용해 다음 명제들을 기호로 바꾸시오.

(1) 사람들마다 누군가를 사랑한다. (H: 사람이다 L: 사랑한다)

(2) 학생들 중 단 한 명만이 A학점을 받았다.

(S: 학생이다 A: A학점을 받았다 I: 와 동일하다)

(3) 개성은 서울과 평양 사이에 있으며 서울은 평양과 부산 사이에 있다. (k: 개성 s: 서울 p: 평양 b: 부산 E: 사이에 있다)

(4) 모든 국민들에게 신뢰를 주는 정치인들도 있다.

(P: 정치인이다 N: 국민이다 C: 신뢰를 준다)

(5) 어떤 책들은 모든 사람들에게 흥미를 주지 못한다.

(B: 책이다 H: 사람이다 C: 흥미를 준다)

(6) 철희는 여행만을 좋아한다. (c: 철희 t: 여행 L: 좋아한다)

(7) 누구에게나 부모가 있다. (H: 사람이다 P:부모이다)

(8) 철학은 학문들 중에서 가장 오래 된 것이다.

(c: 철학 S: 학문이다 O: 보다 오래 된 것이다)

(9) 모든 소설들을 다 읽은 문학가는 없다.

(N: 소설이다 L: 문학가이다 R: 읽다)

5. 다음 관계논증들의 타당성 여부를 진리나무방법으로 판별하고 타당한 것은 직접증명법이나 간접증명법 또는 조건증명법을 사용하여 타당함을 증명하시오.

(1) $\sim(x)\sim(Ax \wedge (y)(\sim By \vee Rxy))$

$\therefore \sim(\exists x)\sim(\sim Ax \vee Bx) \rightarrow (\exists y)(By \wedge Ryy)$

(2) $(x)(Ax \vee Bx)$

$\sim Ba$

$a = b$

$\therefore (\exists x)Ax \vee Bb$

(3) $\sim(x)\sim Ax$

$(x)(\sim Ax \vee (y)(By \rightarrow Cxy))$

$\therefore (\exists y)By \rightarrow (\exists x)(\exists z)Czx$

(4) 박씨는 복희의 아버지고 복희는 철수의 아버지이다. 그러므로 만약 철수가 자신의 아버지만 존경한다면 철수는 박씨를 존경하지 않는다.

연습문제풀이

1장

1. (1) 사각테들 3, 5, 6, 13, 14, 18, 24를 정리바람

   (2) 타당: 사각테들 3, 13, 18, 19, 21

부당: 사각테들 13, 18, 19, 21을 충족시키지 못하는 논증에 대한 평가어임

건전: 사각테들 22, 23

(3) 사각테들 8

(4) 명제: 사각테들 9, 10

(5) 사각테들 17, 126, 127, 138

(6) 사각테 19

(7) 사각테 20

(8) 사각테들 24, 25, 26, 27, 28

(9) 사각테들 31, 32

2. (번호달기)

(1) 개인의 부에 대한 국가의 간섭이 약화되어야 한다. (2) 인간은 태어나면서부터 생명, 건강, 재산, 사상 등에 대해서 침해당하지 않을 권리를 가진다. 그러므로 (3) 사회정의는 그런 권리를 침해하지 않고 최대한 보장하는 데에 있다. (4) 국가는 그런 권리에 간섭하지 않아야 한다. 또 (5) 국가는 그런 권리가 침해되는 불의의 상태에서는 불의를 교정해줄 의무를 지닌다. (6) 국가는 개인의 재산을 재분배해서는 안된다. (7) 왜냐하면 개인의 재산은 재분배될 수 없는 불가침적인 것이기 때문이다. 이상의 논의는 (1) 개인의 재산에 대한 국가의 간섭이 약화되어야 한다는 것을 보여주고 있다.

(배열도)

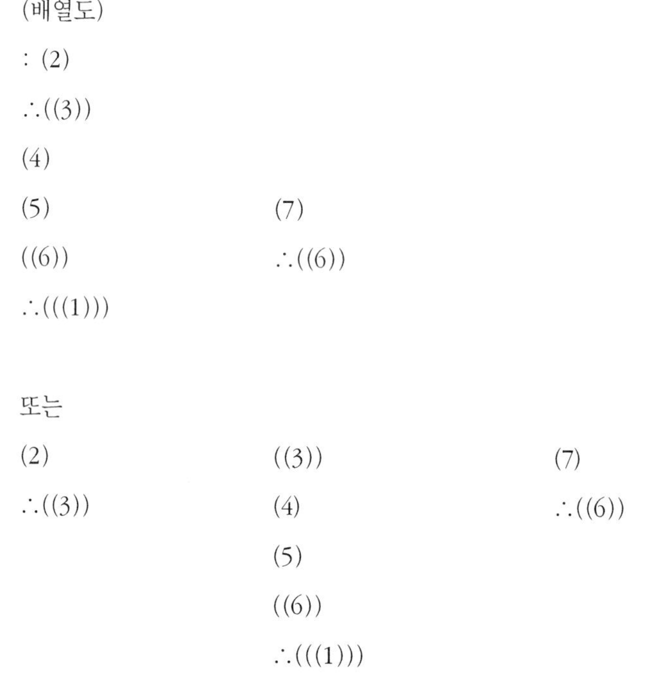

(위의 두 개의 배열도들에서 최종결론은 (((1)))이다.)

2장

1. (1) 사각테 39 (2) 사각테 40

2. (1) "내 그림이다"는 내가 그린 그림을 의미하는 것으로 해석될 수 있고 나를 그린 그림을 의미하는 것으로 해석될 수도 있으며, 또 그 그림이 내 소유물이라는 것을 의미하는 것으로도 해석될 수 있으므로 애매하다.

(2) "요즘"과 "많아졌다"는 모호하다. "친구 방문"은 내가 친구를 방문하는 것을 의미하는 것으로 해석될 수도 있고 친구가 나를 방문하는 것을 의미하는 것으로 해석될 수도 있으므로 애매하다.

(3) "어렵게"는 모호하다. "어렵게 쓰도록 하라"가 공들여서 쓰도록 하라는 것을 의미하는 것으로 해석될 수 있고 또 읽는 이들이 읽기 어렵게 쓰도록 하라는 것을 의미하는 것으로 해석될 수도 있으므로 애매하다.

(4) "시간을 들이지 마세요"를 즉각 쓰라는 것을 의미하는 것으로 해석해야 하는지 아니면 쓰지 말라는 것으로 해석해야 하는지가 불분명하므로 애매하다.

(5) "신중"이라는 단어가 모호하다. "신중하던 친구의 동생"이란 표현은 애매하다. "신중하던"이 친구를 수식하는 것으로 해석될 수 있고 또 친구의 동생을 수식하는 것으로 해석될 수도 있기 때문이다. 또 "처음으로 어겼다"는 규칙이 정해진 후에 규칙을 범한 사람들 중 최초라는 의미로 쓰여졌는지 아니면 친구의 동생이 그 규칙을 예전에는 범한 적이 없다는 의미로 쓰여졌는지가 불분명하므로 애매하다.

(6) "다혈질", "점액질", "좋은 만남"은 모호하다. 이 문장은 다혈질인 사람과 점액질인 사람이 함께 만날 때 좋지 않다는 것을 의미하는지 아니면 그 사람들 각각이 어느 누구와 만나더라도 좋지 않다는 것을 의미

하는지가 명확하지 않으므로 애매하다.

(7) "약한"은 모호하다. "못 배운다"는 배우지 못하도록 규제를 받고 있다는 것으로 해석될 수 있고 또 배우는 능력에 있어서의 부족함을 나타내는 것으로 해석될 수도 있으므로 애매하다.

3. (1) 흑백사고의 오류 (2) 성급한 일반화의 오류 (3) 인신공격의 오류 (4) 결합의 오류 (5) 무지에 근거한 오류 (6) 선결문제요구의 오류

(7) 분해의 오류 (8) 정황적 오류 (9) 우연의 오류

(10) 애매어의 오류 (11) 피장파장의 오류 또는 정황적 오류 또는 인신공격의 오류 (12) 거짓원인의 오류 (13) 권위에 호소하는 오류

(14) 군중에 호소하는 오류 (15) 힘에 호소하는 오류

3장

1. (1) 사각테들 62, 63, 90 (2) 사각테들 64, 90, 91 (3) 사각테 66

(4) 사각테 68 (5) 사각테 69 (6) 사각테 92 (7) 사각테 95

2. (1) 어떤 기업들은 국제통화기금관리체제 후에 경영패러다임을 근본적으로 바꾼 기업들이다.

(2) 그가 좋아하는 모든 것은 독서이다.

(3) 모든 겨울은 내가 금강산에 가는 때이다.

(4) 감동을 주는 모든 예술적 작품들은 혁신성이 있는 것들이다.

(5) 어떤 벤처사업가들은 성공한 사람들이다.

(6) 모든 선생들은 학생들의 무례한 행동을 좋아하는 사람들이 아니다.

(7) 그가 카페에 가는 모든 때는 비가 오는 때이다.

3. (s: 과학이론 p: 절대적 진리)

(1) ① 모든 S는 P이다.(F)

② 모든 S는 $\bar{p}$가 아니다.(① 환질 F)

③ 모든 S는 $\bar{p}$이다.(② 반대 U)

(2) ① 모든 S는 P이다.(F)

② 모든 S는 P가 아니다.(① 반대 U)

(3) ① 모든 S는 P이다(F)

② 모든 S는 $\bar{p}$가 아니다.(① 환질 F)

(4) ① 모든 S는 P이다(F)

② 어떤 S는 P가 아니다(① 모순 T)

③ 어떤 S는 $\bar{p}$이다.(② 환질 T)

④ 어떤 $\bar{p}$는 S이다.(③ 환위 T)

⑤ 어떤 $\bar{s}$는 P이다.(④ 이환 U)

⑥ 어떤 P는 $\bar{s}$이다(⑤ 환위 U)

⑦ 어떤 P는 $\bar{s}$가 아니다.(⑥ 부분반대 U)

(5) ① 모든 S는 P이다(F)

② 어떤 S는 P가 아니다.(① 모순 T)

4. (1) (아리스토텔레스 방식)

: 표준형식의 명제로 번역하면 다음과 같다.

모든 형이상학이론들은 나름의 패러다임을 지니고 있는 것들이다. 모든 과학이론들은 나름의 패러다임을 지니고 있는 것들이다. 고로 모든 과학이론들은 형이상학이론들이다.

표준형식으로 바꾸면 다음과 같다.

(S: 과학이론 P: 형이상학이론 M: 나름의 패러다임을 지니고 있는 것)

모든 P는 M이다.

모든 S는 M이다.

∴모든 S는 P이다.

답: 부당한 논증이다. 중개념 부주연의 오류를 범하고 있다.

(부울의 방식)

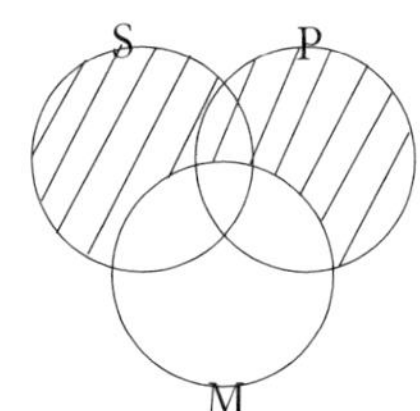

답: 부당. 중개념부주연의 오류를 범하고 있다.

(2) (아리스토텔레스 방식)

: (S: 화장품 P: 의약품 M: 유통기한이 기재되어 있는 것)

모든 P는 M이다.

모든 S는 M이 아니다.

∴어떤 S는 P가 아니다.

답: 정당한 논증이다

(부울 방식)

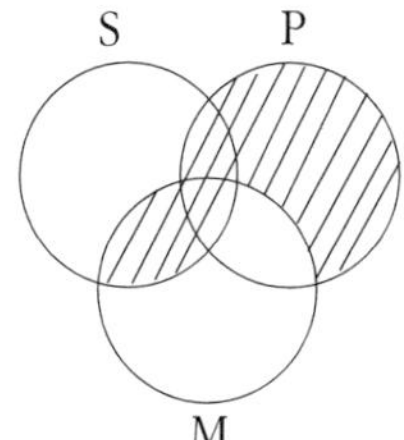

답: 부당. 존재긍정의 오류를 범하고 있다.

(3) (아리스토텔레스 방식)

: (S: 유적지 P: 고대때 지은 것 M: 극장건물)

어떤 M은 P이다.

어떤 S는 M이다.

∴어떤 S는 P이다.

답: 부당. 중개념부주연의 오류를 범하고 있다.

(부울 방식)

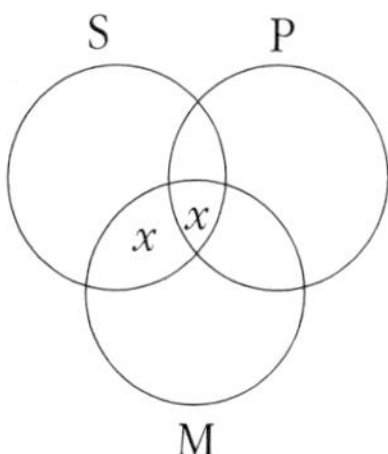

답: 부당. 중개념부주연의 오류를 범하고 있다.

(4) (아리스토텔레스 방식)

: (S: 청소년 P: 건강에 관심있는 사람들 M: 거리흡연에 반대하는 사람들)

모든 S는 M이다.

모든 M은 P이다.

∴어떤 S는 P이다.

답: 정당

(부울 방식)

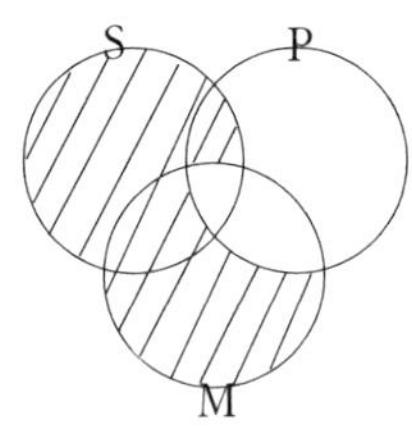

답: 부당. 존재긍정의 오류를 범하고 있다.

4장

1.(1) 사각테 114 (2) 사각테 116 (3) 사각테들 117, 128 (4) 사각테들 122a, 122b (5) 사각테 125 (6) 사각테 132 (7) 사각테들 136, 137b (8) 사각테들 137a, 137b (9) 사각테 147 (10) 사각테 152 (11) 사각테들 154-156 (12) 사각테 171 (13) 사각테 172 (14) 사각테 181 (15) 사각테들 173-177

2. (1) $p \wedge q$

(p: 오징어는 단백질이 풍부하다 q: 오징어에는 콜레스테롤이 많이 있다)

(2) $p \rightarrow (q \wedge r)$

(p: 내일 눈이 온다 q: 나는 산책을 한다 r: 나는 영화관에 간다)

(3) $\sim p \wedge \sim q$

(p: 현호는 학생이다 q: 서영이는 학생이다)

(4) $(p \vee q) \wedge \sim(p \wedge q)$

(p: 그는 이 시간에 식당에 있다 q: 그는 이 시간에 사무실에 있다)

(5) p↔q

(p: 커피가루에 습기가 가해졌다 q: 커피가루가 녹는다)

3. (1) 참 (2) 참 (3) 참 (4) 참

4. (1)

p	~(~p∧p)
T	T F F
F	T T F

* 상진

(2)

p	q	(p∨q)→p
T	T	T T
T	F	T T
F	T	T F
F	F	F T

* 우연

(3)

p	q	r	p∨(~q∧r)
T	T	T	T F F
T	T	F	T F F
T	F	T	T T T
T	F	F	T T F
F	T	T	F F F
F	T	F	F F F
F	F	T	T T T
F	F	F	F T F

* 우연

(4)

p	q	r	((p↔q)∧(r→q)) ↔ (p→r)
T	T	T	T T T T T
T	T	F	T T T F F
T	F	T	F F F T
T	F	F	F F T F
F	T	T	F F T T
F	T	F	F F T T
F	F	T	T F F T
F	F	F	T T T T

* 우연

5. (1) (진리표)

p	q	p→q
T	T	T
T	F	F
F	T	T
F	F	T

부당(네 번째 가로칸은 부당함을 보여준다.)

(약식진리표)

p→q	q	p
(F) (T)	(T)	(F)
T	T	F

부당

(진리나무)

① p→q ≡ ~p∨q(조건법)✔

② q✔

③ ~p(결론의 부정)✔

④

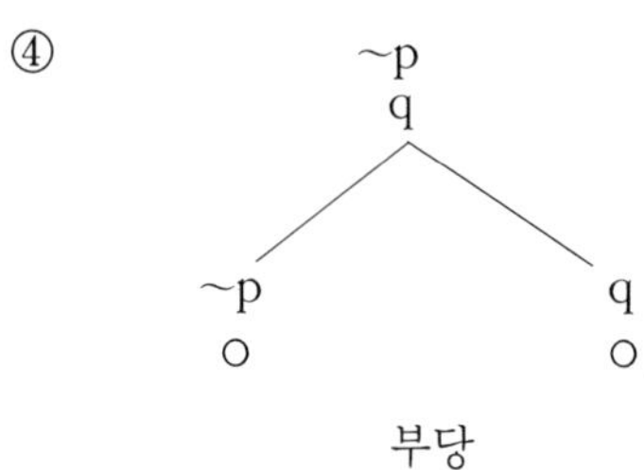

부당

(2) (진리표)

p	q	r	p→(q∨r)	p→q	p→r
T	T	T	T T	T	T
T	T	F	T T	T	F
T	F	T	T T	F	T
T	F	F	F F	F	F
F	T	T	T T	T	T
F	T	F	T T	T	T
F	F	T	T T	T	T
F	F	F	T F	T	T

부당(세 번째 가로칸은 부당함을 보여준다.)

(약식진리표)

p→(q∨r)	p→q	p→r
(T)(T)T(F) T	(T) (T) T	(T) (F) F

부당

(진리나무)

① p→(q∨r) ≡ ~p∨(q∨r)(조건법)✔

② p→q ≡ ~p∨q(조건법)✔

③ ~(p→r)(결론의 부정) ≡ ~(~p∨r)(조건법) ≡ p∧~r(드모르간법)✔

④

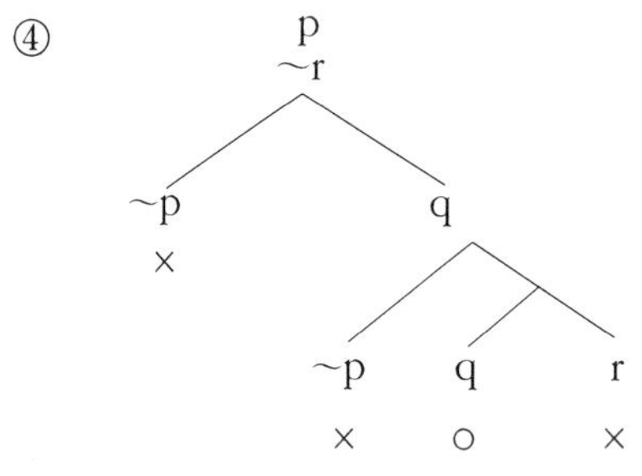

부당

(3) ① p∨(q∨r)✔

② ~((p∨q)∧(p∨r))(결론의 부정)≡~(p∨q)∨~(p∨r)(드모르간법) ≡ (~p∧~q)∨(~p∧~r)(드모르간법)✔

③

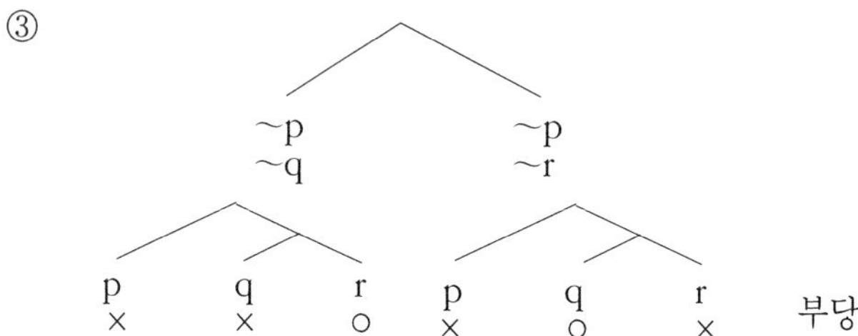

부당

(4) ① $p \rightarrow (q \wedge r) \equiv \sim p \vee (q \wedge r)$(조건법)✔

② $(q \wedge r) \rightarrow \sim s \equiv \sim (q \wedge r) \vee \sim s$(조건법) $\equiv \sim q \vee \sim r \vee \sim s$(드모르간법)✔

③ $\sim s$(결론의 부정)✔

④

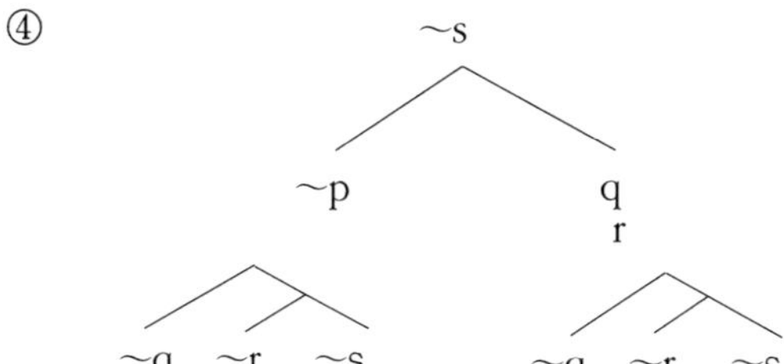

부당

(5) ① $(p \rightarrow q) \wedge (r \rightarrow s) \equiv (\sim p \vee q) \wedge (\sim r \vee s)$(조건법)✔

② $\sim q \vee \sim s$✔

③ $\sim(\sim p \vee \sim r)$(결론의 부정)$\equiv (p \wedge r)$(드모르간법)✔

④

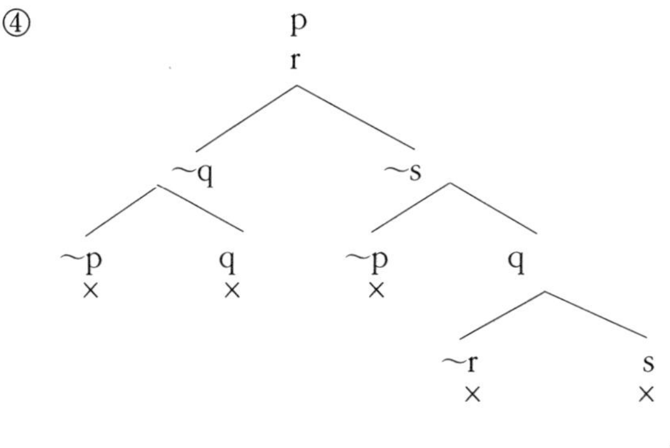

타당

6. (1) (직접증명)

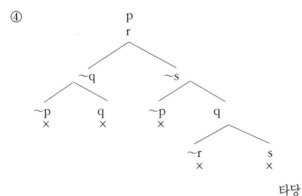

① $\sim A \vee B$

② B→C

③ ~B∨D

④ ~A→B/∴C∨D

⑤ B→D(③ 조건법)

⑥ ~A→D(④⑤ 조건삼단)

⑦ (~A→D)∧(B→C)(②⑥ 연접)

⑧ C∨D(①⑦ 양도)

(조건증명)

① ~A∨B

② B→C

③ ~B∨D

④ ~A→B/∴C∨D

⑤ ~C(결론의 전건가정)

⑥ ~B(②⑤ 후건부정)

⑦ ~A(①⑥ 선접삼단)

⑧ B(④⑦ 전건긍정)

⑨ D(③⑧ 선접삼단)

⑩ ~C→D(⑤-⑨ 조건증명)

⑪ C∨D(⑩ 조건법)

(2) (직접증명)

① ~A∨B

② B→(A→(C∨D))

③ C↔D

④ $\sim C \wedge \sim D / \therefore \sim A$

⑤ $A \rightarrow B$(① 조건법)

⑥ $A \rightarrow (A \rightarrow (C \vee D)$(②⑤ 조건삼단)

⑦ $(A \wedge A) \rightarrow (C \vee D)$(⑥ 수출)

⑧ $A \rightarrow (C \vee D)$(⑦ 동어반복)

⑨ $\sim(C \vee D)$(④ 드모르간법)

⑩ $\sim A$(⑧⑨ 후건부정)

(간접증명)

① $\sim A \vee B$

② $B \rightarrow (A \rightarrow (C \vee D))$

③ $C \leftrightarrow D$

④ $\sim C \wedge \sim D / \therefore \sim A$

→⑤ A(결론의 부정가정)

⑥ $A \rightarrow B$(① 조건법)

⑦ B(⑤⑥ 전건긍정)

⑧ $A \rightarrow (C \vee D)$(②⑦ 전건긍정)

⑨ $C \vee D$(⑤⑧ 전건긍정)

⑩ $\sim(C \vee D)$(④ 드모르간법)

⑪ $(C \vee D) \wedge \sim(C \vee D)$(⑨⑩ 연접)

(3) ①$(\sim A \rightarrow B) \rightarrow (C \rightarrow D)$

② $(C \rightarrow (C \wedge D)) \rightarrow E$

③ $E \rightarrow ((\sim F \vee \sim\sim F) \rightarrow (A \wedge F)) / \therefore A \leftrightarrow E$($\equiv$ $(A \rightarrow E) \wedge (E \rightarrow A)$(쌍조건))

→④ A(조건증명의 가정)

⑤ (A∨B)→(C→D)(① 조건법)

⑥ A∨B(④ 첨가)

⑦ C→D(⑤⑥ 전건긍정)

⑧ C→(C∧D)(⑦ 흡수)

⑨ E(② ⑧ 전건긍정)

⑩ A→E(④-⑨ 조건증명)

→⑪ E(조건증명의 가정)

⑫ (~F∨~~F)→(A∧F)(③⑪ 전건긍정)

⑬ ~F∨~~F(상진명제)

⑭ A∧F(⑫⑬ 전건긍정)

⑮ A(⑭분리)

⑯ E→A(⑪-⑮ 조건증명)

⑰ (A→E)∧(E→A)(⑩⑯ 연접)

⑱ A↔E(⑰ 쌍조건)

(참고: 상진명제는 연역의 어떠한 단계에서도 사용될 수 있다.)

(4) ① ~A∨B

② ~C∨D

③ ~C→A/∴(C∨A)∧(B∨D)

④ A→B(① 조건)

⑤ C→D(② 조건)

⑥ (A→B)∧(C→D)(④⑤ 연접)

⑦ C∨A(③ 조건)

⑧ B∨D(⑥⑦ 양도)

⑨ (C∨A)∧(B∨D)(⑦⑧ 연접)

(5) ① ～A∨(B∧C)

② B→(D∧E)

③ (A→D)→(F↔G)

④ (A→B)→～F

⑤ F∨G∨E/∴E

→⑥ ～E(결론의 부정가정)

⑦ F∨G(⑤⑥ 선접삼단)

⑧ ～E∨～D(⑥ 첨가)

⑨ ～(E∧D)(⑧ 드모르간)

⑩ ～B(②⑨ 후건부정)

⑪ ～B∨～C(⑩ 첨가)

⑫ ～(B∧C)(⑪ 드모르간)

⑬ ～A(① ⑫ 선접삼단)

⑭ (～A∨D)→(F↔G)(③ 조건)

⑮ ～A∨D(⑬ 첨가)

⑯ F↔G(⑭⑮ 전건부정)

⑰ (F∧G)∨(～F∧～G)(⑯ 쌍조건)

⑱ (F∧G)∨～(F∨G)(⑰ 드모르간)

⑲ F∧G(⑦⑱ 선접삼단)

⑳ F(⑲ 분리)

㉑ (～A∨B)→～F(④ 조건)

㉒ ～A∨B(⑬ 첨가)

㉓ ～F(㉑㉒ 전건긍정)

㉔ F∧~F(⑳㉓ 연접)

(6) ① A∨~B

② (B→(~A∨C))∧~C/∴~B

→③ B(결론의 부정 가정)

④ A(①③ 선접삼단)

⑤ B→(~A∨C)(② 분리)

⑥ ~A∨C(③⑤ 전건긍정)

⑦ C(④⑥ 선접삼단)

⑧ ~C(② 분리)

⑨ C∧~C(⑦⑧ 연접)

5장

1. (1) 본문의 사각테 188 (2) 사각테 190 (3)사각테들 189, 192, 200-204 (4) 사각테 191 (5)사각테 194 (6) 사각테 207 (7) 사각테 211 (8)사각테 212 (9) 사각테 216 (10) 사각테 226

2. (1) ~(x)Ax (2) (x)~Ax (3) Aa∧(x)(Ax→Bx) (4) (x)(Sx∧Tx)→ Bx (5)(∃x)(Ax∧Bx)∨(x)Bx (6)(∃x)(Ax∧Bx)→Ca

3. (1)(∃x)(Ix∧~Ax) (2)(x)(Dx→(Cx∨Ox)) (3)(x)(Hx→~Dx) (4)(∃x)(Mx∧Sx∧~Ix) (5)(x)(Rx→(~Ax∧Sx))→(∃x)(Cx→Px) (6)(x)((Wx∧Bx)→Mx)∧(x)(Mx→(Wx∧Bx)) (7)Ic→(x)(Px→Dx) (8)(x)(Dx→~Ex)∧(x)(Fx→Ix)

4. (1) (판별)

① (x)(~Ax∨~Bx)

② ~(∃x)~(~Cx∨Bx)

③ ~(x)(~(Ax∨Cx)∨Bx)(결론의 부정)

④ (x)(~Cx∨Bx)(② 양화동치규칙)

⑤ (∃x)~(~(Ax∨Cx)∨Bx)(③ 양화동치규칙)

⑥ (∃x)((Ax∨Cx)∧~Bx)(⑤ 드모르간)

⑦ (Aa∨Ca)∧~Ba(⑥ EI)✔

⑧ ~Aa∨~Ba(① UI)✔

⑨ ~Ca∨Ba(④ UI)✔

⑩

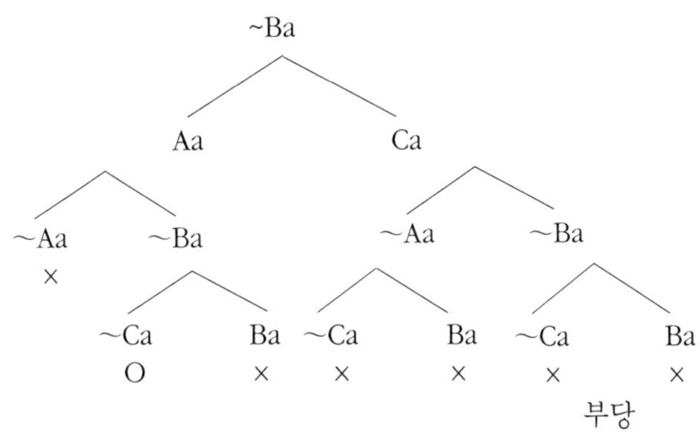

(2) (판별)

① Aa✔

② (x)(Ax→Bx)

③ ~(∃x)Bx(결론의 부정)

④ (x)~Bx(③ 양화동치규칙)

⑤ (x)(~Ax∨Bx)(② 조건)

⑥ ~Ba(④ UI)✔

⑦ ~Aa∨Ba(⑤ UI)✔

⑧

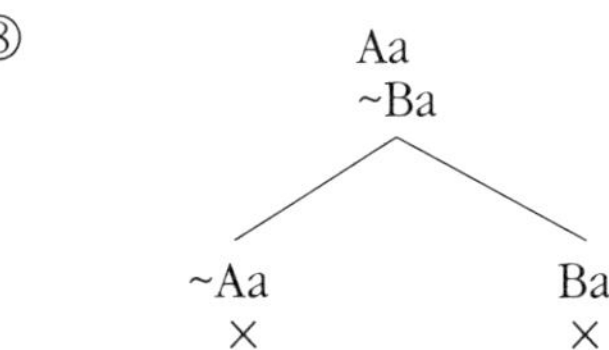

타당

(증명)

① Aa

② (x)(Ax→Bx)/∴(∃x)Bx

→③ ~(∃x)Bx(결론의 부정 가정)

④ (x)~Bx(③ 양화동치규칙)

⑤ ~Ba(④ UI)

⑥ Aa→Ba(② UI)

⑦ Ba(①⑥ 전건긍정)

⑧ ~Ba∧Ba(⑤⑦ 연접)

(3) (판별)

① ~(∃x)~(~Ax∨Bx)

② (x)(Bx→Cx)

③ ~(x)(~Ax∨Cx)(결론의 부정)

④ (x)(~Ax∨Bx)(① 양화동치규칙)

⑤ (∃x)~(~Ax∨Cx)(③ 양화동치규칙)

⑥ (∃x)(Ax∧~Cx)(⑤ 드모르간)

⑦ (x)(∼Bx∨Cx)(② 조건)

⑧ Aa∧∼Ca(⑥ EI)✔

⑨ ∼Aa∨Ba(④ UI)✔

⑩ ∼Ba∨Ca(⑦ UI)✔

⑪

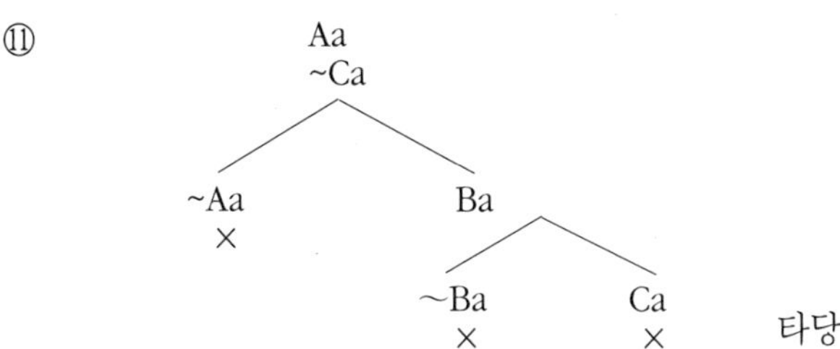

(증명)

① ∼(∃x)∼(∼Ax∨Bx)

② (x)(Bx→Cx)/∴(x)(∼Ax∨Cx)

③ (x)(∼Ax∨Bx)(① 양화동치규칙)

④ (x)(Ax→Bx)(③ 조건)

⑤ Bx→Cx(② UI)

⑥ Ax→Bx(④ UI)

⑦ Ax→Cx(⑤⑥ 조건삼단)

⑧ (x)(Ax→Cx)(⑦ UQ)

(4) 기호화하면 다음과 같다

: (O: 객관적인 의미를 지닌 문장이다 T: 참이다 F: 거짓이다

e: 윤리적 문장)

(x) (Ox→((Tx∨Fx)∧∼(Tx∧Fx)))

∼Te∧∼Fe

∴(∃x)(Ox∧Ex)

(판별)

① (x)(Ox→((Tx∨Fx)∧~(Tx∧Fx)))

② ~Te∧~Fe✔

③ ~(∃x)(Ox∧Ex)(결론의 부정)

④ (x)~(Ox∧Ex)(③ 양화동치규칙)

⑤ (x)(~Ox∨~Ex)(④ 드모르간)

⑥ (x)(~Ox∨((Tx∨Fx)∧~(Tx∧Fx)))(① 조건)

⑦ (x)(~Ox∨((Tx∨Fx)∧(~Tx∨~Fx)))(⑥ 드모르간)

⑧ ~Oe∨~Ee(⑤ UI)✔

⑨ ~Oe∨((Te∨Fe)∧(~Te∨~Fe))(⑦ UI)

⑩ (~Oe∨(Te∨Fe))∧(~Oe∨(~Te∨~Fe))(⑨ 분배)✔

⑪

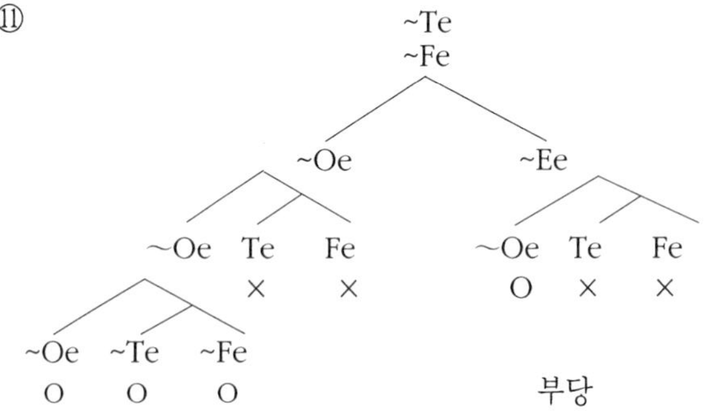

(5) 기호화하면 다음과 같다.

(K: 한국인이다 R: 현실적인 사람이다 M: 도덕적인 사람이다 C: 유교인이다)

(x)(Kx→Rx)

(x)(Cx→Mx)

∴(x)(Rx→Cx)→(x)(Kx→Mx)

(판별)

① (x)(Kx→Rx)

② (x)(Cx→Mx)

③ ~((x)(Rx→Cx)→(x)(Kx→Mx))(결론의 부정)

④ ~(~(x)(~Rx∨Cx)∨(x)(~Kx∨Mx))(③ 조건)

⑤ (x)(~Rx∨Cx)∧~(x)(~Kx∨Mx)(④ 드모르간)

⑥ (x)(~Rx∨Cx)∧(∃x)~(~Kx∨Mx)(⑤ 양화동치규칙)

⑦ (x)(~Rx∨Cx)∧(∃x)(Kx∧~Mx)(⑥ 드모르간)

⑧ (x)(~Rx∨Cx)(⑦ 분리)

⑨ (∃x)(Kx∧~Mx)(⑦ 분리)

⑩ (x)(~Kx∨Rx)(① 조건)

⑪ (x)(~Cx∨Mx)(② 조건)

⑫ Ka∧~Ma(⑨ EI)✔

⑬ ~Ra∨Ca(⑧ UI)✔

⑭ ~Ka∨Ra(⑩ UI)✔

⑮ ~Ca∨Ma(⑪ UI)✔

⑯

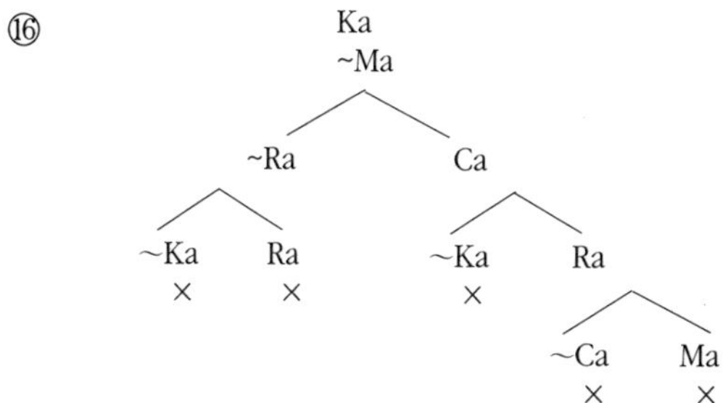

타당

(증명)

① (x)(Kx→Rx)

② (x)(Cx→Mx)/∴(x)(Rx→Cx)→(x)(Kx→Mx)

→③ (x)(Rx→Cx)(조건증명의 가정)

④ Rx→Cx(③ UI)

⑤ Cx→Mx(② UI)

⑥ Kx→Rx(① UI)

⑦ Rx→Mx(④⑤ 조건삼단)

⑧ Kx→Mx(⑥⑦ 조건삼단)

⑨ (x)(Kx→Mx)(⑧ 보편양화(UQ))

⑩ (x)(Rx→Cx)→(x)(Kx→Mx)(③-⑨ 조건증명)

6장

1. (1) 본문의 사각테 235 (2) 사각테 235 (3) 사각테들 241, 242, 243
(4) 사각테들 244, 245, 246 (5) 사각테들 247, 249, 250 (6) 사각테 252

2. (1)(x)(y)(Ax→(By∧Cax))

(2)(x)(((Ax∧Ba)→(y)(Cxy∨Cyb))∨(z)(Az→Czy))

(3)(x)(Ax→Bab)∨(x)Cxa

(4)(∃x)((Ax∧~Bxy)∧(y)(Ay→Cyxa))

3.

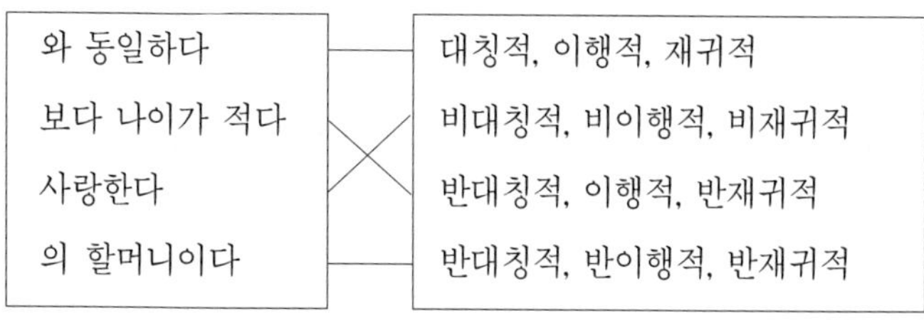

4. (1) $(x)(Hx \to (\exists y)(Hy \land Lxy))$

(2) $(\exists x)((Sx \land Ax) \land (y)((Sy \land Ay) \to Ixy))$

(3) $Eksp \land Espb$

(4) $(\exists x)(Px \land (y)(Ny \to Cxy))$

(5) $(\exists x)(Bx \land (y)(Hy \to \sim Cxy))$

(6) $Lct \land (x)((x \neq t) \to \sim Lcx)$

(7) $(x)(Hx \to (\exists y)(Hy \land Pyx))$

(8) $(x)((Sx \land Sc) \to Ocx)$

(9) $(x)(Lx \to (\exists y)(Ny \land \sim Rxy))$

5. (1) (판별)

① $\sim(x)\sim(Ax \land (y)(\sim By \lor Rxy))$

② $\sim(\sim(\exists x)\sim(\sim Ax \lor Bx) \to (\exists y)(By \land Ryy))$(결론의 부정)

③ $\sim((x)(\sim Ax \lor Bx) \to (\exists y)(By \land Ryy))$(② 양화동치규칙)

④ $\sim(\sim(x)(\sim Ax \lor Bx) \lor (\exists y)(By \land Ryy))$(③ 조건)

⑤ $(x)(\sim Ax \lor Bx) \land \sim(\exists y)(By \land Ryy)$(④ 드모르간)

⑥ $(x)(\sim Ax \lor Bx) \land (y)\sim(By \land Ryy)$(⑤ 양화동치규칙)

⑦ $(x)(\sim Ax \lor Bx) \land (y)(\sim By \lor \sim Ryy)$(⑥ 드모르간)

⑧ $(\exists x)(Ax \land (y)(\sim By \lor Rxy))$(① 양화동치규칙)

⑨ $Aa \wedge (y)(\sim By \vee Ray)$(⑧ EI)

⑩ $Aa \wedge (\sim Ba \vee Raa)$(⑨ UI)✔

⑪ $(\sim Aa \vee Ba) \wedge (\sim Ba \vee \sim Raa)$(⑦ UI)✔

⑫

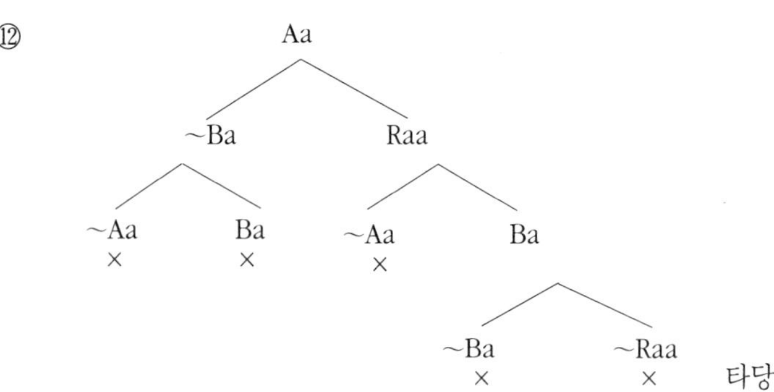

(증명)

① $\sim(x)\sim(Ax \wedge (y)(\sim By \vee Rxy)) / \therefore \sim(\exists x)\sim(\sim Ax \vee Bx) \rightarrow$ $(\exists y)(By \wedge Ryy)$

→② $\sim(\exists x)\sim(\sim Ax \vee Bx)$(결론의 전건 가정)

③ $(x)(\sim Ax \vee Bx)$(② 양화동치규칙)

④ $(\exists x)(Ax \wedge (y)(\sim By \vee Rxy))$(① 양화동치규칙)

⑤ $Aa \wedge (y)(\sim By \vee Ray)$(④ EI)

⑥ $\sim Aa \vee Ba$(③ UI)

⑦ $Aa \wedge (\sim Ba \vee Raa)$(⑤ UI)

⑧ Aa(⑦ 분리)

⑨ Ba(⑥⑧ 선접삼단)

⑩ $\sim Ba \vee Raa$(⑦ 분리)

⑪ Raa(⑨⑩ 선접삼단)

⑫ $Ba \wedge Raa$(⑨⑪ 연접)

⑬ $(\exists y)(By \wedge Ryy)$(⑫ EQ)

⑭ $\sim(\exists x)\sim(\sim Ax \vee Bx) \rightarrow (\exists y)(By \wedge Ryy)$(②-⑬조건증명)

(2) (판별)

① $(x)(Ax \vee Bx)$

② $\sim Ba$

③ $a=b$

④ $\sim((\exists x)Ax \vee Bb)$(결론의 부정)

⑤ $\sim(\exists x)Ax \wedge \sim Bb$(④ 드모르간)

⑥ $\sim Aa \wedge \sim Bb$(⑤ EI)

⑦ $Aa \vee Bb$(① UI)

⑧ $\sim Ab \wedge \sim Bb$(③⑥ 동일성규칙)✔

⑨ $Ab \vee Bb$(③⑦ 동일성규칙)✔

⑩

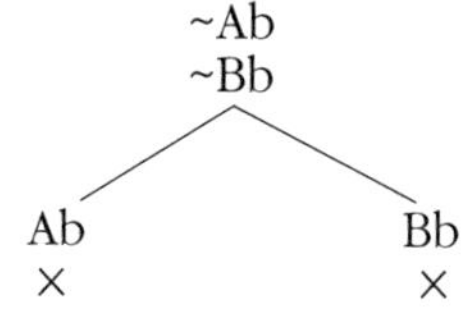

타당

(증명)

① $(x)(Ax \vee Bx)$

② $\sim Ba$

③ $a=b / \therefore (\exists x)Ax \vee Bb$

→④ $\sim(\exists x)Ax$(결론의 전건 가정)

⑤ $\sim Aa$(④ EI)

⑥ $Aa \vee Ba$(① UI)

⑦ Ba(⑤⑥ 선접삼단)

⑧ Bb(③⑦ 동일성규칙)

⑨ ~(∃x)Ax→Bb(④-⑧ 조건증명)

⑩ (∃x)Ax∨Bb(⑨ 조건)

(3) (판별)

① ~(x)~Ax

② (x)(~Ax∨(y)(By→Cxy))

③ ~((∃y)By→(∃x)(∃y)Czx)(결론의 부정)

④ ~(~(∃y)By∨(∃x)(∃z)Czx)(③ 조건)

⑤ (∃y)By∧~(∃x)(∃z)Czx(④ 드모르간)

⑥ (∃y)By∧(x)~(∃z)Czx(⑤ 양화동치규칙)

⑦ (∃y)By∧(x)(z)~Czx(⑥ 양화동치규칙)

⑧ (∃x)Ax(① 양화동치 규칙)

⑨ (x)(~Ax∨(y)(~By∨Cxy))(② 조건)

⑩ Aa(⑧ EI)✔

⑪ Ba∧~Caa(⑦ EI, UI)✔

⑫ ~Aa∨~Ba∨Caa(⑨ UI)✔

⑬

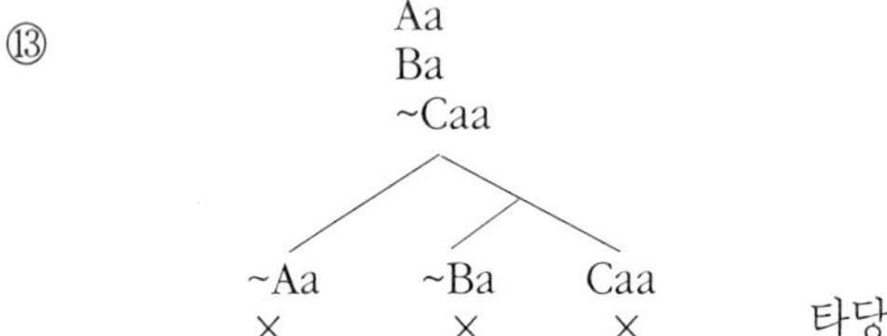

(증명)

① ~(x)~Ax

② (x)(~Ax∨(y)(By→Cxy))/∴(∃y)By→(∃x)(∃z)Czx

③ (∃x)Ax(① 양화동치규칙)

④ (x)(~Ax∨(y)(~By∨Cxy))(② 조건)

⑤ Aa(③ EI)

⑥ ~Aa∨(~Ba∨Caa)(④ UI)

⑦ ~Ba∨Caa(⑤⑥ 선접삼단)

⑧ Ba→Caa(⑦ 조건)

⑨ (∃y)By→(∃x)(∃z)Czx(⑧ EQ)

(4) (판별)

① Fpb∧Fbc✔

② (Fpb∧Fbc)→~Fpc(보조전제: 반이행관계)

③ ~((Rcb∧(x)(~Fxc→~Rcx))→~Rcp)(결론의 부정)

④ ~(~(Rcb∧(x)(Fxc∨~Rcx))∨~Rcp)(③ 조건)

⑤ ~(~Rcb∨~(x)(Fxc∨~Rcx)∨~Rcp)(④ 드모르간)

⑥ Rcb∧(x)(Fxc∨~Rcx)∧Rcp(⑤ 드모르간)

⑦ Rcb∧(Fpc∨~Rcp)∧(Fbc∨~Rcb)∧(Fcc∨~Rcc)∧Rcp(⑥ UI)✔

⑧ ~(Fpb∧Fbc)∨~Fpc(② 조건)

⑨ ~Fpb∨~Fbc∨~Fpc(⑧ 드모르간)✔

⑩

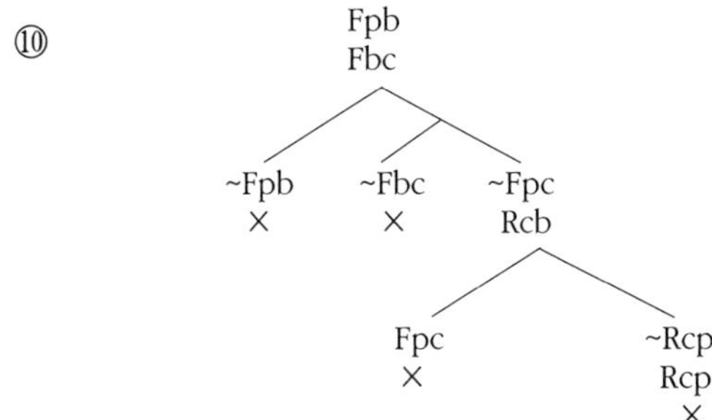

타당 (요령: ⑦의 연접지들 중 첫 번째 것과 두 번째 것 그리고 마지막 것을 먼저 그리면 나무가 간단해 진다.)

(증명)

① Fpb∧Fbc

② (Fpb∧Fbc)→~Fpc/∴(Rcb∧(x)(~Fxc→~Rcx))→~Rcp

→③ Rcb∧(x)(~Fxc→~Rcx)(결론의 전건 가정)

④ Rcb∧(~Fpc→~Rcp)(③ UI)

⑤ Rcb∧(Fpc∨~Rcp)(④ 조건)

⑥ Fpc∨~Rcp(⑤ 분리)

⑦ ~Fpc(①② 전건긍정)

⑧ ~Rcp(⑥⑦ 선접삼단)

⑨ (Rcb∧(x)(~Fxc→~Rcx))→~Rcp(③-⑧ 조건증명)

찾아보기

ㄱ)
가언삼단논증 157, 158
간접논증 139
간접증명 271, 272, 275, 276, 351
강조의 오류 79, 110
개연 230, 339
개체기호 294, 295, 366, 373, 384
개체변항기호 294~300, 317, 351
개체상항기호 294, 317, 336~338, 351
개체용어 297, 318, 321, 323
거짓원인의 오류 79, 96
결론지시어 21~23, 31, 47, 245, 272
결합의 오류 79, 111, 113~115
계산논리학 199
고단계논리학 73
관계논리학 68, 204, 290, 364, 374
관계논증 69, 364, 374, 376, 386, 391
관계명제 69, 70, 367, 372, 386
관계술어 69, 205, 290, 291, 374~377, 380, 381
교환법칙(교환) 72
구문론 225, 226, 317, 372
구성적 양도논증 270
군중에 호소하는 오류 79, 86, 87
권위에 호소하는 오류 79, 87
귀납논증 19, 29, 35~42, 63
귀납적 유추 41
귀납적 일반화 41
귀류법 275, 283
기둥(또는 줄기) 251, 252, 346
기본적인 논리학 62, 72~74

ㄴ)
나쁜 논증 76, 79
내용의 논리학 57
네 명사의 오류 105, 106, 160, 194
논리적 귀결 33, 34, 75, 206, 218
논리적 동치 222, 223
논리적 연결사 227
논리적 유추 163, 194
논리적 지시어 21~23
논의세계 319, 324, 326~328, 331, 333~335, 339, 340, 371

논점이탈의 오류 79, 101, 102

ㄷ)
다항술어 68, 290, 360, 365, 373
다항양화논리 69
단순동치명제 222, 223, 283
단순명제 61, 125, 157, 194, 201
단순조건명제 220, 222, 283
단칭명제 69, 70, 291, 292, 294, 295, 315, 339, 340, 348, 364
단항술어 203, 287, 373
단항양화논리 69
닫힌 명제 303, 304
당위논리학 73
대당관계 59, 122, 132~134, 138~141, 149, 150, 191, 328
대당사각형 326
대명사 157, 159, 160, 164~170, 172, 298, 300, 306
대명사 부당주연의 오류 165, 167, 168
대소관계 133, 136
대소대당 136
대우 263, 278
대입예 296
대치기호 261
대치규칙 260~263, 267, 308, 331, 345, 350
대칭관계 374~376
동어반복 263
동일관계 382, 385
동일률 232, 234
동일성규칙 385, 388, 391
동치 142, 211, 212, 252, 270
드모르간 65, 222, 277, 352
드모르간법칙(또는 드모르간법) 252, 308, 334, 349

ㄹ)
라이프니츠(G.W.Leibniz) 62~65, 198, 199
러셀(B.Russell) 65
루카지예비츠(Lukasiewicz) 200

ㅁ)
메가라 학파 60, 202
명제 23, 24, 26~29
명제기호 158, 207, 250, 289, 290, 294, 362
명제논리 61, 67, 200, 202, 203, 206, 211, 212, 219, 225, 229, 230, 240, 250, 260, 261, 289, 294, 316, 319, 332, 337, 339, 342, 350, 362, 391
명제변항 221
명제변항기호 60, 205~207, 210, 212, 215, 216, 220, 241, 243, 246, 247, 249, 250, 290
명제연결사 125, 212
명제의 표준형식 121, 122, 128, 131, 142, 149
명제함수 294~298, 302, 303,
명제환원 122, 130, 148~150, 152, 155, 172~174
명제환원의 규칙 152
모순 16, 24, 36, 38, 138, 153~155, 235, 245, 247~250, 255, 259, 275

모순률 232, 233, 235, 236
모순명사 144, 145, 148
모호 64, 80~82
무지에 근거한 오류 79, 92, 93
문맥상의 정의 225, 229, 236
미해결의 오류 100

ㅂ)
반대대당 134, 140
반대명사 145
반대칭관계 374~376
반례 38, 251
반례논증 268, 270
반이행관계 378
반재귀관계 380
배중률 232~234, 236
배타적 선접명제 210, 212, 213
베이컨(F.Bacon) 35, 62, 63
벤(J.Venn) 65, 175, 180, 181
벤다이어그램 64, 156, 182~189
보편양화(또는 전체양화) 301, 350, 393
보편양화기호(또는 전체양화기호) 292, 298, 299, 301, 306, 311, 330, 368, 369
보편언어 64, 199
보편예화 332, 333, 335, 338, 387, 390, 392~394
복합질문의 오류 100
부당긍정의 오류 165, 169, 170
부분명제 39, 128, 135, 143, 177, 178, 189, 192
부분긍정명제 128
부분반대대당 139, 140
부분부정명제 128, 293
부울(G.Boole) 175, 182, 184, 189, 191
부주연 128, 129, 165~167, 170, 172, 174, 187, 201, 343
부정기호 31, 158, 209, 225, 251, 252, 257, 295, 301, 306, 334, 344,
부정명사 144
분리 203, 272, 274, 276, 279, 281, 337, 353, 355, 356, 392, 394
분배 263, 354
분해의 오류 79, 114, 115, 117
비기본적인 논리학 72, 74
비대칭관계 376
비이행관계 378
비재귀관계 381
비형식적 오류 57, 77, 79, 80, 97, 122
뿌리 66, 251, 255, 257, 346
뿔로 잡기 268, 269
뿔 사이로 피하기 268

ㅅ)
삼단논증 20, 58~60, 62, 65, 66, 105, 106, 121~123, 130, 131, 156, 159, 162, 168, 171, 172, 175, 188, 189, 200, 203, 288, 362
삼단논증의 규칙 122, 123, 130, 156
상위 230, 231, 244, 276, 339, 340
상진 230~232, 239, 244, 262, 339, 340
생략형의 삼단논증 170

선결문제요구의 오류 77~79, 97
선접기호 158, 212, 327
선접삼단 157, 264, 265, 267, 279
선접연결사 31, 126, 213
선접지(또는 선접항) 212, 213, 251, 253, 268, 269, 327, 346
선접합성명제 126, 212
성급한 일반화의 오류 95, 114
소명사 159, 160, 164~166, 168~170
소명사부당주연의 오류 165
속박변항 303, 309
수학적 논리학 199
수출 263
순서쌍 373
순전한 가언삼단논증 158
순환논증 99
술어기호 290, 292, 294~296, 298, 300, 305~307, 332
술어논리 67, 69, 70, 200, 203, 250, 261, 292, 293, 297, 317, 319, 329, 338, 340
술어명사 65, 124, 125, 128, 129, 132, 143~146, 148, 162, 172, 176, 202, 204, 205, 305
술어변항기호 202, 297, 302, 344, 309, 327, 351, 385
술어용어 297, 318, 320, 323
스콜라 철학 62
스토아학파 60, 202
시제논리학 73, 74
실질적 동치명제 222
실질적 조건명제 220
쌍조건기호 220, 221, 257, 262
쌍조건연결사 126, 220, 221
쌍조건합성명제 126
쌍조건항 221, 222

ㅇ)
아리스토텔레스(Aristoteles) 35, 56, 58~63, 121, 123, 131, 156, 188~192, 197, 200~206, 292, 305, 343, 362, 365, 376, 382
애매 80, 104
애매문의 오류 79, 107
애매어의 오류 79, 104~107, 113, 117, 161
약식진리표 240, 250, 260~262, 288, 339~343
양부정전제의 오류 165, 168, 174
양상논리학 60, 73, 74
양수사 124, 202, 292
양화규칙 350, 351
양화논리학 293, 358
양화명제 69, 70, 291, 292, 301, 303, 305, 310, 310, 312, 339, 340, 350, 370, 371
양화변항 299, 309~311
어휘 226, 317, 318
여명사 144
여집합 144, 176, 180
연민에 호소하는 오류 79, 84, 86
연쇄형의 삼단논증 170
연역규칙 260~263, 265, 271, 337, 350, 391
연역논증 12, 29, 35~39, 63, 167, 168

연역적 증명 64, 260~262, 265, 271, 337, 350
연접기호 210, 257, 327
연접연결사 126, 210, 340
연접지(또는 연접항) 210, 213, 221, 246, 251, 254, 257, 327, 344, 346, 370, 390
연접합성명제 126, 210, 211, 231
열린 명제 296, 297, 303, 304,
영역 17, 18, 35, 71, 72 180, 181, 183, 186, 187, 301
예화규칙 329, 332, 333, 344, 350
외연 319~323, 373
요소명제 202, 206, 208~210
우연의 오류 79, 93, 94, 117
원점 251
유추 42, 44
의미론 225, 228, 229, 236, 317, 323, 372, 373
의미론적 개념 228, 229
이단논증 20, 106, 121, 139
이중부정 209, 259, 263
이차술어논리학 299
이치논리학 200
이행관계 377
이환 146, 147, 149, 152, 193
인공언어 64, 199
인식논리학 73, 74
인신공격의 오류 79, 89, 90
일관성 16, 247, 249, 251
일반명제 291, 292, 304, 313
일차술어논리학 299

ㅈ)

자유변항 303, 304, 318
재귀관계 379, 380, 381
적형식 227, 228, 318
전건긍정 264~266
전건부정의 오류 267
전제지시어 21~23
전체긍정명제 128
전체명제(또는 보편명제) 39, 128, 136, 143, 177, 188, 189, 192, 364
전체부정명제 128, 293
정언명제 66, 121, 123~126, 157, 162, 174~178, 181, 201, 204, 291, 305, 308, 328
정언삼단논증 59, 140, 156, 157, 159, 160~164, 170, 182
정황적 오류 79, 90, 91
조건기호 158, 214, 215, 218, 219, 288, 303
조건삼단 264, 272, 357
조건연결사 126, 214, 306
조건증명 271, 272, 279, 280, 351
조건합성명제 126, 302, 312
존재긍정의 오류 189
존재양화기호 299, 300, 307, 311, 330, 369~371
존재예화 333, 334, 388~390
주된 연결사 238~240, 244, 254, 255
주어명사 65, 124, 125, 128, 129, 132, 139, 143, 144, 150, 176, 177, 180, 191, 192, 201, 204, 305
주연 128, 129, 166~169
줄기(또는 기둥) 251, 254~256

중명사 159, 160, 164
중명사 부주연의 오류 165
직접논증 138, 139, 141, 146
직접증명 271~273, 351
진리값 23, 24, 27, 28, 59, 61, 67, 72, 73, 92, 130, 132, 133, 135~138, 140~146
진리나무 71, 240, 250, 252, 256, 257, 259, 260, 261, 345
진리조건 227~230, 253, 319, 321, 326, 333, 344, 345
진리조건적 의미론 228, 229
진리표 61, 202, 230, 236
진리함수적 기능 208
진리함수적 쌍조건 221, 222
진리함수적 연결사 208~211
진리함수적 연접연결사 211
진리함수적 조건 217~219
집합 20, 65, 112~117, 144, 145, 174~179, 189

ㅊ)
첨가 58, 62, 69, 71, 73, 372, 374
추리규칙 262
충분조건 32, 215, 216, 223, 262

ㅌ)
타당 240, 241, 245~247, 249, 251
통로 251, 252, 255, 256, 258~260, 346
특칭명제(또는 부분명제 또는 개별명제) 39

ㅍ)
파괴적 양도(논증) 264, 270
파생논리학 72, 74
퍼스(C.Peirce) 65, 293
포괄적 선접명제 212, 213
프레게(G.Frege) 65, 199, 293
피장파장의 오류 79, 91
필연적으로 참 36, 231
필요조건 32, 215, 223
필요충분조건 32

ㅎ)
함축 33, 138, 215
합성명제 61, 67, 125, 131, 201, 206, 208~210, 212, 214, 229~231, 236
형식의 논리학 57
형식적 오류 57, 79
혼합형의 가언삼단논증 158
화이트헤드(A.Whitehead) 65
확장논리학 72~74, 142
환위 143, 147, 149, 151, 156, 192
환질 143, 145, 147, 150, 172, 193
후건 214~217, 220, 244, 253, 267~270, 279, 303, 312
후건긍정의 오류 79, 266
후건부정 264~266
흑백사고의 오류 79, 103, 104, 235
흡수 264
힘에 호소하는 오류 79, 83